한나 아렌트의 삶과 사랑

안 헤벨라인 지음

이한진 옮김

On Love and Tyranny : The Life and Politics of Hannah Arendt By Ann Heberlein
© 2020 Mondial and Ann Heberlein
Korean translation © 2025 by Marco Polo Press. Sejong.
All rights reserved.

"세계 역사가 그렇게 끔찍하지만 않았다면
삶은 참으로 기쁨일 텐데."

– 한나 아렌트, 1952

일러두기

1. 본문 중 주석은 모두 독자의 이해를 돕기 위해서 옮긴이가 작성했다.
2. 단행본, 전집, 정기간행물은 겹낫표『 』를, 논문이나 시, 기고문, 영상 등에는 홑화살 괄호 〈 〉를 사용했다.
3. 이 책의 한글어판은 오리지널 스웨덴어가 아닌 영어판(On Love & Tyranny: The Life and Politics of Hannah Arendt by Ann Heberlein)을 저본으로 번역했다.

차례

옮긴이의 말

언젠가 저명한 학자에게 상처받은 적이 있다. 그 학자는 우리가 어떤 삶을 살아야 하고 시민으로서 어떤 공동체를 지향해야 하는지에 관하여 설득력 있는 논리로 공감 가는 이야기를 들려주었다. 하지만 그가 자기 스스로 이야기한 삶과는 상당히 대조되는 삶을 살고 있다는 소문을 듣고 대단히 실망한 적이 있다. 삶과 글은 일치할 때 깊은 감명을 준다.

한 사람의 인생을 담고 있는 책을 읽는다는 것은 그 사람을 배우는 일이다. 이 책은 한나 아렌트의 삶과 사상을 소개한다. 어떤 학자의 사상은 그 사람이 쓴 책으로만 온전히 이해될 수 없다. 한나 아렌트의 사상은 결코 그녀의 삶과 분리되지 않는다. 'Amor Mundi(세계에 대한 사랑)'를 이해하기 위해서는 그녀의 삶 자체에 대한 조명이 필요하다. 그런 의미에서 이 책은 한나 아렌트의 철학을 공부하고자 하는 이들에게 좋은 입문서가 될 수 있다.

한나 아렌트는 지적 엄격성과 냉철한 사유 능력을 지녔지만 개인적인 관계에서는 따뜻하고 친절했다. 조금 다른 유형이지만 원전에 충실하되 독자에게 한나 아렌트와의 만남을 주선하는 사람으로서 친절하게 번역하고 싶었다. 그러나 친절이 누군가에게는 성가시고 귀찮은 배려일 수 있음을 안다. '친절한' 한나 아렌트를 소개하면서 '친절하지 않은' 번역은 그 죄가 더 무겁다.

독자의 이해를 돕기 위해 본문에 대한 오염은 일체 피하면서 주석을 달았다. 번역 과정에서 주석을 달지 말지 고민했던 시간, 실제로 주석을 표기했다 삭제했다를 거듭한 일련의 번복은 친절을 실천하는 행위였다. 다행히 원서에는 주석이 없으므로 독자가 헷갈릴 일은 없다. 이 책에 달린 주석은 모두 번역자가 작성한 부연 설명이다.

그럼에도 이 책의 번역에서 불친절을 느끼는 독자가 있다면, 어려운 사람들을 돕는 일에 헌신적이었고 친절과 연대를 중요하게 여기며 살았던 한나 아렌트와의 만남으로 그 언짢음을 조금은 달랠 수 있기를 바란다.

이한진

머리말

왜 한나 아렌트인가?

"한나 아렌트가 없었다면, 분명히 그녀를 창조해야 했을 것이다." 라는 말을 누군가 한 적이 있다. 한나 아렌트의 삶은 장애물과 승리, 빛과 어둠, 좌절과 성공으로 가득하다. 20세기 초에 태어난 그녀는 두 차례의 세계 대전을 경험했고 고향 땅인 독일을 포함해 유럽에서 쫓겨나 미국에서 망명 생활을 했다. 한나 아렌트의 삶은 서구 역사의 결정적인 장과 맞닿아 있다. 당시는 인류의 가치와 인간의 존엄성, 선과 악, 죄책감과 책임이라는 개념이 시험대 위에 올라 재정립되던 시대였다.

한나 아렌트는 종종 철학자로 묘사되지만 정작 그녀 자신은 그런 수식을 거부했다. 1964년 서독의 TV 방송 인터뷰에서 그녀는 자신을 "철학자 집단"에 넣는 시선에 반발하며 이렇게 말했다.

"제 직업이라고 할 수 있는 게 있다면, 그것은 정치 이론가입니다. 저는 철학자라고 생각하지도 않고 제가 철학자 집단에 받아들여졌다고도 생각하지 않습니다."

한나가 철학자로 정의되는 것을 꺼린 데에는 그만한 이유가 있다. 그녀는 십 대 때에 철학을 공부할지 아니면 물에 빠져 죽을지 선택해야 했다고 말했지만 1930년대 독일을 휩쓸었던 나치 이데올로기에 지식인들, 특히 철학자들이 보여준 동조와 순응에 깊이 실망했다. 한나는 고국을 떠날 때 다시는 지식인들과 어울리지 않겠다고 다짐했다. 그녀는 세상을 바꾸고 싶었지만 더 이상 철학이 그것을 실현할 수 있다고 믿지 않았다. 그래서 한나는 이론의 영역에서 벗어나 실질적이며 정치적인 활동에 헌신하기로 마음먹었다.

한나는 『어두운 시대의 사람들Men in Dark Times』의 서문에서 뛰어난 지성과 독창성을 바탕으로 절망의 순간에도 희망과 빛을 퍼뜨리는 드문 사람들에 대해 다음과 같이 썼다.

가장 어두운 시대에도 우리는 약간의 빛을 기대할 권리가 있으며, 그러한 빛은 이론과 개념에서보다는 불확실하고 깜박거리며 종종 약하지만 어떤 상황에서도 자신들의 삶과 일을 통해 불을 밝히는 몇몇 사람들에게서 나올 가능성이 더 크다.

그러한 빛을 발할 수 있는 독특한 능력을 지닌 사람으로 한나 아렌트를 꼽는 데는 의심의 여지가 없다. 그녀는 너무나 밝게 빛나서 사후에도 그 영향력이 계속될 정도로 강렬하게 빛을 발했다.

그녀가 마르틴 하이데거, 하인리히 블뤼허, 쿠르트 블루멘펠트,

카를 야스퍼스, 게르솜 숄렘, 메리 매카시와 주고받은 편지는 날카로운 지성과 재치, 폭넓은 자기성찰 능력, 그리고 세상에 대한 열정적인 태도를 가진 여성의 면모를 보여준다. 특히 마음과 정신, 상식과 감정이라는 조합은 아렌트의 특출함을 여실히 드러낸다.

한나 아렌트는 나의 오랜 친구였다. 1990년대 초 룬드대학교에서 신학을 전공하던 학부 시절, 처음 그녀의 글을 읽고 아렌트의 사유 방식과 명료한 논증에 즉시 매료되었다. 그녀는 키에르케고르, 야스퍼스, 하이데거와 같은 사상가에 대한 관심을 불러일으켰고 내게 일종의 지적 동반자가 되었다. 용서에 대한 한나의 논의는 나의 박사 학위 논문인 〈모욕과 용서 Kränkningar och förlåtelse〉에 필수적이었고 그 이후로 내 모든 책에 그녀는 어떤 식으로든 등장했다.

대학원 과정 중 언젠가 나는 엘즈비에타 에팅거가 쓴 한나 아렌트와 하이데거의 연애에 관한 책을 우연히 발견했다. 그 책은 나의 관심을 한나의 사생활로 이끌었고 그때부터 나는 한나 아렌트의 전기, 한나와 친구들 간의 서신을 탐독하기 시작했다. 그 과정에서 한나, 그녀의 삶, 그녀의 철학에 대한 집필 의지가 뿌리내렸고 마침내 그럴 기회를 얻게 되어 매우 기쁘기 그지없다.

나는 한나의 삶과 철학에 대해 완전한 그림을 제공하겠다고 주장할 생각이 없다. 그것은 결코 내 의도가 아니다. 대신에 나는 한나의 삶에서 가장 흥미로운 사건에 초점을 맞추고 더 넓은 맥락에서 가장 유익하다고 생각되는 아이디어를 꺼내어 한나 그녀의 이야기와 사고방식에 대해 다루려고 노력했다.

한나 아렌트는 뛰어난 이론가일 뿐만 아니라 극적인 삶을 살았던 매혹적인 여성이기도 했다. 내가 여기서 이야기하고 싶은 바는 바로 이것이다. 이 책의 목표는 한나의 삶과 지식인으로서의 발전을 묘사하는 일이다. 결국 아렌트의 사고방식은 그녀의 구체적인 경험과 밀접한 관련이 있기 때문이다. 그리고 이 책을 통해서 인류 역사의 극적인 순간을 개략적으로 설명하고자 한다.

한나 아렌트의 책, 에세이, 시, 그리고 한나와 친구들 사이에서 주고받은 서신, 인터뷰, 일기 등을 활용하여 그녀와 그녀 삶의 주요 주제가 된 개념인 사랑과 악에 대해 이야기를 들려주고 싶다.

서론

절대로 일어나지 말았어야 할 일

한나의 『사유 일기』[1], 즉 그녀의 지적 일기장에는 사랑과 악에 대한 성찰이 담겨 있다. 그녀는 "아모르 문디(amor mundi)"라는 개념을 출발점으로 삼아, 왜 우리가 세상을 사랑해야 하며, 그것이 왜 그렇게 어려운지에 대해 숙고했다. 한나가 말하는 사랑은 흔히 생각하는 의미의 사랑이 아니다. 세상을 사랑한다는 것은 세상의 모든 불완전함과 취약함을 있는 그대로 받아들이고 화해한다는 뜻이다. 이는 한 개인이 계속해서 존재하기 위해서 반드시 필요한 태도이다. 한나에게 있어서 세상을 사랑한다는 것은 실제로 벌어진 일들을 이해하고 받아들이는 문제였다. 그러나 홀로코스트 이후에 어느 누가 세상을 사랑할 수 있을까? 어떻게 홀로코스트와 같은 일이 가능한 세상을 받아들일 수 있을까?

---

1 『Hannah Arendt's Denktagebuch』. 아렌트가 1950년부터 1973년까지 20년이 넘는 기간에 걸쳐 자신의 철학적 사고와 성찰을 기록한 개인적인 일기 형태의 저작이다. 이 책은 그녀가 일상적으로 떠올린 사상, 아이디어, 철학적 고민을 적어둔 메모들로 구성되어 있으며, 공적으로 발표된 글과는 달리 매우 자유롭고 내밀한 방식으로 사유의 과정을 담고 있다.

한나는 아모르 문디를 책임, 반성, 판단과 연결한다. 세상을 사랑한다는 것은 자신의 행동에 대한 성찰과 그 결과에 대한 이해에서 출발한다. 이 접근 방식에서 우리는 악에 대한 그녀의 생각을 발견할 수 있다. 한나에 따르면, 무관심이야말로 악이 싹트는 비옥한 토양이 될 수 있다. 무관심의 반대는 성찰이다. 따라서 모든 인간은 자신의 행위에 대해 반성하고 선택하며, 단순히 명령에 복종하거나 군중을 따라가는 것을 거부할 책임이 있다.

한나가 "악의 평범성(banality of evil)"이라고 부른 개념은 1960년대 지식인들 사이에서 강한 반발과 분노를 불러일으켰다. 홀로코스트의 설계자 중 한 명인 아돌프 아이히만을 단순히 자신의 일을 수행하던 상상력이 부족한 관료로 묘사한 것은 세상을 충격에 빠뜨렸다. 비평가들은 한나의 주장이 아이히만의 죄업을 축소한다고 보았고 그녀의 책 『예루살렘의 아이히만: 악의 평범성에 대한 보고서』는 언론으로부터 혹독한 비판을 받았다. 이로 인해 그녀는 많은 친구와 동료들로부터 외면당했다.

출판 직후 서독 텔레비전에서 방영된 귄터 가우스와의 악명 높은 인터뷰에서 한나는 그 책을 쓴 일에 대해 후회하느냐고 질문을 받았다. "그 모든 부정적 반응과 증오에도 불구하고 아이히만에 대해 그렇게 쓴 것이 옳았다고 믿습니까?"

당시 중년이었던 한나는 가우스의 질문을 듣고 미간을 찌푸렸다. 그녀는 짙은 색 드레스를 입고 있었으며, 한때 까맣던 머리카락은 여전히 풍성하지만 회색으로 바뀌어진 지 오래였다. 그녀는 태연하게 다리를 꼬고 앉아 담배를 한 손에 들고 있었고 가우스는 그녀의 대답을 기다리며 넋이 빠져 있었다.

한나는 안락의자에 몸을 기댄 채 가우스를 주의 깊게 바라보며 담배 한 모금을 깊이 들이마셨다. 그녀의 대답은 마치 신성 로마 제국의 황제 페르디난트 1세의 모토인 "*Fiat iustitia, et pereat mundus*(정의가 실현되리라, 설령 세상이 멸망할지라도)."를 떠올리게 한다. 그녀는 담배를 쥐고 있지 않은 손을 들어 가우스를 가리키며 마치 자기 말의 중요성을 강조하듯이 말했다. "*Fiat veritas, et pereat mundus*(진실은 실현되어야 한다. 그 진실이 어떤 결과를 가져오든지 간에)." 이는 자신의 믿음에 따라 진실과 정의를 지키기 위해 여러 차례 목숨을 걸었던 사람에게 어울리는 모토로서 한나 아렌트다운 답변이었다. 무엇보다 한나는 운동가가 아니었다. 그 당시 그녀는 전적으로 정치적인 사람도 아니었다. 그녀는 학자였다. 학자의 주된 원동력은 물론 진실의 추구이다.

그녀는 마르틴 하이데거에게서 시작해서 나중에는 카를 야스퍼스를 사사했고 그 결과 성 아우구스티누스의 글에서 나타난 사랑 개념에 관한 박사 학위 논문을 썼다. 아마도 그녀가 살았던 시대가 그녀를 악과 같은 인간 현상과 마주하게 하지 않았다면 그녀는 계속해서 다양한 형태의 사랑을 탐구했을지 모른다.

수많은 기사와 여러 권의 책에서(그중 하나가 아마도 그녀의 가장 잘 알려진 작품인 『예루살렘의 아이히만』일 것이다.) 한나는 악의 개념을 탐구하고 그 메커니즘, 기원, 내용, 본질을 분석했다. 왜 우리는 서로를 해칠까? 절대 다수가 심각한 부정행위를 목격했으면서도 왜 상황을 개선하기 위해서 개입하지 않는가? 그리고 반유대주의라는 특별한 형태의 악을 어떻게 이해해야 하는가? 악에 맞선 한나의 무기는 지성이었고 그녀는 모든 문제를 공격할 때와 마찬가지의 방식으로 악에 대해 공격했다. 즉 악을 분석하고 명명함으로써 말이다. 『책임과 판단』뿐만 아니라 『전체주의의 기원』과 『폭력에 관하여』에서도 그녀는 악의 표현에 대해 분석했다. 『책임과 판단』에서 한나는 "결코 일어나지 말았어야 할" 현실적 참상과 직접 마주한 자신의 경험을 바탕으로 악의 결과에 대해 논했다.

이는 매우 구체적이면서도 동시에 모호한 현상을 효과적으로 묘사한 문장이다. 또한 답을 할 수 없는 질문에 답하려는 시도이며, 정의할 수 없는 것에 대해 정의하려는 시도이다. 이것은 마치 영원히 우리 손가락 사이로 빠져나가고 모양을 바꾸고 가장 예상하지 못한 곳에서 가장 있을 법하지 않은 맥락에서 다시 나타나는 것을 파악하려는 시도와 같다.

권터 가우스와의 텔레비전 인터뷰에서 한나는 나치 전쟁 범죄의 실체, 즉 사망자 수, 유대인의 체계적 학살, 강제 수용소의 공포를 알게 된 이후 자신의 반응을 설명한다. 한나는 아우슈비츠를 언급하고 나서 잠시 멈추고 침묵한다. 그녀는 물을 한 모금 마시고 천

천히 잔을 내린 뒤 숨을 고른다. 그런 다음 반대편 안락의자에 조용히 앉아 있는 가우스에게 자신이 어떻게 그런 인식에 점차 도달했는지 있는 그대로 설명한다. 카메라는 그녀의 얼굴을 클로즈업하며, 그녀가 묘사하는 충격이 그녀의 눈에 희미하게 스쳐 지나가는 모습을 담아낸다.

1943년이었습니다. 처음에는 저희도 믿지 않았습니다. 비록 남편과 저는 항상 그 무리가 무슨 일이든 저지를 수 있다고 말했지만 이번 일은 믿을 수 없었습니다. 군사적으로도 불필요하고 도저히 있을 수 없는 일이었기 때문입니다. 제 남편은 전직 군사 역사가로, 이런 문제에 대해 어느 정도 이해하고 있었습니다. 그는 저에게 속지 말라고 말했습니다. 이런 이야기를 액면 그대로 받아들이지 말라고 충고했습니다. 그들이 그렇게까지 하지는 않을 것이라고요. 그리고 반년 후, 결국 저희는 그것을 믿게 되었습니다. 증거가 있었기 때문입니다. 그건 진짜 충격이었습니다. 그전까지 저희는 이렇게 말했었습니다. "글쎄, 사람은 적이 있게 마련이야. 그것은 자연스러운 일이야. 왜 국민은 적대자가 있어서는 안 돼?" 하지만 이건 전혀 달랐습니다. 마치 심연이 열린 것 같았습니다. 왜냐하면 이전까지는 정치적으로 거의 모든 일들에 언젠가는 보상이 따를 수 있다고 생각했기 때문입니다. 하지만 이 일은 달랐습니다. 이 일만큼은 절대 일어나지 말았어야 합니다.

그럼에도 불구하고 그런 일이 일어났다. 어떻게 그런 일이 일어날 수 있었을까? 한나에게 홀로코스트는 이론적인 주제가 아니었다. 악에 대한 문제는 단순히 철학적 문제가 아니었다. 악과 홀로코스트는 개인에게 직접적인 문제였다. 자신의 삶과 언어, 그리고 공동체를 포기해야 했던 사람이라면 충분히 예상할 수 있는 감정일 것이다.

하지만 한나 아렌트의 가장 복잡한 사상에 대해 풀어나가기 전에 그녀의 시작점으로 돌아가자. 1906년 하노버의 린덴에서 한나가 태어난 이야기부터 시작하겠다.

하나
—
어린 시절의 한나

마르타가 검정 글씨로 『우리 아이*Unser Kind*』[1]라고 적힌 책을 샀을 때는 만삭의 몸이었다. 그것은 평생 그녀를 따라다닐 책이었고 도시에서 도시로, 나라에서 나라로, 대서양을 건너 미국으로 이사하거나 도망칠 때마다 항상 짐 속에 포함될 책이었다. 물론 1906년 가을, 마르타는 앞으로의 상황을 예측할 수 없었다. 붉은 표지 안의 속지들은 내용이 거의 비어 있었으며 채워지기를 기다리고 있었다. 그녀의 배 속에서 자라고 있는 아기에 관한 이야기로 말이다.

이 아기는 많은 사람이 오랫동안 기다린 아이였다. 아렌트 부부의 첫아이이자 유일한 아이기도 했다. 마르타 콘과 파울 아렌트는 모두 동프로이센의 수도인 쾨니히스베르크에서 태어나고 자랐지

---

1 한나 아렌트의 어머니인 마르타 아렌트가 임신 중에 구입한 기록용 책이다. 이 책은 아이의 성장 과정을 기록할 수 있도록 빈 페이지들로 구성된 일종의 앨범이다. 그녀는 이 책을 통해 임신 중의 경험과 아기가 태어난 이후의 이야기들을 기록하기로 마음먹고 이를 각 도시와 나라를 떠날 때마다 계속 가지고 다녔다. 이 책은 단순 기록물이 아니라, 아렌트 가족의 중요한 역사적 상징으로서 한나 아렌트의 성장에 관하여 중요한 정보를 담고 있다.

만 학업과 세상 경험을 위해서 고향을 떠났다. 마르타는 프랑스어와 음악을 공부하기 위해 파리에서 3년을 보냈고 파울은 유럽의 주요 도시들을 여행했으며 아테네의 파르테논 신전과 로마의 콜로세움을 방문한 뒤 쾨니히스베르크의 유명 대학 알베르티나에서 공학을 전공했다. 이 대학은 임마누엘 칸트의 행적으로도 유명한 곳이었다.

마르타와 파울은 모두 유복한 유대인 중산층 가문 출신이었다. 콘 가문은 러시아 상품의 수출입 사업에 종사했으며, 마르타의 아버지인 야콥이 운영하는 J. N. 콘 앤 컴퍼니는 쾨니히스베르크에서 가장 큰 회사로 유럽에서 가장 중요한 차 무역상 중 하나로 영국에 러시아 차를 공급했다. 파울의 아버지인 막스 아렌트는 사업가였으며 쾨니히스베르크에서 정치에 관여했다.

20세기 초, 쾨니히스베르크에는 약 5,000명의 유대인이 살고 있었고 마르타의 부모와 마찬가지로 그들 중 많은 사람이 고국에서 집단 학살과 박해를 피해 도망친 러시아계 유대인이었다. 야콥 콘은 차르 니콜라스 1세의 적대적인 정책으로 인해 1852년에 러시아를 떠났다.[2]

---

2 유대인에 대한 강압적이고 차별적인 조치를 의미한다. 니콜라스 1세는 유대인을 통제하고 동화시키기 위해서 거주 지역을 제한하고 경제적으로 억압했다. 그뿐만 아니라 유대인 어린이들을 강제로 징집하여 군사학교에 25년이나 복무하도록 했다. 니콜라스 1세의 통치 동안 여러 차례 유대인에 대한 집단 학살이 발생했으며 러시아 당국이 이를 방관하거나 조장하기도 했다. 결과적으로 많은 유대인들이 독일, 오스트리아-헝가리, 미국 등으로 대규모로 이주하게 되었다.

그의 아내인 파니 스피에로도 비슷한 이야기를 했다.

파울 아렌트의 가족도 러시아와 연관이 있었지만 그보다 훨씬 일찍 18세기 중반에 쾨니히스베르크에 도착했다. 아렌트 가족은 유대인들이 정착지로 강제 이주되기 전에 이미 러시아를 떠났다. 현재의 리투아니아, 벨라루스, 우크라이나에 걸쳐 있는 넓은 정착지는 유대인들이 예카테리나 대제의 칙령에 따라 정착할 수 있도록 허용된 지역이었다.

박해와 도피는 마르타와 파울의 과거에 깊숙이 내재해 있었고 시간이 지나 그들의 딸의 미래에도 영향을 미칠 것이다. 그러나 1906년 가을 마르타의 생각은 다른 곳에 있었다. 세계는 비교적 평온한 시기를 보내고 있었고 독일 경제는 번창하고 있었다. 유럽은 수십 년 동안 평화를 유지해 왔고 독일, 오스트리아, 헝가리, 이탈리아가 한편으로, 프랑스, 러시아, 세르비아가 다른 한편으로 강력한 동맹을 맺으면서 미래는 오랫동안 안정이 보장되는 듯했다. 콘과 아렌트가 러시아를 떠나도록 강요했던 반유대주의도 역사 속으로 사라진 듯했다. 집단 학살의 시대가 끝났고 미래는 장밋빛처럼 밝아 보였다.

마르타와 파울은 신혼부부 시절에 하노버의 쾌적한 린든 외곽에 있는 집으로 첫 이사를 했다. 마르타의 머릿속은 팽팽하게 부른 배 아래에서 발로 차는 아이를 중심으로 돌아갔다. 그녀는 여름과 가을 내내 아동 발달에 관한 책을 탐독하며, 아동 심리학과 양육법에 대해 공부했다. 아렌트 부부는 자신들을 계몽된 현대인이라고 여겼고 자녀를 독립적이고 자유로운 사고를 지닌 사람으로 키우길 바랐다. 마르타의 진보적인 중산층 친구들 사이에서는 모유 수유나 배변 훈련 같은 주제가 자주 화제가 되었다.

　아렌트 부부는 사회와 정치에 관심이 많았고 스스로를 다소 급진적이라고 생각했다. 두 사람 모두 십 대 시절에 독일에서 불법화된 상태였던 좌익 사회민주당에 가입했으며, 종교에는 거의 관심이 없었다. 전쟁과 반유대주의처럼 종교도 과거의 일로 여겼기 때문이다. 마르타와 파울은 미신과 사회에 대해 보수적인 관점을 거부하는 현대인들이었다. 또한 그들은 자신들의 자녀가 성별에 상관없이 좋은 교육을 받고 직장 생활을 잘 준비하도록 해야 한다는 생각이 확고했다. 마르타가 어렸을 때는 여성이 쾨니히스베르크 대학에서 공부하는 것이 허용되지 않아서 교육받을 수 없었지만 그녀가 딸을 낳은 해인 1906년에 알베르티나 대학교는 마침내 그들에게 문호를 개방했다.

　1906년 10월 14일, 한 여자아이가 세상에 태어났다. 아렌트 부부는 딸에게 요한나(Johanna)라는 이름을 지어주었지만 요한나는 평생 한나로 알려지게 되었고 20세기의 가장 중요하고 영향력 있는 사상가 중 한 사람으로 자리잡았다. 물론 마르타와 파울은 이 모든 것을 전혀 알 수 없었지만 모든 부모가 그렇듯 그들의 딸이 기적이라고 생각했다. 창백한 피부와 큰 눈, 검은 머리를 가진 한나는 작은 인형 같았다. 그녀의 부모는 경이로운 눈빛으로 딸을 바라보았다. 마르타는 한나의 성장 과정을 담은 『우리 아이』에 한나의 신체 치수와 사소한 병이나 발달 상황을 꼼꼼히 기록했다.

가장 오래 보존된 한나의 사진에서는 할아버지 막스의 팔에 안겨 미소 짓는 어린 소녀를 볼 수 있다. 이 사진은 가족이 자주 방문했던 쾨니히스베르크에서 촬영한 것으로 한나가 한 살이 갓 넘었을 때 모습이 담겨 있다. 막스는 깔끔한 흰 수염을 기른 키 큰 남자였으며, 그는 어린 소녀를 조심스럽게 꽉 껴안고 있다. 아마도 한나가 그의 품에서 빠져나오려고 몸부림치는 것을 막으려 했던 것 같다. 마르타가 남긴 기록에 따르면, 한나는 한 살도 되기 전에 걷고 말하기 시작한 활기찬 소녀였다. 말 그대로 "햇살 같은 아이"였다.

그러나 한나가 겨우 네 살이었을 때, 아버지 파울에게 생긴 병이 가족의 평안을 어둡게 만들었다. 파울 아렌트가 젊은 시절에 앓았던 매독이 재발했고 1910년에는 건강이 너무 나빠져서 더 이상 일을 할 수 없을 정도였다. 파울과 아내, 어린 한나는 가족으로서 더 가까워지기 위해서, 그리고 파울이 대학 병원에서 치료를 받아야 했기 때문에 쾨니히스베르크로 돌아왔다. 그의 병세는 느리지만 꾸준히 악화되었고 급기야 1911년 여름 파울은 병원에 입원했다. 이 무렵 매독은 신체적, 심리적 증상을 모두 유발하는 단계에 이르렀다. 한나의 아버지는 몸과 마음을 모두 통제할 수 없었고 경련이 심해지면서 정신 이상 증상도 경미하게 나타났다.

한나 아렌트와 아버지 파울 아렌트

아버지가 병에 걸리면서 한나는 어린 나이에 삶이 얼마나 연약하며 죽음이 언제든 모든 걸 산산조각 낼 수 있다는 것을 배웠다. 아버지가 병에 걸렸을 때, 할아버지 막스가 그녀의 중심축이 되었다. 한나의 부모인 파울과 마르타는 종교적이지 않았지만 막스는 쾨니히스베르크의 유대교 신도 중에서도 매우 활동적이었다. 한나는 유대교 의례에 매료되었고 할아버지께서 마치 보물창고의 보물을 풀어 보이듯 들려주는 유대인 이야기, 우화, 신화들에 대해 눈을 반짝이며 경청했다.

어른이 된 한나는 어린 시절에 대해 거의 이야기하지 않았다. 그녀는 청소년기에 대해 아무것도 쓰지 않았고 인터뷰에서도 어린 시절에 대해서는 말을 아꼈다. 우리가 한나의 어린 시절과 청소년기에 대해 아는 대부분의 정보는 마르타가 『우리 아이』에 기록한 메모에서 나온 것이다. 한나가 어린 시절에 관하여 가끔 이야기할 때면 종종 할아버지 막스를 훌륭한 이야기꾼으로 언급했다. 문학에 대한 한나의 관심을 불러일으킨 것도 할아버지였을까? 그게 아니라면, 한나가 책을 읽고 글을 쓰는 여성이 된 까닭이 어린 시절 집 안 서재에 가득했던 책 덕분이었을까? 한나는 항상 책에 코를 박고 있었고 시와 소설에서 칸트, 그리스 신화에 이르기까지 모든 것을 읽었다.

한나가 사랑했던 할아버지는 1913년 3월에 세상을 떠났고 같은 해 10월에는 아버지마저 세상을 떠났다. 1년도 채 되지 않는 사이에 한나는 할아버지와 아버지를 모두 잃었다. 마르타는 슬픔과 걱정에 휩싸였다. 앞길이 막막했다. 마르타와 한나는 어떻게 이 상황을 헤쳐 나갈 수 있을까? 아렌트 가문과 콘 가문은 부유했으니 두 사람을 충분히 지원할 수 있었지만 20세기 초반에 어린아이를 데리고 과부로 살아가는 것은 결코 쉬운 일이 아니었다. 파울이 죽은 지 얼마 지나지 않아 찍은 사진에서 우리는 창백해 보이지만 침착한 여성과 긴 머리를 땋은 진지한 어린 소녀를 볼 수 있다. 한나는 앉아 있는 어머니에게 기대어 있다. 두 사람 모두 어두운 색상의

옷을 입고 있고 마치 세상에 맞서기 위해 손을 꼭 잡고 있는 것 같았다. 마르타는 자신과 어린 딸을 위해서 정상적인 생활을 유지하려고 최선을 다했다. 그녀는 한나에게 피아노를 가르쳤고 친척들을 자주 만나게 해 주었다. 한나는 아버지의 배다른 누이 프리다를 특히 좋아했는데, 프리다는 여름에 그녀를 해변으로 데려가 주기도 하고 엄마를 대신해서 유치원에서 데려오는 등 마르타를 도왔다. 한나는 유치원을 좋아했고 영특한 읽기 능력으로 유치원 선생님들을 감탄시켰지만 1913년 가을에는 지트니츠크 학교에 등록했고 그곳에서 더욱 행복해했다. 마르타는 『우리 아이』에서 한나의 열정과 진전에 대해 기록하면서, 한나의 학습 속도가 매우 빨랐고 잰더 선생님이 한나가 동급생들보다 1년이나 앞서 있다고 평가한 사실을 만족스럽게 언급하고 있다.

파울은 방대한 양의 책을 남겼다. 그는 그리스와 로마 신화에 열정적으로 관심이 있었고 라틴어와 그리스어를 모두 읽을 수 있었다. 한나는 아버지가 남긴 책들에 몰두하면서 고대 언어를 공부하는 데에서 큰 성취를 보였다.

1914년 여름은 "유럽의 마지막 여름"으로 묘사되곤 한다. 그것은 정원에서의 파티와 미래에 대한 확신으로 가득 찬 평온한 시간이었다. 해변에서의 여유로운 나날들과 멋진 날씨가 이어졌다. 오스트리아의 저명한 유대인 작가 슈테판 츠바이크는 『어제의 세상 *The World of Yesterday*』에서 다음과 같이 썼다.

유럽 전역에 가져온 재앙이 아니었더라도 1914년 여름은 잊을 수 없는 여름이었을 것이다. 나는 이보다 더 풍요롭고 아름다운 여름을 본 적이 없다. 어느 때보다 더욱 여름다웠다고 말하고 싶다. 하늘은 날마다 비단처럼 푸르고 공기는 부드럽고 촉촉했으며, 초원은 따뜻하고 향기로웠고 숲은 짙고 풍성하게 자란 어린 초록 잎새들로 가득했다. 지금도 나는 "여름"이라는 말을 들으면 그해 빈 근처 바덴에서 보낸 찬란했던 7월의 날들을 본능적으로 떠올린다.

마르타와 한나 역시 그 멋진 햇살 가득한 계절을 즐겼고 발트해 연안의 뉴퀴렌(현재 피오네르스키)에 있는 콘 가문의 여름 별장에서 몇 달을 보냈다. 바다에서 수영을 하고 나면 정원에서 크로케 경기를 즐겼고 마르타는 사랑하는 파울이 병에 걸려 세상을 떠난 후 잃어버린 평온을 어느 정도 되찾았다. 하지만 그 낙원도 잠시였다.
6월 28일, 오스트리아-헝가리 왕위 계승자인 프란츠 페르디난트가 사라예보에서 세르비아 민족주의자에게 암살당했다는 소식이 이들에게 전해졌다. 이는 치명적인 외교 위기의 발단이 되었고 결국 '검은 주간'[3]으로 알려지게 된 사건으로 이어졌다.

---

3 '검은 주간(the Black Week)'은 1914년 6월 28일 오스트리아-헝가리의 황태자 프란츠 페르디난트가 사라예보에서 세르비아 민족주의자 가브릴로 프린치프에 의해 암살된 사건으로 촉발된 일련의 외교적 위기 속에서 7월 24일부터 7월 30일까지의 긴박했던 일주일을 가리킨다. 이 주간 동안 오스트리아-헝가리와 세르비아 간의 긴장이 급격히 고조되었고 주요 유럽 열강들이 동맹을 기반으로 서로에 맞서서 참전할 태세를 갖추게 되었다.

7월 28일, 오스트리아-헝가리는 세르비아에 전쟁을 선포했고 이는 곧 여러 다른 국가들의 전쟁 선포로 이어졌다. 평화와 안정을 보장하기 위해서 맺은 유럽 국가들 간의 동맹은 갑자기 행동에 나설 것을 요구하기 시작했다. 러시아는 동맹국인 세르비아를 지지하며 오스트리아-헝가리에 군사 개입을 경고하는 최후통첩을 보냈다. 사흘 후인 8월 1일, 독일은 오스트리아-헝가리를 지원하며 러시아에 전쟁을 선포했고 프랑스는 러시아를 돕기 위해 병력을 동원했다. 이에 대응해 독일은 이틀 후 프랑스에 선전포고하며 벨기에를 자유롭게 통과할 수 있도록 요구했지만 벨기에는 이를 거부했다. 8월 4일, 독일군이 프랑스군을 측면에서 공격하기 위해 벨기에로 진격했다. 이 행동으로 영국이 독일에 전쟁을 선포했다.

그 짧은 한 주 동안, 제1차 세계대전은 유럽을 불길에 휩싸이게 했고 곧 전 세계로 확산되었다. 마르타와 한나는 공포에 휩싸여 쾨니히스베르크로 돌아왔지만 마르타는 그곳도 더는 안전하지 않다고 느꼈다. 그녀는 8월의 마지막 날들을 "걱정으로 가득 찬 끔찍한 날들"로 묘사하며, 러시아군이 너무 가까이 다가왔음을 직감했다. 군대가 동프로이센을 침공하는 것은 시간 문제처럼 보였고 결국 마르타와 한나는 쾨니히스베르크를 떠났다. 그들이 다시 돌아올 수 있을지는 미지수였다. 이것이 한나의 첫 탈출이었지만 그때가 결코 마지막은 아니었다.

한나와 그녀의 엄마를 쾨니히스베르크에서 베를린으로 데려다

준 기차는 군복을 입은 군인들과 도망치는 사람들로 가득 차 있었다. 상황은 무척 혼란스러웠다. 불타고 약탈당한 마을들에 대한 소문이 돌았고 피에 굶주린 카자크,[4] 폭력, 죽음에 관한 이야기가 있었다. 마르타의 여동생 마르가레테는 베를린에서 남편과 세 자녀와 함께 살고 있었는데, 그들이 한나와 마르타를 받아주었다. 천진난만했던 어린 시절의 한나는 사촌들과 더 많은 시간을 보낼 수 있다는 사실에 들떴고 샬로텐부르크에 있는 여자 전문학교에 새롭게 다니게 된 것에 흥분했다. 마르타는 『우리 아이』에서 이렇게 썼다. "여기서 한나는 친척들과 낯선 사람들로부터 많은 사랑을 받고 있고 그들이 한나를 귀여워한다. 그럼에도 불구하고 그녀에게는 집과 쾨니히스베르크에 대한 그리움이 크게 남아 있다."

마르타는 전쟁의 매 순간을 초조하게 지켜보며 극도로 걱정했다. 그녀와 마르가레테는 라디오에서 나오는 뉴스에 귀를 기울이고 신문을 탐독하며 희망을 품었다. 그러나 상황은 절망적이었고 전쟁은 일찌감치 패배했다. 러시아군은 두 전선에서 동프레이센을 향해 다가오며 거대한 집게처럼 독일군을 압박하고 있었다. 그들의 병력은 40만 명으로, 동프로이센을 방어하려는 독일군의 두 배나 되었다. 독일 사령관 막스 폰 프리트비츠는 후퇴하려 했고 동프로

---

4   카자크(Cossacks)는 지금의 우크라이나 일대와 러시아 서남부 지역에서 중앙 정부의 통제를 받지 않는 자치적인 사회 구조를 유지하며 살았던 민족집단이다. 카자크는 러시아 제국이 남쪽과 동쪽으로 팽창하는 과정에서 중요한 역할을 했으며, 19세기 말에서 20세기 초 러시아 제국에 의해 폴란드인과 유대인에 대한 학살을 수행하는 등 공포 정치에 이용되었다.

이센을 희생할 준비가 되어 있는 것처럼 보였다. 그러나 군사령부는 그를 퇴출시키고 은퇴한 전쟁 영웅인 파울 폰 힌덴부르크를 임명했다. 그는 모든 예상을 깨고 독일군을 승리로 이끌었다.

독일군은 과거의 경험과 새로운 기술을 결합하여 러시아군을 능가하는 데 성공했다. 단파 라디오를 사용해 적의 계획을 요격하면서 1914년 8월 24일부터 30일까지 타넨베르크 전투에서 적을 기만했다. 러시아군은 참혹한 패배를 당했고 78,000명이 사망했으며, 92,000명이 포로로 잡혔다. 불과 몇 주 후, 독일군은 마주리안 호수 주변에 주둔한 러시아군 잔여 병력에 또 다른 타격을 가했다. 러시아군은 후퇴했고 동프로이센은 해방되었다.

그해 11월, 한나와 어머니는 쾨니히스베르크로 다시 안전하게 돌아올 수 있었고 일상은 서서히 회복되기 시작했다. 수백만 명의 사람들의 목숨을 앗아가고 세상을 영원히 뒤흔든 전쟁의 그늘 속에서 한나는 십 대에 들어섰다. 마르타의 모성애와 근심은 『우리 아이』에 낱낱이 기록되어 있다. 한나는 홍역에 걸렸고 설명할 수 없는 고열을 여러 차례 겪었고 비뚤어진 앞니 때문에 교정기를 착용했고 1915년에는 고통스러운 중이염에 오랫동안 시달렸다.

마르타는 한때 행복하고 평온했던 딸이 침울해지고 심지어 가끔씩 화를 터뜨리는 경향을 보이자 걱정했다. 그녀는 이렇게 한탄했다. "나는 한나에게서 내 젊은 시절을 되풀이해 보는 것 같아서 슬프다. 사람들에 대해 한나는 내가 그랬던 것처럼 눈물의 길을 걷게 되겠지. 그러나 아무도 자신의 운명을 피할 수는 없다. 한나가 한나 아빠처럼 될 수만 있다면. 아렌트 가문 사람들은 감정적으로 훨씬 더 강인해서 우리 같은 사람들보다 삶을 훨씬 더 잘 헤쳐 나갈 수 있을 텐데."

　한나가 사춘기에 가까워질수록 그녀의 우울하고 멜랑콜리한 면모가 더 드러나는 듯했다. 그녀는 시를 쓰기 시작했고 철학과 신학에 깊이 몰두하게 되었다. 특히 그녀는 기독교 철학자 쇠렌 키에르케고르와 임마누엘 칸트를 좋아했는데, 이는 비종교적인 유대인 가정에서 자란 어린 소녀에게는 다소 이례적인 선택이었다.

　전쟁은 쾨니히스베르크까지 미치지 못했지만 마르타와 한나는 어려움을 겪었다. 대부분의 독일인과 마찬가지로, 그들은 식량을 구하는 데 어려움을 겪을 때가 있었다. 영국 해군이 독일로 가는 수송로를 효과적으로 봉쇄했던 까닭에 1917년과 1918년에 상황이 더 위태로워졌다. 일체의 식량 수입이 중단되었고 독일인들은 자신들이 직접 재배하거나 생산할 수 있는 것으로 생존해야 했다. 전쟁이 끝나갈 무렵, 마르타의 재정 상황도 악화되기 시작했다. 그녀의 아버지인 야콥 콘이 죽을 때 그녀에게 상당한 유산을 물려주었지만 그것이 영원히 지속될 수는 없었다. 마르타는 별도의 수입이 없었고 가족 회사의 활동은 사실상 중단 상태였다. 봉쇄 자체를 하나의 무기로 사용했던 격렬한 전쟁 중에 차와 과자 같은 상품을 수출입하는 일이 불가능해졌기 때문이다.

결국, 마르타는 집 안의 방 하나를 세놓기로 결심했다. 그 방에 케테 피셔라는 유대인 학생이 이사를 왔고 그녀와 한나는 곧 생활 전반에서 자매처럼 지내기 시작했다. 이들 사이에는 격렬한 논쟁과 웃음 섞인 따뜻한 교류가 있었다. 열두 살이었던 한나보다 다섯 살 많았던 케테는 재치가 있고 총명했다. 마르타는 한나가 점점 껍질을 벗고 나오며 우울함에 기분이 지배되지 않는 모습을 보며 안도했다. 이 무렵 한나는 그리스어를 공부하기 시작했으며, 학업에 점점 몰두했을 뿐 아니라 사교적인 활동에도 적극적이었다. 한나는 또래의 유대인 친구들을 찾았는데, 대부분이 그녀보다 몇 살 더 많았다. 한나는 나이가 가장 어렸지만 자연스럽게 모임의 중심이 되었다. 마르타 역시 바깥을 바라보기 시작했고 주로 정치에 관심을 집중했다. 한나와 함께 살았던 집은 전쟁의 마지막 2년과 1918~1919년 혁명 동안 사회민주주의자들의 모임 장소가 되었다. 당시 독일 사회민주주의자와 공산주의자들은 군주제를 전복하는 데는 성공했지만 결과적으로 러시아에서 그들의 동료들이 이전 해에 했던 것과 같은 방식으로 혁명을 이루는 데는 실패했다.

마르타는 혁명 이듬해에 재혼했다. 그녀는 마르틴 베르발트라는 홀아비와 몇 년 동안 가까이 지냈고 1920년 2월에 그들은 노동조합을 결성하고 그의 집으로 이사했다. 당시 열세 살이었던 한나는 졸지에 두 명의 나이 많은 이복 언니가 생겼는데, 이들과의 경험은 결코 순탄하지 않았다. 불같은 성격, 강한 의지, 눈부신 지성을 갖추고 끊임없이 수다떨기를 좋아했던 한나는 베르발트의 두 딸, 클라라와 에바와는 성격이 매우 달랐다. 두 자매는 모두 수줍었고 특히 클라라는 매우 지적이지만 우울증이 심했다. 그러나 마르타와 마르틴의 결혼 생활은 행복했다. 마르타는 마르틴의 딸들을 위해 든든한 버팀목이 되어 주었고 마르틴은 마르타와 한나에게 재정적 안정을 보장했다. 그와 함께라면 마르타는 더 이상 가난이나 굶주림을 걱정할 필요가 없었다.

한나의 10대 시절은 공부와 강렬한 우정으로 특징지어진다. 그녀는 내성적이며 책에 완전히 몰두하는 성격과(소꿉친구였던 안네 멘델존 바일의 말에 따르면, 한나는 항상 책을 읽고 있었다) 말 많고 무모한 성격 사이를 오갔다. 어머니 마르타가 『우리 아이』에서 말했듯이, 그녀는 뻣뻣하고 고집이 세고 완고하여 종종 집에서나 학교에서 갈등을 빚었다. 한나는 매우 재능 있는 학생이었지만 기성 권위와는 큰 갈등을 겪었다.

정확히 어떤 모욕인지는 알려지지 않았지만 한나가 15살 때 선생님 한 분이 그녀에게 심한 모욕을 주자 한나는 그 선생님의 수업에 대해 보이콧을 하기로 결심했다. 카리스마 넘치고 인기가 있었던 그녀는 친구들을 설득하여 보이콧에 동참하게 했고 결국 그녀는 학교에서 퇴학당했다. 당시 갈등 상황에서 마르타는 딸의 편을 드는 매우 이례적인 조치를 취했고 한나는 몇 년 동안 다녔던 루이스 학교로 다시는 돌아갈 수 없게 되었다.

한나는 베를린으로 이사해 대학에서 그리스어, 라틴어, 신학을 공부하면서 기숙사에서 1년을 보냈다. 하지만 어린 나이에 그녀는 완전히 혼자 남겨진 것은 아니었다. 마르타는 사회민주주의자인 친구 레빈 부부가 강한 의지를 가진 한나를 주의 깊게 지켜보도록 부탁했다. 결국 한나는 쾨니히스베르크로 돌아와서 고등학교 시험을 독학으로 준비하기로 마음먹었으며, 사랑하는 고모 프리다가 비공식적으로 이를 감독했다. 마르타의 친구이자 남학교의 교장이었던 아돌프 포스텔만이 공식적인 감독 역할을 맡았다.

1924년 봄, 한나는 옛 학급 친구들보다 무려 1년 먼저 기말고사를 봤다. 그녀는 시험에 합격했다는 증표로 프로이센 공작 알브레히트의 초상화가 있는 작은 금메달 세트를 받았다. 그때 한나는 메달을 달고 옛 학교를 방문하고 싶은 유혹이 일었다. 옛 학급 친구들과 선생님들에게 분명하게 전하고 싶은 메시지가 있었기 때문이다. 퇴학은 결코 그녀를 막지 못했으며, 오히려 그녀는 학교에서 동급생들이 한 것보다 혼자서 더 나은 성적을 거두었다.

한나는 언어, 즉 어휘와 독서, 그리고 글쓰기에 깊은 애정을 갖게 되었다. 그녀는 고전 언어로 된 문헌들을 폭넓게 읽었으며, 안네 멘델손 바일의 표현에 따르면 "모든 것"을 읽었다. 열여덟 살이 된 직후, 그녀는 신학과 철학을 공부하기 위해 마르부르크로 이사했다. 세속적이고 종교를 실천하지 않는 유대인으로서 기독교 신학을 공부한다는 것은 다소 이례적인 선택으로 보일 수 있지만 그에 대한 답은 아마도 키에르케고르에게서 찾을 수 있다. 덴마크의 기독교 실존주의자인 키에르케고르는 한나의 지적 열망의 중요한 부분이었으며, 독일의 의무주의 윤리 철학자인 임마누엘 칸트와 견줄 만큼 그녀에게 큰 영향을 미쳤다. 그런데 왜 하필 마르부르크였을까? 이번 답은 마르틴 하이데거에 있었다. 한나는 자신보다 다섯 살 연상이었던 첫 남자친구 에른스트 그루마흐와 마르부르크에서 공부할 당시 독일 철학을 혁신하고자 했던 탁월한 교수에 관한 이야기를 주의 깊게 들었다. 베를린에서의 시간, 즉 자립심과 자신감을 키운 한 해를 보낸 뒤, 한나는 철학을 공부하여 존재에 대해 더 깊이 이해하겠다고 결심했다. 그 여정의 안내자가 될 적임자로서 모두가 손꼽던 철학자 마르틴 하이데거보다 나은 사람은 없었다.

그래서 1924년 최우수 성적으로 최종 시험에 합격한 지 불과 몇 달 후, 한나는 많은 젊고 지적인 독일인들이 그랬던 것처럼, 하이데거의 강의를 듣고 그에게서 배우기 위해서 마르부르크로 향했다.

두려움과 기대감으로 가득 찬 채, 그녀는 자신이 알고 있는 전부였던, 쾨니히스베르크와 어머니를 뒤로하고 키에르케고르가 말한 "신앙의 도약"을 하며 미지의 세계로 발걸음을 내디뎠다.[5]

---

5   키에르케고르는 인간의 실존적 상황에서 신앙이란 이성과 논리로 완벽히 이해하거나 확신할 수 없는 불확실한 상황 속에서, 초월적 진리를 받아들이기 위해 개인이 주체적으로 결단하는 실존적 행위를 '신앙의 도약(leap of faith)'이라고 정의했다. 한나 아렌트가 익숙했던 쾨니히스베르크와 어머니를 떠나 두려움과 불확실성을 감수하며 미지의 세계로 나간 행위는 단순히 물리적인 이동이 아니라, 존재와 실존에 대한 깊은 깨달음과 자기 변화를 향한 실존적 도전으로 볼 수 있다.

둘
—
열정

"하이데거에 관한 소문은 아주 간단하게 다음처럼 표현할 수 있습니다. 사유가 다시 살아났습니다. 죽었다고 생각했던 과거의 문화적 유산이 말을 걸어왔고 그 목소리들은 익숙하고 진부하게 여겨졌던 것과는 전혀 다른 메시지를 전하고 있습니다. 하이데거라는 스승이 있었기에 우리는 생각하는 법을 배울 수 있었을지 모릅니다." 한나 아렌트는 마르틴 하이데거의 80번째 생일을 기념하여 이렇게 썼다.

철학을 공부하겠다거나 스스로 목숨을 끊을 수 있다고 선언한 젊은이들에게 생각하는 법을 배운다는 것보다 더 매력적인 것이 있을까?

한나에게 있어 마르틴과의 만남은 철학의 세계에 입문하는 것과 같았다. 수년이 지나서 한나는 철학이 자신의 첫사랑이었으며, 마르틴 하이데거는 철학계의 화신이었다고 말했다. 그는 진정한 '철학자'였다, 빛나는 지성, 잘생긴 외모, 시적인 감성을 지녔으며, 마치 유행과 같은 세속적 관심에는 초월해 있기라도 한 듯 간소하게 차려입었으며, 눈에는 불꽃이 있었다. 그는 지적인 인물이었지만 스키를 타고 숲속을 걷는 것을 좋아했다. 그의 강의는 청중을 사로잡았지만 아내가 토트나우베르크에 지어준 소박한 통나무 오두막집에서 많은 시간을 혼자 보냈다.

다시 말해, 마르틴 하이데거는 지적 호기심과 고상한 이상을 가진 젊은 청년들에게 매혹적인 존재였다. 젊은이들은 오직 그가 마르부르크에 있다는 이유만으로 그곳에서 공부하려고 지원했다. 위대한 독일 유대인 현상학자 에드문트 후설의 불꽃을 계속 살린 대학 교수로서의 명성이 학생들을 끌어들였다.

한나가 마르틴의 삶에 들어왔을 때, 그는 자신의 위대한 프로젝트의 마지막 단계에 있었다. 이 프로젝트는 그를 20세기의 가장 중요한 철학자 중 한 사람으로 만들어준 작품이다. 바로, 『존재와 시간Sein und Zeit』이다. 마르틴은 매우 평범한 삶을 살았다. 안정적이고 적당했지만 외로웠다. 그가 한나에게 쓴 첫 편지 중 하나에는 "나는 고독 속에서 삽니다."라고 쓰여 있었고 생각을 나눌 동반자를 갈망한다는 것을 분명히 밝히고 있다. 고독이 너무 깊어질 때 그의 이야기를 들어줄 사람, 그의 외로움을 달래줄 누군가를 원했던 것이다.

한나가 대학에 입학한 뒤 몇 년은 독일의 바이마르 공화국 정부가 경제를 안정시키고 극심한 인플레이션을 막기 위한 프로그램을

통해 비교적 평온을 유지했다. 1920년대 중반에 이르러 독일 경제
는 제1차 세계 대전에서 서서히 회복되기 시작했고 대부분의 독일
인의 생활 수준이 향상되었다. 문화적 삶은 활기를 띠었고 베르톨
트 브레히트, 에른스트 윙어, 토마스 만, 알프레트 되블린, 에리히
마리아 레마르크 등 다양한 작가들이 두각을 나타냈다. 독일의 많
은 예술가와 작가들이 표현주의로 전향했고 수도 베를린에서는 격
동적이며 타락한 삶이 펼쳐졌다.

크리스토퍼 이셔우드의 소설 『베를린이여 안녕』[1]은 요제프 폰 슈
테른베르크가 연출하고 마를렌 디트리히가 나이트클럽의 '롤라 롤
라'라는 고혹적인 가수 역을 맡은 영화 〈푸른 천사〉[2]처럼, 베를린의
전설적인 시기에 대하여 "환희와 임박한 파멸에 대한 감각이 동시
에 지배하는 시기"로 묘사한다. 독일 영화 산업은 프리츠 랑의 〈메
트로폴리스〉와 1929년의 첫 독일 유성 영화 〈세계의 멜로디〉와

---

1 『베를린이여 안녕(Goodbye to Berlin, 1939)』은 1930년대 베를린의 사회상과 삶을 담고
있는 작품이다. 작가 크리스토퍼 이셔우드는 당시 독일 사회의 불안정과 변화, 나치즘, 그리
고 다양한 인물들의 삶을 관찰자의 시점에서 생생하게 그려내고 있다. 여러 단편으로 구성된
소설 속에는 하층민과 부유층, 예술가와 이방인 등 다양한 인물들이 겪는 갈등과 사회 부조
리를 입체적으로 보여준다.

2 영화 〈푸른 천사(Der Blau Engel, 1930)〉는 독일의 요제프 폰 슈테른베르크가 연출한 작품
이다. 엄격한 김나지움의 교수였던 임마누엘 라트는 제자들이 가는 퇴폐적인 나이트클럽 '푸
른 천사'를 찾아갔다가 매혹적인 가수 롤라 롤라에게 빠져든다. 그녀에 대한 집착이 커지면
서 그의 삶은 통제 불능 상태로 무너지기 시작하고 결국 파멸로 치닫는다. 이 영화는 억압된
욕망과 자기 파괴적 사랑을 주제로, 순수했던 인물이 점차 타락해 가는 과정을 강렬하게 그
려내고 있다. 파국 속에서 라트가 김나지움의 교실로 향하고 권위의 상징이었던 교탁을 움켜
쥔 채 쓰러져 숨을 거두는 장면은 20세기 초 유럽에서 산업 자본주의 발달과 함께 기존 지배
층의 권위가 무너지고 대중이 사회의 새로운 주류 집단으로 자리잡아가는 현상을 보여준다.

같은 영화들이 개봉되면서 황금기를 맞이했다. 술이 넘쳐났고 클럽 문화는 강렬했으며, 성의 경계도 비교적 자유로웠다. 분위기는 흥분되면서도 향수를 자극했고 사람들은 전혀 거리낌이 없었다.

헤센 주의 작은 대학 도시인 마르부르크는 수도만큼 타락하지는 않았다. 1920년대에 대학의 조직 신학 교수인 폴 틸리히와 결혼한 한나 틸리히는 자서전에서 단발머리와 유행하는 옷차림으로 여전히 거리의 낯선 사람들에게서 비난의 시선을 받았다고 썼다. 마르부르크에는 보수적인 분위기가 지배적이었지만 지적 혁명의 본거지였고 새로운 사유 방식이 학계에 자리 잡고 있었다. 독일 전역의 학생들이 마르틴 하이데거의 세미나에 참석하고 그의 획기적인 강의를 듣기 위해 지원했다. 에드문트 후설의 제자인 하이데거가 대륙의 현대 철학을 창조했고 그 철학이 뿌리를 내린 곳이 바로 마르부르크이다.

작은 도시의 보수성과 때때로 답답하게 느껴지는 좁은 사고방식에도 불구하고 독서와 사유를 좋아하고 지적 호기심이 많았던 한나가 유행을 따르는 베를린의 퇴폐적인 경향에 더 영향을 받았던 것은 쉽게 상상할 수 있다. 그녀는 인생에 대해 지적이고 탐구적인 태도를 지니고 있었고 1920년대 초반에 그녀가 쓴 시에서 드러나는 것처럼, 삶에 대한 멜랑콜리한 감정도 지니고 있었다.

한나는 마르부르크(1924~1926)와 이후 하이델베르크(1926~1929)에 있는 동안 많은 시를 읽고 썼다. 그 시는 종종 삶의 무상함, 막연한 '당신'에 대한 그리움, 자아 탐색과 같은 주제를 다루었다. 마르부르크에 도착했을 때 그녀는 젊고 낭만적이었다. 그녀는 키에르케고르, 괴테, 토마스 만의 작품을 읽었다. 키에르케고르의 실존주의와 그가 연인 레기네 올센과 맺었던 불행한 관계는 한나에게 깊은 인상을 남겼으며, 괴테의 『젊은 베르테르의 슬픔』 역시 그녀에게 깊은 영향을 미쳤다. 그녀는 토마스 만의 『마의 산』을 탐독했다.

하지만 한나가 이들 작품에서 마주한 사랑은 어떤 성격이었을까? 키에르케고르, 괴테, 토마스 만은 모두 상당한 기쁨과 깊은 슬픔 사이를 오가는 사랑의 형태를 보여준다. 하지만 대부분은 슬픔의 정서와 가깝다. 사랑은 대체로 고통, 그리움, 나와 상대 사이의 거리로 구성되는 듯하다. 키에르케고르는 레기네를 사랑했지만 이해할 수 없는 이유로 그녀와 함께 살 수 없었다. 젊은 베르테르는 로테에 대한 짝사랑으로 인해 깊은 우울증에 시달리다가 결국 자살했다. 또한 마의 산에서 병약한 채로 인생에서 아무런 기쁨을 느끼지 못하는 한스 카스토르프는 다보스의 베르크호프 요양소에서 7년간 머무는 동안 클라우디아 쇼샤에게 푹 빠져버렸다. 이와 같은 작품들을 읽어나가며 한나는 문학적이고 이론적 측면에서 가장 파괴적인 형태의 열정을 경험할 준비가 되어 있었다.

마르부르크에서 그녀는 하이데거를 만났다. 나이가 훨씬 많고 강렬한 시선과 지배적인 존재감을 지닌 그는 청중을 매료시키는 능력 때문에 학생들에게 메스키르히의 마술사로 알려졌다. 그리고 한나는 그의 주문에 빠졌다. 그녀는 절대 사라지지 않을 열정, 심지어 강박관념에 사로잡혔다.

마르틴은 강의실에 들어서자마자 검은 눈과 두꺼운 머리카락을 가진 날씬한 젊은 여성을 알아챘다. 그녀는 그가 자라면서 만난 몸매 좋은 금발 여성과는 달랐고 그가 결혼한 브룬힐데 엘프리데[3]와도 전혀 달랐다. 몇 주 동안 마르틴은 방 건너편에 있는 한나의 시선과 닿으려 했고 거의 두 달 동안의 강렬한 눈 맞춤 끝에 마침내 그녀를 자신의 사무실로 초대할 수 있었다. 한나는 비옷을 입고 검은 머리카락 위로 모자를 눌러쓰고 들어왔다. 그녀는 눈을 점잖게 내리깔고 그의 말을 경청하며, "예"와 "아니오"로만 대답했다. 위대한 교수에 대한 경외심과 긴장 때문에 몸이 마비된 듯 보였다.

한나의 피어오르는 여성성과 수줍은 태도는 하이데거에게 분명 큰 인상을 남겼다. 하이데거는 그 후 여러 해 동안 한나에게 쓴 많은 편지에서 몇 차례나 사무실에의 첫 만남을 회상했다. 한나는 그

---

3   하이데거 아내의 본명은 엘프리데 페트리(Elfride Petri)이다. 엘프리데는 실제로 '브륀힐데
    (Brünnhilde)'라는 이름을 가지고 있지는 않았지만 그녀가 하이데거의 삶과 경력에서 보여
    준 강한 의지와 주도성 때문에 종종 신화에 등장하는 존재에 비유되곤 한다. 브룬힐데는 북
    유럽 신화에 등장하는 발키리 중 한 명이다. 발키리는 전쟁의 여신들이자 오딘(Odin)을 섬
    기는 여성 전사들로, 전쟁터에서 용감하게 싸우다 죽은 영웅들을 신들의 세계 아스가르드
    (Asgard)로 데려가는 역할을 한다. 실제로 하이데거의 삶에서 그녀는 매우 강한 성격과 주체
    성을 가진 인물로 강력한 영향력을 발휘했다. 하이데거가 겪은 철학적 어려움과 개인적인 위
    기 속에서 아내로서 늘 그를 옹호하고 지켜 준 그녀의 역할은 마치 발키리가 전사들을 보호
    하고 이끄는 역할과 비슷한 면이 있다.

편지들을 소중히 간직하고 보관했다. 몇 차례나 그녀는 삶의 터전을 잃고 독일을 떠나야 했으며, 이후 프랑스에서 도망쳐야 했다. 전쟁 중에는 수용소에 갇히기도 했고 오랫동안 정착지 없이 망명 생활을 이어갔지만 한나는 마르틴이 자신에게 쓴 편지를 간직했다. 반면에 마르틴은 한나에게서 온 편지들을 한 통도 남겨두지 않았다. 보존된 그녀의 편지는 모두 그녀 스스로 사본을 남긴 것들뿐이다.

이 때문에 그들의 편지를 읽는 것은 이상한 경험이 된다. 우리는 마르틴의 눈을 통해 한나를 보고 그들의 관계에 대한 그의 견해를 듣고 사랑의 본질과 여성의 본질에 대한 그의 견해를 읽는다. 우리는 한나가 답장으로 무엇을 썼는지 추측할 수밖에 없다. 마르틴은 왜 자신이 매료되었던 젊은 여성의 편지를 보관하지 못했을까? 아마도 그는 아내가 그것을 찾을까 봐 두려웠을 것이다. 어쩌면 그는 단순히 한나의 편지가 보관해야 할 만큼 중요하다고 생각하지 않았을 수 있다.

어쨌든 마르틴 또한 한나에게 매료되었던 것은 분명하다. "사랑하는 한나!" 그는 1925년 11월 27일에 이렇게 썼다. "악마가 나를 강타했습니다. 당신의 사랑스러운 손의 고요한 기도와 빛나는 이마가 그것을 여성적으로 승화시켰어요. 나에게 이런 일은 한 번도 일어난 적이 없습니다."

그의 편지에서 드러나는 극적인 표현들은 꽤 인상적인데, 그들의 만남이 두 사람 모두에게 혼란스러운 경험이었음을 짐작할 수 있다. 한나, 정확히는 한나에 대한 강렬한 감정은 마르틴의 질서정연했던 삶에 불안을 가져왔고 그는 젊은 학생과의 관계를 맺음으로써 자신의 결혼 생활과 경력을 위험에 빠뜨렸다. 게다가 그 여학생은 곧 금기시될 유대인이었다.

한편 한나는 몇 년간 감정의 롤러코스터를 탔다. 마르틴은 때로는 그녀에게 강렬한 기쁨을, 또 때로는 극도의 절망을 느끼게 했다. 1928년, 한나는 그에게 이렇게 썼다. "만약 당신을 향한 사랑을 잃었다면 나는 살 자격을 잃었을 거예요." 마치 그녀의 삶이 그에게 달려 있는 듯했다.

프랑스의 사회학자 장 보드리야르는 『유혹에 대하여De la séduction』에서 유혹과 열광을 마치 병리적 진단, 정신증, 심지어 망상에 가까운 용어로 묘사한다. 그는 유혹이 현실에 대한 감각을 약화시키고 이어서 자아와 타자 간의 경계를 흐릿하게 만든다고 주장한다.

긍정적으로 들리지 않는 보드리야르의 주장처럼, 실제로 한나가 마르틴에게 느낀 열광도 항상 즐거웠던 것은 아니었다. 우리가 확인할 수 있는 편지들과 그 안의 묘사를 보면, 마르틴과의 관계는 한나에게 극심한 고통이었음을 알 수 있다. 과연 그것이 사랑이었을까, 아니면 의존이었을까? 혹은 상호 공유된 일종의 광기였을까?

낭만적인 사랑은, 적어도 문학의 세계에서는 종종 일종의 광기로 묘사된다. 고전 로맨스 소설에서 사랑은 영원하고 절대적이며 배타적인 것으로 그려지며, 삶에 의미를 부여하고 존재를 견딜 수 있게 해 주는 유일한 힘이다. 이러한 사랑은 격렬한 다툼, 격정적인 질투, 감격스러운 재회, 쓰라린 슬픔, 그리고 잔인하고 갑작스러운 죽음으로 가득 차 있다. 로미오는 줄리엣 없이 살 수 없었고 벨라는 에드워드를 위해 자신의 인간적 삶을 포기할 준비가 되어 있다. 안나 카레니나는 브론스키 백작이 자신을 버렸을 때 기차 앞으로 몸을 던진다. 이러한 행동들이 절망에서 비롯된 특정한 종류의 광기가 아니라면 무엇을 의미하겠는가?

아마도 소설 속의 낭만적 사랑에 대한 이러한 개념은 파괴적인 남성성을 억제하는 힘으로서의 여성성, 자기를 낮추는 선함으로서의 여성성과 깊은 관련이 있을 것이다. 도스토옙스키의 『죄와 벌』에 등장하는 조용하고 자기희생적인 젊은 여성 소냐 마르멜라도바는 이복동생들과 사악한 계모를 부양하기 위해 매춘을 하게 되고 살인자 라스콜리니코프와 사랑에 빠진다. 그녀는 그에게 자백하라고 촉구하고 그의 절망을 떠맡아 그의 자백과 죄책감을 판단 없이 수용한다.

물론 도스토옙스키는 선함을 묘사하는 데 집착했다. 그의 소설마다 그리스도가 등장하고 『죄와 벌』에서는 소냐가 신성한 선함을 구현한다. 그녀는 다른 사람, 라스콜리니코프를 위해 자신을 희생한다. 대가를 요구하지 않고 그녀는 시간, 사랑, 자신의 존재를 바친다. 한나가 마르틴의 말을 경청했던 것처럼, 소냐는 라스콜니코프의 이야기를 들어준다. 배려심 많고 자신을 낮추는 여성의 모습은 하나의 문화적 전형으로서 여성이 맡을 수 있는 역할이자 남성이 이용할 수 있는 역할로 자리잡고 있다.

　마르틴이 1925년 겨울과 봄에 한나에게 보낸 첫 편지는 고상하고 절박한 어조로 쓰여 있으며, 기사도적이면서도 열정이 넘쳐났고 그녀에 대한 묘사로 가득하다. 그는 그녀의 "가장 깊은 여성적 본질"에 대해 로맨틱한 용어로 표현했다. 1925년 2월에 한나에게 보낸 두 번째 편지에서 그는 사랑에 대해 다음과 같이 썼다.

　　가까움이란 다른 존재와의 가장 큰 거리에서 오는 것입니다. 그 거리는 어떠한 것도 흐릿하게 보이지 않는 존재의 투명함 속에 "당신(thou)"을 담아냅니다. 즉, 투명하지만 이해할 수 없는 일종의 계시 형태로 말입니다. 다른 사람의 현존은 갑작스럽게 우리 삶에 침입합니다. 어떤 영혼도 그것을 쉽게 받아들일 수 없습니다. 인간의 운명은 다른 인간의 운명에 맡겨지고 순수한 사랑의 의무는 이 주고받음을 첫날처럼 생생하게 유지하게 됩니다.

　마르틴은 학생들뿐만 아니라 동료들로부터도 존경과 찬사를 받았다. 한나에게 보낸 편지에서 그는 에드문트 후설과 루돌프 불트만, 카를 야스퍼스, 에른스트 카시러와의 대화에 대해 이야기했다.

그는 그녀에게 아직 그녀의 것이 되지 않은 세계에 접근할 수 있게 해 주었고 철학적 사상을 논의하고 자신의 글을 읽어보라고 부탁했다.

"사랑은 당신이 존재함을 의미합니다. 나는 당신을 사랑합니다. 나는 당신이 있는 그대로의 당신으로 존재하기를 원합니다."[4] 마르틴은 한나에게 썼다. 이 인용구는 성 아우구스티누스에게서 유래된 것으로, 마치 그의 사랑을 통해 그녀를 창조하는 듯한 기도를 담고 있다. 그의 의지는 그녀의 존재를 가능하게 한다. 한나는 그가 찾고 있던 여성 동반자가 된 것인데, 다시 말해서 레기네 올센, 로테, 클라브디아 쇼샤 같은 인물처럼 영혼의 친구, 뮤즈, 경배하고 경배받는 존재가 된 것이다. 이는 순진한 열여덟 살의 소녀에게는 압도적이었을 것이다.

마르틴의 편지는 유혹에 대한 연구이다. 가장 기본적으로 유혹은 다른 사람의 희망과 꿈을 파악하고 그들이 상상하던 존재로 자신을 변화시키는 것이다. 그는 그녀가 꿈꾸던 고뇌에 찬 사상가가 되었고 그녀는 육체와 정신의 모든 측면에서 그가 갈망하는 여성적 존재가 되었다. 순종적이지만 강렬했고 열정적이지만 현명했으며, 지적이지만 여전히 초심을 유지했다.

---

4 "Amo: Volo ut sis."라는 글귀는 아우구스티누스가 사용했던 표현으로 하이데거가 아렌트에게 보낸 편지에 인용했다. 아렌트는 『전체주의의 기원』 9장 2절에서 이 말을 다시 쓰고 있다. 불멸의 사랑에 대한 갈망은 사랑하는 사람이 영원히 존재하기를 바라는 것과 다르지 않다.

타인에 대한 사랑에 집중하는 것은 자기 자신에 대한 동일한 집중이 자리한다. 연인들은 서로를 통해 자신을 비추며, 유사성과 차이를 찾고 근본적인 수준에서 이해받기를 희망하고 기대한다. 그들의 서신이 시작된 지 몇 주 후인 1925년 4월, 한나는 마르틴에게 〈그림자Die Schatten〉라는 긴 글을 보냈다. 아마도 이것은 그의 주장 중 하나에 대한 언급이거나 심지어 그에 대한 답변일 가능성이 높으며, "그림자"라는 개념을 기반으로 한다.

한나의 글은 마르틴의 개념적 세계와 그의 현상학에 대한 고뇌에 대한 언급으로 채워져 있다. 그녀는 그와 마찬가지로 자기 존재를 출발점으로 삼아서 자신의 경험에서 철학을 이끌어낸다. 그녀는 존재를 이해하는 것의 어려움, 존재 자체와 존재를 보는 것의 어려움을 설명한다. 그녀는 자신에게조차 낯선 존재인 그림자의 중요성에 대해 잘 이해하고 있다. 존재에 대한 우리의 시각을 가리는 그림자 덕분에, 우리는 적어도 우리 자신이 이해하지 못한다는 것을 이해한다.

이 글은 철학적 논증이지만 또한 젊은 한나의 내면세계에 대한 통찰을 제공한다. 그녀는 자신을 연약하고 두려워하며 우울하고 외롭지만 동시에 열정적이고 헌신적이라고도 묘사한다. 그녀는 "하나의 것에 대한 굳건한 헌신"을 언급한다. 그 "하나의 것"이 마르틴을 가리키는지 철학을 가리키는지, 아니면 다른 무엇인지는 불분명하지만 한 가지 가능한 해석은 그것이 마르틴이나 그의 사상에 대한 그녀의 완전한 충성과 헌신을 나타내는 방식이라는 것이다. 그는 그녀가 자신이 그녀의 "일기"라고 부르는 글을 읽게 해준 것에 대해 감사하며, 그녀가 자신에게 얼마나 중요한 존재인지 설명한다.

> 당신의 일기를 읽은 이후로 나는 더 이상 "당신이 이해하지 못합니다"라고 말할 수 없게 되었어요. 당신은 그것을 느끼고 저를 따라와 주고 있어요. "그림자"는 햇빛이 있는 곳에만 존재하죠. 그것은 당신 영혼의 토대입니다. 당신은 당신의 존재 중심에서 곧장 저에게 다가와 주었고 제 삶에 영원히 영향을 미칠 힘이 되었어요. 제 작품 속에 나타나는 분열과 절망으로는 당신의 든든한 사랑 같은 것을 결코 얻을 수 없을 거예요.

마르틴의 답장은 그녀의 지적 능력에 대한 인정의 차원에서 생각할 수 있다. 그녀는 그의 사상을 이해하고 있었다. 동시에 그녀가 그에게 얼마나 중요한 존재인지에 대한 인정이기도 하다. 같은 편지에서 마르틴은 "지금부터 당신은 내 작품 속에서 살아갈 것입니다"라고 썼다.

마르틴 하이데거가 한나 아렌트의 사상에 미친 영향은 매우 강조되고 있는 반면에, 한나가 마르틴과 그의 사상에 미친 영향은 훨씬 적게 언급된다. 마르틴은 한나에게 새로운 세계로의 문을 열어

주었다. 그는 소크라테스, 플라톤, 헤라클레이토스에 대해 이야기했고 문학, 음악, 시에 대해 오랫동안 강의를 했다. 한나는 이 지식을 흡수했고 사물의 질서를 이해하는 일에 대해 동일한 열정을 가진 마르틴의 이야기를 듣는 것을 철저히 즐겼다. 왜냐하면 마르틴은 나이와 직업 덕분에 이 분야에 대해 훨씬 더 많이 알고 있었기 때문이다.

그러나 한나도 마르틴에게 보답으로 무언가를 주었다. 한나는 그가 이미 익숙하게 여겼던 것들을 신선하고 맑은 눈으로 바라볼 수 있게 해 주었다.

마르틴과 한나의 관계는 의심할 여지 없이 불균형적이었다. 그들은 마르틴이 시간이 있을 때마다 만났고 한나는 마르틴이 아내에게서 벗어날 수 있을 때마다 그와 함께할 준비가 되어 있었다.

권력은 모든 관계의 기저에 깔린 조건이다. 사랑을 한다는 것은 스스로를 약한 위치에 놓는 것이다. 상대방의 헌신을 이용해 우위를 차지하고 싶은 유혹이 따르기 마련이다. 결과적으로 더 많이 사랑하고 더 많이 의존하는 사람이 언제나 더 취약한 위치에 서게 된다. 이것으로 인하여 한나가 종속적이고 마르틴이 그들 사이의 관계에서 권력의 균형을 쥐고 있었다고 결론짓기는 쉬우나, 현실은 그보다 더 복잡했을 가능성이 크다.

독일 사회학자 막스 베버는 권력을 '무언가를 일어나게 할 수 있는 능력'으로 정의하는데, 이는 한나가 마르틴과의 관계에서 분명히 발휘할 수 있었던 능력이었다. 특히 그들의 관계 초기에 마르틴이 한나에게 보낸 편지들은 그가 그녀를 얼마나 필요로 했는지를 보여준다. 마치 어린 소년이 어머니의 칭찬을 구하듯이 마르틴은 한나의 인정을 원했다. 그의 편지에는 한나를 향한 강렬한 그리움이 드러나 있다. 예를 들어, 1925년 5월 말에 그는 "당신을 향한 그리움이 점점 더 제어하기 힘들어지고 있습니다"라고 썼다.

서로에 대한 그들의 그리움은 겉보기에 상호적이었던 것으로 보이지만 늘 만남의 시기와 여부는 마르틴의 상황에 의해 결정되었다. 한나는 마르틴의 규칙에 따랐으며, 그가 부르면 언제나 즉시 달려갔다. 그녀는 심지어 그의 신호 체계도 받아들였다. 마르틴의 창가에 놓인 램프에 불이 켜져 있으면 어떤 이유로든 만남이 취소되었다는 의미였고 그럴 때 한나는 발길을 돌려 집으로 돌아가야 했다. 두 사람이 사귀기 시작한 첫해 동안, 그들은 그녀의 기숙사 방과 그의 사무실에서 주로 만났다. 그들은 늦은 밤 산책하거나, 어두운 공원의 희미하게 불이 켜진 벤치에서 많은 시간을 보냈다.

마르부르크에서의 생활과 마르틴과의 비밀스러운 관계는 한나를 고립시키고 외롭게 만들었다. 하이데거의 세미나에 참여한 유대인 학생은 그녀를 포함해 단 두 명뿐이었는데, 한나는 나머지 한 사람이었던 한스 요나스와 가까워졌다. 한스 요나스는 한나가 그녀의 작은 다락방으로 초대한 몇 안 되는 사람 중 한 명이었다. 몇 년 후 그는 편지에서 그곳을 방문했을 때의 일화를 회상했다. 작은 쥐 한 마리가 그녀의 방에 살고 있었는데, 한나는 그 생명체를 자신만큼이나 "외로운" 존재로 묘사했다.

한나와 마르틴 사이의 사랑에는 두려움이 서려 있었다. 둘 다 발각될까 봐 두려웠고 서로가 갑자기 사라질까 봐 두려웠다. 둘 다 서로에게 어떤 요구도 할 수 없었고 누구도 상대에 대한 권리를 가질 수 없었다. 그들의 관계는 그저 그림자 속에서 존재했을 뿐이다. 결코 인정받지 못했고 드러나지도 않았다.

한나는 마르틴과의 관계가 가장 강렬했던 시기에 성 아우구스티누스와 그의 사랑 개념에 대해 박사 논문을 썼다. 그녀는 아우구스티누스의 '욕망(appetitus)' 또는 열망 개념을 사랑에 대한 은유로 삼아서 사랑, 욕망, 두려움의 관계에 대하여 이렇게 토로했다. "욕망, 즉 사랑은 인간이 스스로를 행복하게 하는 선, 즉 자기 본질을 온전히 소유할 수 있는 가능성이다. 그러나 그 사랑은 두려움으로 바뀔 수 있다…(중략)… 소유하고 유지하려는 의지로서의 욕망은 소유하는 순간에 상실에 대한 두려움을 불러일으킨다."

이것은 마르틴을 향한 한나의 사랑에 대한 쉬운 설명일 수 있다. 소유하려는 욕망은 모든 연애에서 핵심적인 요소이다. 흔히 "내 남편"이나 "내 남자친구", "내 아내"나 "내 여자친구"라고 말하는 것이 일반적이다. 마르셀 프루스트 역시 『잃어버린 시간을 찾아서』에서 소유에 대한 욕망을 다음과 같이 표현한다. "우리가 사랑하는 것을 소유하는 것은 사랑 자체보다도 더 큰 기쁨이다." 어쩌면 아우구스티누스의 욕망 개념이 암시하듯, 소유야말로 열정적인 사랑, 즉 욕망으로서의 본질일지도 모른다. 우리는 갈망하는 대상을 소유하고 싶어 한다. 한나는 마르틴을 결코 자신의 짝이라고 부를 수 없었다. 그녀가 마르틴을 소유할 수 있었던 것은 아주 짧은 순간들뿐이었고 그를 잃을지 모른다는 두려움이 항상 존재했기 때문이다.

셋
—
한계상황

한나는 마르부르크를 떠나 하이델베르크에서 박사 논문을 준비하면서도 마르틴과의 관계를 이어갔다. 둘은 두 도시를 연결하는 철도선 주변의 호텔에서 만나기 시작했다. 1928년 4월 22일, 며칠 동안을 기다리다가 절망에 빠진 한나는 마르틴에게 "지금은 오지 못하는군요. 이해할 것 같습니다."라고 썼다. 당시 하이델베르크를 방문 중이었던 마르틴은 4월 18일에 한나에게 이렇게 편지를 보냈다. "오늘 오후 2시에서 4시 사이에 찾아가지 않는다면, 오늘 밤 10시에 대학 도서관 앞으로 만나러 오세요."

마르틴이 오지 않을 거라는 사실을 깨달을 때까지 한나는 도서관 앞에서 얼마나 오래 서 있었을까? 사랑하는 사람을 헛되이 기다려 본 사람이라면, 몇 분이 몇 시간처럼 느껴지면서 마음속에 일어나는 복잡한 감정을 이해할 수 있다. 당신이 사랑하는 사람이 오지 않는다는 현실을 부정할 수 없게 되는 순간에, 두려움, 분노, 슬픔, 좌절, 그리고 절망의 감정들이 너무나 생생하게 밀려온다. 4월 22

일에 한나가 보낸 편지에는 상처받았으나 여전히 열정적으로 마르틴을 사랑하는 한 여인의 모습을 엿볼 수 있다.

지금 당신에게 전하고 싶은 제 마음은 이 상황에 대한 아주 솔직한 평가일 뿐입니다. 저는 당신을 처음 만난 날처럼 사랑합니다. 당신도 그것을 알고 있죠. 그리고 저는 이 재회 전부터 항상 알고 있었습니다. 당신이 제게 보여준 길은 제가 생각했던 것보다 길고 어렵습니다. 이 길은 삶 전체에서 긴 여정을 요구합니다. 이 길의 고독은 제가 스스로 선택한 것이며, 저에게 주어진 유일한 삶의 방식입니다.

스물한 살이 된 한나는 그녀가 사랑했던 남자, 자신을 실망시킨 남자에게 용감하게 자신의 외로움이 스스로 선택한 것임을 설명했고 자신이 가야 할 길을 보여준 그에게 감사하다고 말했다.

여러 해가 지난 1960년 5월, 한나는 유부남과 열정적인 사랑에 빠져 고뇌 중이던 친구 메리 매카시에게 편지를 썼다. 한나는 메리가 상처받을까 봐 두려웠고 자신의 쓰라린 경험 때문인지 친구에게 조심하라고 간청했다. 이에 대해 메리는 로마에서 솔직한 마음을 담아 답장을 보냈다. "내 걱정은 하지 마. 이번에는 내가 상처를 받았어."라고 쓴 뒤, 다시 평온함이 찾아온 과정을 설명했다. 한나는 다소 냉소적이고 어쩌면 약간의 환멸을 담아서 간결하게 답을 했다. "고통은 그저 또 다른 방식으로 살아 있는 것일 뿐이야."

한나가 언급한 "고통은 살아 있는 또 다른 방식"이라는 말은 정신과 의사이자 철학자 카를 야스퍼스의 '한계상황(Grenzsituation)' 개념을 연상시킨다. 그는 이 개념을 중대한 실존적 순간, 피할 수 없는 주요하고 결정적인 삶의 사건에서 보이는 심리적 도전의 순간으로 정의한다. 한계상황은 우리가 삶의 제약에 직면하고 우리 자신을 강렬하게 살아 있다고 생각하게 만든다는 점에서 역설적이다. 우리의 삶과 실존에 대한 몰입은 자신의 한계, 더 나아가 필멸성(mortality)을 배우고 받아들이면서 깊어진다. 죽음은 의심할 여지 없이 모두가 직면해야 할 실존의 궁극적인 경계이다. 우리의 한계를 보고 느끼는 것은 어지러운 일이지만 동시에 우리가 지금 이곳에 가진 삶의 소중함을 이해하게 만든다.

1928년 4월, 한나가 마르틴에게 보낸 편지에는 이 같은 한계상황에 대한 감각이 스며 있다. 사랑하는 사람의 사랑을 불러일으키지 못한다는 사실에서 무력감에 직면한 한나는 편지에서 자기 삶, 그리고 자신이 가야 할 길에 대한 통찰을 표현하고 있다. 어쩌면 한나는 마르틴의 잘못을 인정하고 받아들임으로써 인간 삶의 조건과 그녀 자신의 실존에 대해 결정적인 무언가를 깨달았는지도 모른다. 그녀가 이 편지의 사본을 만들어 죽을 때까지 간직했다는 사실은 그날 자신이 어떤 결정적 순간에 도달했다고 믿었음을 시사한다. 아마도 한나는 그 고통을 기억하기 위해 이를 간직했을 것이다. 그녀의 삶이 그날 하이델베르크에서 자신이 느꼈던 외로운 방황이 되지 않을 것이라는 인식에 안도하고 훗날 젊은 시절의 절망에 다정하게 미소 지으며 회상하기 위해서였을지도 모른다.

하이델베르크로의 이사는 한나에게 마르부르크에서는 부족했던 지적 환경을 제공했다. 그곳에서 그녀가 만난 새로운 지도 교수는 정신과 의사로 학문 경력을 시작하고 40대에 철학으로 전향한 카를 야스퍼스였다. 카를과 한나는 칸트, 키에르케고르, 괴테, 니체 등에게 똑같이 영향을 받았으며, 둘 다 마르틴 하이데거에게 지적인 영향을 크게 받았다. 그들은 평생 친구가 되었다.

하이델베르크에서 한나는 자신과 비슷한 또래의 학부생과 대학원생으로 구성된 모임에서도 여러 친구를 사귀었다. 그녀는 나중에 작가가 된 에르빈 뢰벤손과 하이델베르크의 지적 살롱을 소개해 준 베노 폰 비제와 몇 번의 짧은 연애를 했다. 폰 비제의 경우, 한나를 처음 만났을 때 그는 독일 시인이자 언어학자인 프리드리히 슐레겔에 대한 연구를 막 발표하여 지적 스타로 발돋움했던 시기였는데, 곧 그와 한나는 젊고 매력적이며 뛰어난 지성으로 주목받는 커플이 되었다.

하이델베르크에서 한나는 강렬하고 흥미진진한 삶을 살았지만 결코 마르틴을 잊지 않았다. 그들은 계속해서 편지를 주고받았고 기회가 있을 때마다 만나려고 했다. 한나가 보관한 마르틴의 편지들에서 그는 그녀에게 사랑을 맹세하고 서로 만났을 때 그녀가 행복해하는 모습에 기뻐하며, 사진을 보내 달라고 요청했다. 훗날 한나는 마르틴이야말로 자신이 마르부르크를 떠난 유일한 이유였다고 인정했다. 그에게서 벗어나고 싶었지만 완전히 자유로워지지는 못했으며, 그 누구도 그녀의 삶에서 마르틴을 완전히 대체할 수 없었다.

1929년, 한나는 마르틴 하이데거의 또 다른 제자였던 귄터 슈테른과 결혼하는 과감한 결정을 내렸다. 둘은 대학에서 처음 만난 이후, 베를린에서 열린 마르크스주의 소규모 잡지의 자금 모금을 위한 가장무도회에서 다시 만났다. 가장무도회는 민족학 박물관에서 열렸고 참석한 하객들은 모두 행사에 걸맞게 분장한 상태였다. 한나는 아랍의 오달리스크 복장을 하고 왔고 저녁 내내 귄터와 시간을 보냈다. 무도회가 끝난 지 한 달도 채 지나지 않아 두 사람은 베를린의 한 아파트로 함께 이사했다.

한나와 마찬가지로 슈테른은 동화된 유대인으로서의 지식인 중산층 출신이었다. 그들은 같은 계층에서 활동했고 음악과 문학을 즐겼으며 비슷한 인생 목표를 공유했으나 결혼 생활은 행복하지 않았다. 한나는 여전히 마르틴을 사랑하고 있었고 그와 연락을 주고받았지만 귄터는 이미 그의 우상이었던 마르틴에 대한 믿음을 잃기 시작했다. 그는 점점 더 반동적인 마르틴의 정치적 견해와 극단적 민족주의에 대해 우려했다.

그의 우려는 토트나우베르크에 있는 하이데거의 오두막을 방문한 후에 더 커졌다. 마르틴의 아내인 금발의 발키리 엘프리데가 귄터의 체격을 칭찬하며 나치당에 가입할 것을 권했다. 나중에 귄터는 엘프리데의 말에 당황했으며 "알고 보면 내가 당신들이 없애고 싶어 하는 사람 중 하나임을 알게 될 겁니다."라고 말했다고 한나에게 털어놓았다. 일찌감치 나치당에 가입했던 엘프리데는 귄터가 자신이 경멸하는 유대인이라는 사실을 인지하지 못했던 것이다.

한나는 자신의 남편이 마르틴의 견해에 대해 의혹을 가졌는데도 불구하고 마르틴에 대한 충성과 사랑을 고수했다. 귄터는 아내와 하이데거의 관계에 대해 알지 못했다. 아마도 1929년 봄에 그녀가 마르틴에게 보낸 편지를 알았다면 그는 무척 싫어했을 것이다. 편지에서 한나는 "저를 잊지 말고 우리의 사랑이 제 인생에 축복이 되었다는 것을 얼마나 많이, 얼마나 깊이 알고 있는지 잊지 마세요."라고 적었으며, "당신의 이마와 눈에 키스합니다."라는 애정 어린 말로 마무리하고 있다.

한나가 모든 연락을 끊고 독일을 떠나기 전에 마지막으로 마르틴을 만난 것은, 그가 베를린에서 그녀와 귄터를 방문한 다음 날이었다. 두 남자는 함께 프라이부르크로 향하는 기차를 타기 위해 역으로 향했고 한나는 남편이 아니라 사랑하는 사람이었던 마르틴 하이데거를 마지막으로 보기 위해 역에 나왔다. 하지만 역에서의 만남은 계획대로 되지 않았고 마르틴이 자신을 알아보지 못했다는 것을 깨달았을 때 그녀는 공황 상태에 빠졌다.

저는 이미 몇 초 동안 당신 앞에 서 있었고 당신은 사실 나를 이미 보았습니다. 당신은 잠깐 고개를 들어 올려다보았습니다. 그런데도 당신은 나를 알아보지 못했어요. 어렸을 때, 엄마가 저를 장난으로 놀라게 했던 일이 떠오르더군요. 길어진 코 때문에 아무도 그를 알아보지 못하는 『난쟁이 코』라는 동화를 읽은 적이 있었죠. 엄마가 저한테 그런 일이 생겼다고 장난쳤어요. "엄마 딸이 여기 있어요. 당신의 한나가 여기 있어요." 엄마가 저를 못 알아보면 어쩌지 하는 공포로 계속 울었던 기억이 생생해요. 오늘도 그런 기분이었어요. 그리고 기차가 출발할 때, 당신 둘은 기차 안에 있고 저 혼자 완전히 무력감에 빠졌습니다. 늘 그래왔듯이 이 일이 일어나도록 내버려 두는 것 외에는 할 수 있는 게 없었습니다. 기다리고 기다리고 또 기다렸습니다.

한나는 마르틴으로부터 답장을 받지 못했다. 적어도 그 뒤에 보관한 편지는 없는 것으로 보아 그렇게 추측된다. 알려진 바에 따르면, 마르틴이 베를린에 방문한 이후로 두 사람 사이의 연락은 1933년까지 완전히 끊겼다.

1929년 한나가 논문을 발표하고 귄터와 결혼한 해에 뉴욕 주식 시장이 폭락했다. 10월 24일, 이른바 '검은 목요일'로 알려진 날에 주식 시장은 예상치 못한 대폭락을 겪었는데, 그 당시 한나의 나이는 이제 막 스물셋이었다. 이 위기는 미국 은행에 빠르게 타격을 줬고 당국은 혼란을 막기 위해 밤낮없이 일했지만 상황은 계속해서 악화되었다. 증권 거래소의 대리석 바닥에서 피로에 지쳐 잠을 자는 직원들을 보여주는 사진과 영상이 곧장 유럽에 전해졌다.

폭락이 가장 극심했던 9월 3일에서 11월 13일 사이에 산업 주가 지수는 50%나 하락했고 사람들은 막대한 돈을 잃게 되었다. 미국에서 수십만 명이 일자리와 집을 잃었고 자살률도 증가했다. 유럽 신문들은 절망에 빠진 주식 중개인, 은행가, 파산한 백만장자들이 월스트리트의 고층 건물에서 투신한 사건들을 앞다퉈 보도했다.

실제로는 그렇게 극단적이지 않았지만 10월 24일부터 연말까지 『뉴욕타임즈』는 약 100건의 자살 또는 자살 시도를 보도했으며, 이 중 절반이 주식 시장 붕괴와 관련된 것으로 전해졌다. 그러나 월가의 붕괴는 유럽에도 영향을 미친 세계적 불황의 시작이기도 했다. 제1차 세계 대전이 종식되면서 엄청난 배상금을 지불하도록 요구한 베르사유 조약의 불리한 조건으로 여전히 어려움을 겪고 있던 독일은 특히 큰 타격을 입었다. 1920년대 독일의 경제 호황에 중요한 역할을 했던 미국의 투자가 붕괴되면서 그 여파는 더욱 치명적일 수밖에 없었다.

1930년대 초반 한나 아렌트의 고향에서는 높은 인플레이션, 실업률, 사회적 불안이 나타났고 거리에서는 폭력적인 폭동과 싸움이 일어났다. 기존의 보수당과 자유당은 유권자들의 지지를 잃었고 나치당으로 더 잘 알려진 국가사회주의 독일 노동자당(NSDAP)이 정권을 장악할 토대가 서서히 마련되었다. 한나는 현대사의 불안한 순간에 성인이 되었다. 1920년대 후반 사진 속의 한나는 검은 머리카락을 중앙에서 가르며, 눈빛은 시대정신을 포착한 듯 낭만적인 표정으로 먼 곳을 바라보고 있다.

1933년 1월, 아돌프 히틀러가 총리로 임명되면서 삶은 근본적으로 변했다. 한나는 훗날 한 인터뷰에서 "1933년 이후로 무관심은 더 이상 가능하지 않았습니다"라고 밝혔다. 그녀는 이미 1931년부터 언젠가 나치가 정권을 잡게 될 것이라고 확신했지만 그렇게 흘러가고 있다는 것을 인정하려는 친구들은 거의 없었다.

10년 가까이 신학과 철학을 공부한 한나 아렌트는 세상에 맞서기 위한 준비가 되어 있었다. 그녀는 독일의 앞날에 대해 불안감을 느꼈으며, 불안과 두려움은 점점 커졌다. 그런데 철학은 당시 벌어지는 일을 이해하는 데에도, 파괴적인 진행을 막는 데에도 답이 되지 않았다. 그녀는 행동을 갈망했고 생각하는 것 외의 구체적인 일을 하고 싶어 했다.

넷

—

옥죄어진 올가미

한나와 귄터의 결혼 생활은 그들이 기대했던 것만큼 화목하지 않았다. 비슷한 배경과 폭넓은 지적 관심사를 공유했음에도, 그들의 삶은 짜증과 논쟁으로 반복되는 일상이었다. 서로 다른 성격이 문제를 일으켰고 독일 내 반유대주의, 정치적 불안, 경제 위기 등 외부 요인들이 상황을 더욱 악화시켰다. 역경을 통해 더 가까워지는 부부들도 있지만 반대로 시련을 겪으면서 서로 멀어지는 부부도 있다. 한나와 귄터는 후자에 속했다.

독일에서 유대인으로 살아가기가 점점 더 어려워지는 상황 속에서 1933년 귄터는 결국 독일을 떠나야 했다. 극단적 공산주의자였던 극작가 베르톨트 브레히트와 함께 일한 것이 당국의 주목을 받자, 그는 신변의 위협을 느껴 파리로 도망쳤다. 한나는 독일 내 상황이 생존에 있어서 점점 더 위험하게 전개되는데도 불구하고 독일에 남았다. 그로 인해 한나와 귄터의 결혼 생활은 치명타를 입었다. 하지만 그들은 평생 친구로 남았다.

1933년 초, 프라이부르크 대학에서 마르틴의 행동에 대한 몹시 두려운 소문이 한나에게 전해지기 시작했다. 최근 대학 학장으로 임명된 하이데거가 유대인 학생들을 세미나에서 배제하고 유대인 박사 과정 학생들을 멀리하며, 유대인 동료들에게 인사를 건네지 않는다는 소식이 들려왔다. 이 소식은 한나에게 큰 충격을 주었다. 한나는 마르틴이 나치당원이란 사실을 알고 있었으나 그가 반유대주의자일 것이라고는 생각하지 못했다.

한나는 마르틴에게 사실 여부를 물으며 편지를 보냈다. 정말로 그가 유대인 학생들과 동료들을 부당하게 대우하고 있는지 알고 싶었다.

마르틴의 답장은 한나에게 쓸쓸함을 남겼다. 마르틴은 유대인 학생들과 박사 후보생들, 동료들에게 했던 그의 행동에 대한 그녀의 질문을 "악의적인 헛소문"이라고 일축했다. 그는 화가 나서 소위 "제자들"로부터 감사함이나 최소한의 예의조차 기대하지 않게 된 지 오래되었다고 썼다. 그리고 마르틴은 자기 연민과 공격성을 드러내며, 이러한 일들이 한나와의 관계와 아무런 관련이 없다고 강조하며 편지를 끝맺었다. 하지만 한나를 납득시키지 못했다.

한나의 지도 교수였던 하이델베르크의 카를 야스퍼스도 마르틴이 학장으로 재임하는 동안 어려움을 겪은 사람 중 한 명이었다. 야스퍼스는 하이델베르크 대학의 강사였으며, 유대인인 게르투르트 마이어와 결혼한 상태였다. 나치 정권의 독일에서 이 결혼은 그에게 큰 문제를 일으켰다. 1937년 그는 독일 대학에서 가르칠 권리를 박탈당했고 1938년에는 가르치는 것 자체가 아예 금지되었다. 전쟁이 끝날 때까지 야스퍼스 부부는 강제 수용소에 끌려갈지 모른다는 공포 속에서 살아야 했다.

야스퍼스가 마르틴과 처음 만난 것은 1920년대 마르틴의 가장 저명한 스승 중 한 사람인 에드문트 후설의 집에서였다. 그날 저녁 시작된 격렬한 토론은 오래 이어졌다. 야스퍼스는 마르틴을 철학계에서 자신의 유일한 동등한 파트너로 생각했고 여러 편지와 긴 산책, 살롱, 식당, 세미나에서 끊임없이 철학적 질문을 논했다. 두 사람 모두 1920년대에 등장한 독일 철학의 새로운 학파에서 중요한 인물이었음은 부인하기 어렵다. 둘은 좋은 친구이기도 했다. 적어도 야스퍼스는 그렇게 생각했다.

그러나 마르틴이 야스퍼스의 집을 마지막으로 방문했을 때 그의 행동은 너무 뻔뻔스러웠다. 야스퍼스가 마르틴에게 게르투르트가 신문에서 읽은 소식에 눈물을 흘렸다고 말했을 때, 마르틴은 "때로는 울면 기분이 나아지기도 하지요."라고 차갑게 대답했다. 이후 그는 게르투르트에게 작별 인사조차 하지 않고 떠났다.

이런 행동에도 불구하고 야스퍼스는 마르틴에게 계속 편지를 보내며 다시 집으로 초대했지만 마르틴은 이 제안에 답장조차 하지 않았다. 이후 몇 년이 지나 야스퍼스가 마르틴이 게르투르트에게 보여준 비열한 행동을 이야기했을 때, 한나는 마르틴을 강하게 옹호했다. 그 사건은 오해일 것이며, 마르틴이 단지 그녀가 유대인이라는 이유로 말하지 않았을 리 없다고 주장했다. 마르틴이 유대인에 대한 선의의 태도를 가졌다고 여기는 한나의 확고한 믿음은 카를 야스퍼스를 포함한 많은 사람을 당황하게 했다. 야스퍼스는 한나와 마르틴이 오랜 시간 연인 관계를 유지해 왔다는 사실을 전혀 모르고 있었다.

1933년 봄, 한나의 상황은 점점 더 절박해졌다. 훗날 한 인터뷰에서 그녀는 주변 사람들의 반응에 당황했다고 밝혔다. "문제는 우리 적들이 한 일이 아니라 친구들이 한 일이었습니다. 비교적 자발적이었던—적어도 공포의 압박 하에서는 아니었던—동조화(Gleichschaltung)[1] 속에서 말이죠. 마치 제 주변에 공허한 공간이 형성된 것 같았습니다."

나치에 동조한 사람들 모두가 나치 지지자는 아니었다. 한나의 많은 친구들 역시 나치당이 독일 사회의 모든 측면을 장악해 가는 과정인 동조화에 따라야만 했다. 처음에는 자발적이었다는 한나의 설명에도 불구하고 그들이 새로운 정치적 분위기를 받아들인 것은

---

1 Gleichschaltung(글라이히샬퉁)은 독일어로 '일체화' 또는 '동조화'를 의미하며, 나치 독일에서 사용된 개념으로 나치당이 독일 사회의 모든 영역을 일사불란하게 통제하고 지배하려는 과정을 지칭한다. 이 정책은 1933년 히틀러가 권력을 장악한 이후, 정치적, 사회적, 문화적, 경제적 기관들이 모두 나치의 이념과 명령에 철저히 복종하도록 강요된 것을 의미한다. 나치는 이를 통해 나치당을 제외한 모든 정당 활동을 금지하고 언론, 교육, 예술, 노동조합 등 각 분야의 독립성을 제거했다. 결과적으로 독일 사회는 일관된 나치 이념에 기반한 체제 속에 재구성되었고 모든 반대 의견이나 독립적인 생각은 억압되거나 처벌되었다.

신념 때문만은 아니었고 잘못될까 봐 두려워하는 마음이 한몫했을 것이다. 또한 이것은 자신의 위치를 지키거나, 어쩌면 새로운 직책을 얻기 위한 시도이기도 했다.

남편 귄터가 독일을 탈출한 후, 한나는 베를린에서 혼자 살았다. 그녀는 『프랑크푸르터 차이퉁』과 『쾰니셰 차이퉁』 등에 칼럼과 에세이를 쓰며 생계를 이어갔고 덕분에 18세기 베를린 지식인 모임의 중심이었던 유대인 여성 라헬 바르하겐에 관한 책을 쓸 수 있는 지원금을 받았다.

하이델베르크에서 한나의 시간이 활발한 토론, 학문적 논쟁, 철학적 분석으로 특징지어졌다면, 베를린에서 그녀의 삶은 상황이 심각하다는 감각이 지배적이었다. 자유로운 분위기는 미래에 대한 불안으로 대체되었다.

한나는 지식인들로 구성된 한 모임의 일원이 되었고 그들 중 일부는 좌익 정치 활동가이거나 무정부주의 성향을 지니고 있었다. 많은 이들이 독일을 떠나는 것을 고민했고 저녁이면 으레 탈출 계획을 논의했다. 포도주병을 따고 담배 연기가 자욱한 가운데, 그들은 실행이 가능할지도 모르는 저항 방법에 관하여 이야기했다. 그들이 드나드는 모든 가정과 술집에 공포가 스며들었다. 상황은 긴장감이 감돌았다. 대부분은 나치 정권이 유대인 출신을 좋지 않게 볼 뿐만 아니라 정치적 반체제 인사, 마르크스주의자, 무정부주의자에게도 적대적임을 알고 있었다. 독일에서 한나와 그녀의 친구들은 얼마나 더 안전할 수 있을까?

한나는 독일 시오니스트 연맹[2]이 주최한 강연에 참석한 후, 깊은 영향을 받았다. 이 조직의 대변인은 쿠르트 블루멘펠트라는 인물로 자신감 넘치고 세련된 태도에 한나보다 약 스무 살 정도 많았다. 그는 그녀의 지성과 독립성을 높이 평가했으며, 어느 날 그녀에게 쿠바산 담배 한 상자를 선물했다. 그녀는 그 담배를 대단히 기쁘게 여기며 남들 앞에서 피웠는데, 이는 당시 여성에게 드문 행동이었다. 한나는 자신을 시오니스트라고 생각하지 않았음에도 불구하고 시오니즘 운동에 헌신하게 되었고 쿠르트는 곧 그녀의 절친한 친구가 되었다.

쿠르트 블루멘펠트는 한나가 유대인으로서 자신을 이해하고 정치적으로 깨어나는 데 중요한 역할을 했다. 1930년대 동안 그녀의 헌신은 이전에 소홀히 했던 유대인의 유산에 대한 연대의 표현이 되었다. 수년 후인 1963년에 한나는 유대인 신비주의자인 친구 게르숌 숄렘에게 보내는 공개 서신에서 자신의 정치적 배경에 대해 다음과 같이 썼다.

---

2 독일 시오니스트 연맹(Zionistische Vereinigung für Deutschland)은 19세기 말부터 20세기 초까지 독일에서 활동했던 시오니스트 조직으로 독일에 거주하는 유대인들 사이에서 시오니즘(Zionism) 운동을 확산하고 유대인의 정체성과 자립을 고취하며, 특히 팔레스타인으로의 이주를 장려하기 위해 설립되었다. 시오니즘은 유대인 민족의 자결권을 주장하고 이스라엘 땅(당시 팔레스타인)에 유대인 국가를 세우고자 하는 정치적, 민족적 운동이다. 이 운동은 유대인들의 고향인 예루살렘을 포함한 '시온'으로 돌아가고자 하는 염원을 담고 있으며, 19세기 유럽에서 반유대주의와 박해가 심화됨에 따라 유대인 사회에서 본격적으로 확산되었다.

저는 '독일 좌파 출신 지식인'이 아닙니다. 우리가 젊었을 때는 서로 알지 못했기 때문에 당신이 이 사실을 알 수 없었을 겁니다. 이는 제가 자랑스럽게 여기는 것도 아니고 어느 정도 강조하기를 주저하는 사실이기도 합니다. 특히 미국의 매카시 시대[3] 이후로 말입니다. 저는 젊었을 때 역사나 정치에 관심이 없었기 때문에 마르크스의 중요성에 대해 뒤늦게 이해하게 되었습니다. '제가 어디 출신'인지 굳이 말한다면, 독일 철학의 전통에서 비롯되었다고 할 수 있습니다.

다시 말해서 한나의 저항은 정치적 이념과는 거의 관련이 없었다. 그녀의 저항은 사회민주주의자나 공산주의자로서가 아니라, 유대인으로서였다. "누군가 유대인이라는 이유로 공격을 받는다면 유대인으로서 자기 자신을 방어해야 합니다. 독일인으로서가 아니고 세계 시민으로서도 아니며, 인권의 수호자나 그 어떤 것으로서도 아닙니다. 그러나 유대인으로서 제가 할 수 있는 구체적인 일은 무엇일까요?" 그녀는 1964년 귄터 가우스와의 인터뷰에서 이렇게 설명했다.

1933년 2월 27일, 베를린에 있는 독일 제국의회(Reichstag) 의

---

3   매카시 시대는 1940년대 후반에서 1950년대 초반까지 미국에서 벌어진 반공산주의 운동의 시기를 의미한다. 이 시기에는 공산주의에 대한 두려움과 냉전의 긴장이 고조되면서, 미국 상원의원 조지프 매카시(Joseph McCarthy)와 그의 추종자들은 정부, 군대, 할리우드, 교육계 등 사회 여러 분야에 공산주의자들이 침투해 있다고 주장하며 대규모 조사를 벌였다. 마녀사냥식 탄압과 무분별한 혐의 제기를 가리키는 표현인 '매카시즘(McCarthyism)'이라는 용어는 여기서 유래하였다.

사당이 불탄 사건은 많은 이들에게 독일 민주주의에 대한 심각한 타격으로 기억된다. 히틀러는 정부 소재지에 방화 공격을 가한 사람이 공산주의자라고 주장했다는 사실을 최대한 이용해 자신의 정치를 추진했고 그 결과 나치당(NSDAP)을 제외한 모든 정치 정당이 금지되었다. 한나에게 의회의사당 방화 사건은 행동이 필요해진 순간을 의미했다. 더 이상 수동적인 관찰자로 머무를 수 없었다.

히틀러가 권력을 잡은 후, 동조화 과정이 시작되었다. 3월 선거 직후 수많은 법안이 즉시 통과되었으며, 그 궁극적 목표는 독일과 그 국민에 대한 전체주의적 통제를 실현하는 것이었다. 나치의 가치는 정부가 언론, 문화, 노동조합, 학교를 장악하면서 촉진되었다. 기존의 조직, 청년 단체 및 기타 단체들은 나치 조직으로 전환되었다.

한나는 그녀의 저서 『전체주의의 기원』에서 전체주의적 비전에 대해 "인류 전체를 마치 하나의 개인으로 취급하듯 인간의 무한한 다양성과 차이를 하나로 조직하려는 충동"이라고 설명했다. 그녀는 전체주의 국가를 형성하고 유지하기 위해서는 선전이 필수적이라고 여겼다. 실제로 그녀는 "오직 폭도와 엘리트만이 전체주의의 동력에 끌릴 수 있다. 대중은 선전을 통해 이겨야 한다."라고 썼다.

세뇌와 선전을 통한 정부의 국민 장악과 더불어 유대인들의 독일 사회 참여를 제한하는 반유대주의 법률들이 잇따라 통과되었다. 예를 들어, 1933년 4월부터 이른바 '아리안(Aryan) 조항'[4]이 법률에 추가됨으로써, 유대인들은 정당한 이유 없이 해고되거나 여러 직업에서 배제되었다. 베를린 공원에 봄이 찾아와 나뭇잎이 돋아날 때, 정부는 국민들에게 유대인이 운영하는 상점과 기업을 보이콧하라고 촉구했다. 유대인 시민들은 더 이상 독일 대학에서 가르칠 수 없었고 얼마 지나지 않아 고등교육 자체에서 완전히 배제되었다.

이것이 1933년 늦은 봄, 쿠르트 블루멘펠트가 한나에게 임무를 맡겼을 때 그녀가 위험에도 불구하고 주저하지 않고 뛰어든 이유이다. 독일 시오니스트 연맹을 대표하여 한나는 여러 협회, 노동조합, 클럽, 신문 및 기타 문서에서 반유대주의적 선전과 성명서를 찾아 편집하는 일을 맡았다. 이 작업의 목표는 독일 밖의 언론과 단체들에게 유대인 박해가 시작되었음을 알리는 것이었다. 사실 시오니스트 조직의 회원들은 이 일을 직접 수행할 수 없었다. 그들 중 누구라도 발각되면 전체 조직이 위험에 처할 수 있기 때문이다. 그래서 한나가 자연스럽게 선택되었다. 수년 후 그녀는 "그 당시

---

4   나치 독일 시기에 유대인, 집시 및 기타 비아리안 민족을 차별하기 위해 고안된 법적 조항들 중 하나로, 독일계 아리안 혈통이 아닌 사람들에게 각종 직업이나 공직에 종사할 자격을 박탈하고 사회적으로 배제하려는 목적을 가지고 있었다. 이 용어는 특히 나치 법령과 정책에서 사용되었으며, 나치 정권은 이를 통해 아리안 혈통을 중요시하고 순수 혈통을 강조하는 정책을 법적으로 정당화하려 했다. 이러한 정책과 법 조항들은 후에 나치 독일이 전쟁 중 홀로코스트의 토대가 되기도 했다.

에 그러한 자료를 수집하는 것은 나치가 '공포 선전'[5]이라고 부르는 것에 대항하는 일이었습니다."라고 설명했다.

블루멘펠트의 요청은 한나의 삶에서 정확히 알맞은 시기에 찾아왔고 그녀는 열정을 갖고 그 일에 몰두했다. "첫째로, 그것은 나에게 아주 지적인 생각처럼 보였고 둘째로, 결국 내가 무언가를 할 수 있다는 느낌을 주었습니다."라고 그녀는 귄터 가우스에게 말했다.

한나는 발각되기 전까지 몇 주 동안 기록 보관소를 뒤지고 신문, 팸플릿, 전단지를 훑어볼 수 있었다. 그러던 어느 날 엄마와 점심을 먹으러 가던 길에 그녀는 알렉산더 광장 근처에서 체포되었다. 경찰은 그녀의 집을 수색하고 엄마를 심문했지만 마르타는 한나가 무슨 일을 하고 있었는지에 대해서 아무런 정보를 줄 수 없었다. 마르타는 경찰에게 이렇게 말했다고 전해진다. "아니요, 제 딸이 무슨 일을 했는지 모르지만 딸이 무엇을 하든 옳았다고 생각합니다. 저라도 그렇게 했을 겁니다."

한나는 8일 동안 구금되어 몇 시간씩 심문을 받았으나, 경찰은 그녀에게서 유의미한 정보를 얻지 못했다. 집을 수색한 결과도 마

---

5   '공포 선전'은 대중의 두려움과 불안감을 자극하여 특정한 사상, 행동, 또는 정책을 수용하도록 유도하는 선전 기법이다. 주로 특정 인물, 집단, 이념 등을 위협적이고 위험한 것으로 묘사하여 대중이 이를 피하거나 억제하려는 마음을 갖게 만들고 이를 통해 정치적, 사회적 통제를 강화하는 데 사용된다. 아렌트에 따르면, 전체주의는 공포를 조장하는 선전과 폭력을 통해서 대중을 권력에 복종하도록 강요한다. 또한 '공포 선전'은 사람들이 서로에 대해 불신하고 체제의 감시 속에서 서로를 감시하게 만듦으로써 사회적 고립과 무력감을 조성한다. 아렌트는 이를 통해 사람들이 공동체적 연대감 없이 고립된 채로 체제에 의존하게 된다고 설명했다.

찬가지였다. 경찰은 여러 권의 노트와 타자로 작성된 원고들을 압수했지만 그 안에서 증거가 될 만한 것은 발견되지 않았다. 원고는 단순히 철학적 저술에 불과하다는 사실을 경찰은 금방 알아차렸다. 한 권의 노트는 알 수 없는 언어로 된 인용문들로 되어 있어 경찰이 의심했으나, 며칠 후 그것이 일종의 암호가 아니라 단순히 그리스어로 쓰인 것임을 확인했다.

이 시점에서 이미 한나는 독일을 떠나야 한다는 사실을 깨달았는데, 체포 사건이 그녀를 마침내 행동으로 이끈 촉매였다. 그녀는 구금에서 풀려난 지 며칠 만에 엄마와 함께 오레(Ore) 산맥을 둘러싸고 있는 울창한 숲을 통해 독일을 탈출했다. 한나와 마르타는 카를스바트(현재 체코의 카를로비 바리)로 가는 기차를 타고 이동했으며, 국경을 접하고 있는 주데텐의 한 독일 가정에 초대받았다. 그 집의 정문은 독일 방향으로 나 있었고 뒷문은 체코슬로바키아를 향해 있었다. 한나와 엄마는 어둠을 틈타 그 집의 뒷문을 통해 독일을 떠나서 이웃 나라로 들어갔다. 1933년 그날 밤은 한나가 무국적자로서 시민의 권리도, 고향이라 부를 곳도 없이 18년을 보내게 된 시작이었다.

1935년, 알리야 프로젝트의 일환으로 한나 아렌트가 청년들을 배에 태워 팔레스타인으로 데려가고 있다. 이 사진에서 아렌트 옆의 남자는 신원을 확인할 수 없다.

다섯

어떻게 그런 일이 일어날 수 있었을까?

1930년대 독일의 정치적 변화는 수많은 역사학자, 철학자, 사회과학자들에 의해 책과 논문에서 분석되고 논의되었다. 어떻게 그렇게 많은 사람들, 겉보기에 한 나라 전체가 특정 집단을 겨냥한 정치 형태를 비판 없이 받아들이거나 환영할 수 있었을까? 불과 얼마 전까지 친구, 이웃, 학급 동료, 직장 동료였던 사람들을 배제하는 법을 말이다.

홀로코스트로 이어진 주요한 전제 조건 중 하나는 제1차 세계대전 이후 독일인의 시각에서는 굴욕적인 결과였던 베르사유 조약과 경제 대공황의 결합이었다. 독일은 베르사유 조약 이후 분노에 찬 나라였고 더 이상 고통을 겪는 것에 지쳐 누군가에게 책임을 묻고 싶은 절박한 심정이었다.

한나 아렌트는 『전체주의의 기원』에서 "반유대 감정이 주요 정치 문제와 결합하거나 유대인 집단의 이익이 사회의 주요 계층의 이익과 공개적으로 갈등할 때에만 정치적 관련성을 얻는다는 것은 너무 명백하지만 자주 잊히는 규칙이다."라고 썼다. 유대인들은 인류 역사에서 수도 없이 희생양으로 강요되었다. 반유대주의는 1930년대 독일에서 처음 출발한 것이 아니다. 그 뿌리는 훨씬 더 오래전으로 거슬러 올라간다. 홀로코스트는 이미 사회 내에 존재하던 의심과 편견을 이용하고 반유대주의 선전으로 반유대 감정을 자극한 하나의 사례일 뿐이었다.

어떤 집단이나 개인이 다른 사람들보다 덜 가치 있고 더 적은 권리를 가진 존재로 여겨지기까지의 과정은 하룻밤 사이에 일어날 수 있는 것이 아니다. 하지만 일단 그 흐름이 시작되면 상황은 매우 빠르게 전개될 수 있다.

영국 철학자 조너선 글로버는 『휴머니티: 20세기의 도덕적 역사Humanity: A Moral History of the Twentieth Century』라는 책에서 20세기에 이토록 많은 만행이 일어난 이유에 대해서 답을 제시하고 있다.

글로버는 악과 잔혹함이 적을 만들고 다른 사람들의 인간성을 빼앗아 사물로 전락시키는 힘이 있는 이념 속에서 번성한다고 주장한다. 글로버에 따르면 대상화는 이 전략의 핵심 부분이다. 피해자를 조롱하고 모욕하며 그 가치를 깎아내림으로써 가해자가 자신의 행위를 정당화하고 수행하기 쉽게 만드는 것이다. 이와 같은 굴욕적인 행동의 목적은 피해자를 비인간화하여 가해자가 피해자에게 잔혹함을 가하는 것을 심리적으로 가능하게 하기 위함이다.

미국의 사회 심리학자 필립 짐바르도는 『루시퍼 이펙트: 무엇이 선량한 사람을 악하게 만드는가The Lucifer Effect: How Good People Turn Evil』에서 개인이 잔혹함으로 나아가는 과정을 설명하고 있다. 비인간화는 비인격화에 선행하는데, 이는 피해자에게서 옷이나 기타 개인 소유물과 같은 정체성 표식을 박탈함으로써 달성된다. 그러나 비인격화는 피해자에게만 적용되는 것이 아니다. 전쟁에서는 가해자의 개인적인 정체성을 박탈하는 전략 또한 사용된다. 피해자처럼 군인도 개인 물품을 빼앗기고 똑같은 유니폼을 입고 똑같은 헤어스타일로 바뀌며 성이 아닌 이름으로 불린다. 군인은 더 이상 개인이 아니라 정부의 군사적 목적을 수행하는 집단의 일부가 된다. 이렇게 개인의 고유한 존재감을 없애는 것은 전쟁을 준비시키는 데 중요한 요소이다.

짐바르도가 묘사한 이러한 준비 과정은 "지극히 평범한" 남녀를 가해자로 변모하게 만드는 데 필요하다. 글로버에 따르면, 타인을 살해하거나 고문하는 것은 강력한 금기이므로 이를 우회하는 하나의 방법으로 타인을 인간으로 여기지 않도록 만드는 것이다. 따라서 유대인은 더 이상 사람이 아니며, 인간으로서의 가치나 권리도 지니지 않게 된다. '우리'라는 집단에 속하기 위해 개인으로서의 정체성을 포기하는 것 또한 악행을 저지르는 중요한 전제 조건이다. 집단에 흡수되고 나면 책임에서 벗어났다는 일종의 착각을 만들어 낸다.

글로버의 주장에서 핵심적인 개념은 도덕적 정체성이다. 그는 대부분, 어쩌면 우리 모두가 대량 학살 같은 악행에 참여하지 못하게 하는 도덕적 정체성을 가지고 있다고 주장한다. 그러나 이 도덕적 정체성은 언제든 약화될 수 있으며, 악행을 가능하게 만드는 다른 종류의 도덕적 정체성으로 대체될 수 있다. "나치의 도덕적 정체성"이 그 명확한 사례에 해당한다.

조너선 글로버의 이러한 사고는 한나 아렌트의 『전체주의의 기원』과 『예루살렘의 아이히만』에서의 주장과 일치한다. 이들 저서에서 그녀는 악의 본질, 악의 원인, 그리고 악이 어떻게 존재할 수 있는지를 분석한다. 한나와 글로버 모두 잔혹성, 가학성, 악의와 같은 현상보다는 무관심과 성찰의 부재라는 개념에 주목하고 있다.

한나가 주장하듯이, 문제는 악행을 선택하는 소수의 개인이 아니다. 진짜 문제는 선택하지 못하는 사람들, 선이 되고 싶은지 악이 되고 싶은지, 선에 기여하고 싶은지 악에 기여하고 싶은지에 대한 결정을 내리지 못하는 사람들에게 있다. 홀로코스트를 가능하게 한 것은 소수의 사람들에 의한 노골적인 잔혹성이 아니라 대중의 무관심과 아무도 책임지려고 하지 않았다는 현실에 있다.

여섯

악의 특별한 유형

1930년대 유럽을 휩쓴 반유대주의는 한나가 스물여섯 살의 나이로 독일에서 탈출하여 도착한 파리의 거리에서도 고개를 들었다. 한나의 엄마 마르타가 스위스로 가는 동안 한나는 베를린에서 일하면서 만났던 시온주의자들과 다시 연결되기를 바랐다. 그들은 프랑스 수도에서 망명 생활을 하고 있었다. 결국 시간이 지나면서 파리도 유대인들에게는 살기 힘든 곳이 되었지만 1940년이 되기 전까지 몇 년 동안 파리는 한나에게 중요한 안식처였다. 그녀가 철학 교육을 받은 곳이 독일이었다면, 정치에 대해 배운 곳은 프랑스였다.

1933년 가을, 한나는 나치 정권을 피해 도망친 수백 명 중 한 명이었다. 피난민 중 일부는 유대인이었고 또 다른 일부는 정치적 이유로 떠났다. 얼마 지나지 않아 동유럽에서 박해가 심해지자, 이들은 고국을 떠나온 유대인들과 함께 일자리와 안식처를 찾아 끊임없이 헤매었다. 이들 난민 중 많은 이가 신분과 자격을 증명할 서류가 없어서 일자리를 구하는 데 애를 먹었고 궁극적으로는 살 거처를 마련하는 일에 있어서도 어려움을 겪었다.

한나가 프랑스에 도착했을 때 사회 분위기는 긴장감이 감돌았다. 모든 파리 시민이 새로운 이주민들을 환영한 것은 아니었다. 실직한 프랑스 시민만 해도 50만 명이 넘었고 유대인 이민자와의 경쟁을 꺼리는 분위기가 확산되었다. 특히 파리에서는 주택 부족이 심각한 문제로 대두됐다.

분노한 프랑스인들이 거리로 나와 "프랑스는 프랑스인의 나라!"[1]라는 구호를 외쳤고 이 문구는 신문에서도 자주 다뤄졌다. "이방인을 몰아내자"[2]와 같은 신문 헤드라인은 노골적으로 반유대주의 성향을 드러냈고 유대인 디아스포라 내에서도 차별이 심해졌다. 한나는 자신의 에세이 〈우리는 난민We Refugees〉에서 제1차 세계 대전의 상처가 아직 아물지 않은 프랑스 유대인들이 독일 유대인들을 의심의 눈초리로 바라보는 모습과 동유럽 유대인들이 독일 유대인들을 충분히 유대인답지 않다고 여기는 모습에 대해서 설명한

---

1   "프랑스는 프랑스인의 나라(La France aux Français)!"라는 구호는 1930년대 프랑스에서 실업률이 높고 주택이 부족했던 상황에서, 유대인 이민자를 포함한 외국인들이 일자리와 주거지를 차지하고 있다는 불만과 함께 등장했던 구호였다. 오늘날 일부 민족주의 단체들이 이민자에 대한 배타적 입장을 표명할 때도 이와 유사한 표현으로 변용하여 사용하기도 한다.

2   "A bas les métèques"는 프랑스의 역사 속에서 반복적으로 나타난 외국인 혐오 표현 중 하나로, 국가 정체성, 문화적 동질성, 그리고 다문화 사회에 대한 논쟁과 관련된 중요한 맥락에서 이해되어야 한다. '이방인(métèques)'이라는 단어는 그리스어에서 유래했으며, 원래는 시민권이 없는 외국인을 뜻했는데, 프랑스에서는 주로 이민자나 이방인을 멸시할 때 쓰는 경멸적인 표현으로 바뀌었다.

다. 한나 자신은 동화된 유대인이었다. 사실 그녀는 너무 동화되어 주변 사람들이 그녀가 실제로 유대인에 속한다는 것을 상기시키기 전까지는 자신의 유대인 정체성에 대해 깊이 생각하지 않았다.

한나의 부모는 세속적인 유대인이었으며, 유대인이라는 정체성을 중요하게 여기지 않았다. 하지만 히틀러가 독일에서 권력을 잡기 훨씬 전부터 반유대주의가 수면 아래에서 흐르고 있다는 것을 잘 알고 있었다. 예를 들어, 한나의 엄마는 딸이 학교에서 유대인이라는 이유로 모욕을 받으면 반드시 신고하도록 딸을 독려했다. 덕분에 한나는 인종적 배경 때문에 괴롭힘을 당하는 것을 결코 용납하지 않게 되었다. 어린 시절부터 그녀는 자신이 유대인이라는 사실을 뚜렷이 인식하고 있었다. 한나는 귄터 가우스와의 인터뷰에서 자신이 키가 크고 금발인 동급생들과 다르게 생겼다고 솔직하게 말했다. 하지만 그 외에 유대인 정체성은 그녀에게 그다지 중요하지 않았다. 그녀를 유대인, 곧 '타자'로 본 것은 오히려 다른 사람들이었다. 유대인들은 역사 속에서 수없이 그런 지위에 있어 왔다. 유대인은 종종 '그들'로 묘사되었고 다른 사람들은 '우리'가 될 수 있었다.

반유대주의의 역사적 기원은 깊다. 이미 고대 후반기부터 유대인에 대한 신화와 편견이 만연했다. 예를 들어, 유대인이 비유대인의 피를 사용하기 위해 살해했다는 등의 이야기이다.[3] 기독교는 유대인이 예수를 죽임으로써 신성을 훼손했다고 비난하면서 반유대주의를 지속적으로 확산시켰다. 예수와 그 제자들이 모두 유대인이었다는 명백한 사실에도 불구하고 기독교 교회가 반유대주의 사상과 증오를 키우는 것을 막지는 못했다. 예를 들어, 개신교 전통의 중요한 인물인 마르틴 루터는 유대인에 대해 매우 부정적 견해를 가졌다. 그는 1543년 저서 『유대인과 그들의 거짓말에 대하여 Die Juden und ihre Lügen』에서 유대인을 탐욕스러운 억압자로 묘사하고 그들이 기독교 아기들을 훔친다고 비난했으며, 독일에서 모든 유대인을 몰아내야 한다고까지 주장했다.

이러한 기독교 사상, 특히 루터의 사상은 나치 이데올로기의 중요한 배경이 되었으며, 600만 명에 달하는 유대인 남녀와 어린이들이 목숨을 잃는 데 큰 영향을 미쳤다. 기독교의 유대인 혐오와 사회적 다원주의의 인종 및 민족적 가치 개념의 결합은 끔찍한 결과를 가져왔다.

『전체주의의 기원』에서 한나 아렌트는 반유대주의와 종교에 기반한 유대인 혐오가 동일하지 않다고 주장한다. 그녀는 반유대주의가 유대인에 대한 종교적(정확히는 기독교적) 혐오에서 기원한

3　'혈액 비방'(blood libel)은 유대인들이 기독교인의 피를 사용하는 종교의식을 행한다는 악의적인 소문을 의미한다. 이 비방은 중세부터 근대에 이르기까지 유대인들이 기독교인들을 대상으로 범죄를 저지른다는 편견을 조장하고 유대인에 대한 공포와 혐오를 증폭시키기 위해 퍼뜨려졌다.

것인지에 대해서도 의문을 제기하며 둘을 구분한다. 19세기 유럽의 지식인 계층 내에서 반유대주의 감정이 널리 퍼져 있었다고 하지만 반유대주의라는 이념은 "극히 소수의 예외를 제외하고는 대체로 미친 사람들과 특히 광신적인 극단주의자들의 전유물이었다."라고 한나는 썼다.

그렇다면 차이점은 무엇일까? 간단히 말해, 반유대주의는 열등하거나 나쁘다고 정의되는 본질적인 '유대인다움'이라는 인종 차별적 개념에 기초하고 있다. 반유대주의는 유대인의 음모에 대한 기괴한 이론들을 잉태하고 있으며, 유대인들을 다양한 범죄에 책임이 있다고 여긴다. 다소 역설적이게도, 반유대주의는 유대인들을 동시에 열등하면서도 매우 위험한 존재로 간주하고 나아가서 유대인과 싸우고 심지어 소멸시키려는 것을 목표로 한다. 한나 아렌트는 『전체주의의 기원』에서 나치 독일이 사실상 두 번의 전쟁을 치렀다고 주장한다. 하나는 연합군에 대한 전쟁이었고 다른 하나는 유대인에 대한 전쟁이었다.

종교적으로 유대인 혐오감은 공공연히 반유대주의적인 감정보다 교양 있는 중상류층 사이에서 더 두드러졌다. 『전체주의의 기원』에서 한나는 유대인들이 계급 체계 밖에 있었다고 썼다. 즉 그들은 특정 계급으로 분류될 수 없는 독특한 위치에 있었다. 그들은 자체 계급을 형성하지도 않았고 자신이 속한 국가의 어느 계급에도 속하지 않았다. 유대인들은 집단으로서 노동자도, 중산층도,

지주도, 농민도 아니었다. 그들의 부는 그들이 중산층의 일부로 보이게 했지만 그렇다고 자본주의 발전에 참여한 것도 아니었다. 그들은 산업 기업에서 거의 대표되지 않았고 유럽 역사 말기에 대규모 고용주가 되었을 때조차 그들이 고용한 인력은 노동자가 아니라 화이트칼라였다. 다시 말해서 그들의 지위는 유대인이라는 점을 통해 정의된 것이지 다른 계층과의 관계를 통해 정의된 것이 아니었다. 유대인들은 쉽게 분류될 수 없었고 이는 계층 구조에 혼란을 일으켰다.

한나는 유대인들이 역사를 통틀어 여러 가지 역할을 할당받았다고 주장했다. 그것은 '패리아(pariah)'와 '파르베뉴(parvenu)'[4]라는 계급 없는 존재이며 신흥 졸부의 역할이다. 재정적 자산이나 유력 가문이 없는 계급 없는 유대인은 모든 사회적 맥락에서 벗어나 있으며, 노출되고 배제된 상태에 있다. 반면, 성공하여 부를 쌓은 유대인은 신흥 졸부로서 경시당한다. 돈은 이들에게 프랑스 사회학자 피에르 부르디외가 말한 '사회적 자본'을 가져다 주지 않는다. 사회적 자본은 사람들과 집단을 정의하는 일종의 상징적 자본이다.

부르디외는 1979년 저서 『구별짓기: 문화와 취향의 사회학 La distinction: Critique sociale du jugement』에서 이러한 자본에 대해서

설명한다. 상징적 자본은 경제적, 사회적, 문화적 자본으로 나뉜다. 부를 축적한 유대인들은 경제적 자본은 가졌으나, 가족 관계, 인맥, 어린 시절 친구들로 결정되는 사회적 자본은 얻지 못했다. 사회적 자본은 사람들 사이의 연결망과 같은 것인데, 이것은 신흥 부자 유대인들에게는 접근할 수 없는 것이었다.

『전체주의의 기원』에서 한나는 유대인들이 사회적 수용을 위해 큰 대가를 치러야 했다고 썼다. "유대인들이 진정으로 서유럽인들 사이에서, 단지 그 근처에서 사는 것이 아니라 함께 살았던 150년 동안의 역사 동안, 항상 사회적 영광을 위해 정치적 고통을, 또 정치적 성공을 위해 사회적 모욕을 치러야 했다." 그녀는 계속해서 비유대인 사회에 속하기를 원하는 유대인은 "유대인 같지 않은 유대인"이 되는 힘겨운 과제에 직면한다고 말한다. 유대인이 자신의 유대적 정체성에서 멀어졌을 때 비로소 사회의 문이 열렸다. 수용의 대가는 동화였고 그러한 동화의 결과는, 우리가 곧 보게 되겠지만 재앙이 될 것이다.

일곱

평생의 충성

한나가 파리에 도착했을 때, 그곳의 화려하고 활기찬 '광란의 20
년'은 이미 오래전에 끝나 있었다. 1920년대의 프랑스 수도는 창
조적인 시기였다. 도시에는 활기가 넘쳤으며, 극장, 콘서트 홀, 나
이트클럽은 즐거움을 추구하는 남녀들로 가득 찼다. 라 시갈, 올림
피아, 물랭 루주 같은 전설적인 장소들이 번창했고 카바레, 감미로
운 샹송, 그리고 노출이 과감한 발레 등 대중문화가 고급문화와 나
란히 번성했다. 이로 인하여 파리는 예술가, 작가, 지식인들이 모
여들어 담배를 피우고 술을 마시며 오랫동안 토론을 벌이는 카페
들이 번성하는 도시가 되었다.

　하지만 1931년이 되자 몇 년 전 월가의 주식 시장 붕괴로 인해
발생한 경제 위기가 파리에 닥쳤다. 노래와 춤, 반짝이던 즐거움
은 사라졌고 사람들은 소비할 돈이 줄어들었으며 출산율도 감소했
다. 같은 시기에 러시아, 폴란드, 독일, 이탈리아, 포르투갈, 스페
인, 동유럽과 중유럽의 다른 지역에서 온 이민자들이 물밀듯이 몰

려들기 시작했다. 정치적 긴장은 파리뿐만 아니라 전국적으로 고조되었으며, 각종 정치 집단 간의 파업과 시위, 충돌이 일상적인 일이 되었다.

한나가 독일을 떠날 무렵, 그녀는 말만 많고 실천이 없는 사람들에 지쳐 있었다. 훗날 인터뷰에서 그녀는 이렇게 말했다. "저는 독일을 떠날 때 이런 생각에 빠졌습니다. 물론 다소 과장된 표현이긴 하지만요. 다시는, 다시는 어떤 종류의 지적인 사업에도 관여하지 않을 겁니다. 저는 그런 사람들과는 아무런 관계도 맺고 싶지 않습니다."

한나는 운이 좋아서 '농업과 수공업(Agriculture et Artisanat)' 이라는 단체에서 비서로 일할 기회를 얻었다. 이 단체는 당시 영국 위임통치령 팔레스타인으로 갈 젊은 이민자들을 교육시키는 일을 했다. 그녀는 이 일을 하면서 비영리단체인 '유스 알리야(Youth Aliyah)'에서도 자원봉사 활동을 했는데, 이 단체는 나치즘으로부터 유대인 청년들을 보호하고 구출해서 지금의 이스라엘에 있는 키부츠와 청소년 캠프로 보내는 역할을 수행했다.

'유스 알리야'에서 한나는 주로 아이들이 제대로 먹을 수 있도록 요리와 식사 준비를 도맡는 실무적인 일을 했다. '유스 알리야'가 이주를 도운 유대인 아이들 중 다수는 영양실조에 시달려 허약한 상태였는데, 이 단체는 그들에게 음식, 의류, 기술 교육을 제공하여 키부츠에서 새로운 삶을 준비할 수 있도록 도왔다. 아이들은 시골의 대규모 캠프에서 생활하며 채소를 기르고 땅을 일구는 법을 배웠다. '유스 알리야'는 1933년 1월 30일 히틀러가 권력을 잡은 날에 레하 프라이어[1]가 베를린에서 창립한 단체로, 전쟁이 발발하기 전까지 약 5,000명의 청소년을 팔레스타인으로 보냈다. 전쟁 중에도 독일에서 수천 명이 탈출했고 전쟁이 끝난 후에는 약 15,000명의 어린아이와 청소년들이 팔레스타인으로 보내졌다. 이들 대부분은 강제 수용소의 생존자들이었다.

한나는 '유스 알리야'에서 일하는 것 외에도, 전쟁이 프랑스로 확대되기 전까지 사교적인 삶을 살면서 다양한 방식으로 여러 반파시스트 단체들을 지원했다. 그녀는 유대인과 비유대인, 예술가와 작가, 활동가와 지식인들로 구성된 대규모 독일 망명 그룹의 일원이었다. 그중 일부는 평생 친구가 되었고 일찍 세상을 떠난 몇몇은 그녀에게 매우 깊은 인상을 남겼다. 한나와 가장 친했던 친구로는 비평 이론가 발터 벤야민, 사회주의자 에리히 콘벤디트, 정신분석가 프리츠 프렌켈, 예술가 카를 하이덴라이히, 그리고 그녀의 평생의 동반자가 될 하인리히 블뤼허가 있다.

1936년 봄, 한나는 파리의 한 강연에서 어깨가 넓고 상냥한 눈을 지닌 명랑한 남자인 블뤼허를 처음 만났고 이때는 경제 대공황

---

1   레하 프라이어(Recha Freier, 1892~1984)는 독일 태생의 유대인 활동가로 구호 단체 '유스 알리야'를 설립했다. 그녀는 나치 독일의 박해로부터 유대인 청소년들을 구출하여 당시 영국 위임통치령 팔레스타인에서 새로운 삶을 시작하도록 돕는 데 핵심적인 역할을 했다.

의 여파로 인해 화려함과 타락 속에 별 근심 걱정 없이 살던 시절이 종료되었던 시기였다. 그럼에도 불구하고 지적 삶은 계속 꽃을 피웠고 파리 카페에서 활발한 토론은 정치적 박해와 탄압을 피해 이민자들이 몰려들면서 어느 때보다 격렬했다. 발터 벤야민, 알렉산드르 코제브, 장 폴 사르트르, 시몬 드 보부아르는 당시 지적인 무대에서 오랫동안 활약한 인물들이었다.

한나가 독일을 떠난 지 3년이 흘러 그녀의 나이는 이제 스물아홉 살이 되었다. 서류상으로는 여전히 귄터 슈테른과 혼인한 상태였지만 그들의 관계는 이미 오래전에 끝났다. 한나는 혼자 살고 있었고 사실 사랑을 다시 찾을 준비가 전혀 되어 있지 않았다. 과거의 경험들로 인해 그녀는 사랑에 신중해졌다.

하인리히 블뤼허는 의심할 여지 없이 행동하는 실천가였으며, 그의 에너지와 구체적인 정치 참여는 한나를 매료시켰다. 그는 한나가 전에 알던 남자들과 달랐다. 당시까지 한나의 연인들은 모두 학자들로, 부드러운 손과 사색적인 성향을 지닌 마른 남성들이었다. 예를 들어 수필가 에르빈 뢰벤슨, 철학자 베노 폰 비제, 유망한 젊은 철학자 귄터 슈테른, 그리고 그녀의 지도 교수였던 마르틴 하이데거 등이 그랬다.

사랑은 한나에게 깊은 상흔을 남겼다. 마르틴과의 관계가 끝나고 귄터와의 결혼이 흐지부지된 후, 그녀는 자연스레 신중한 태도를 가지게 되었다. 한나가 친구 안네 멘델존 바일에게 말했듯이, 그녀는 다시는 남자를 사랑하지 않겠다고 스스로에게 약속했다. 사랑, 혹은 어쩌면 맹목적인 열정이 그녀를 두렵게 만들었다.

하인리히는 자주 웃었고 또 한나를 웃게 만들었다. 이는 학창 시절 마르틴과의 연애에서도, 귄터와의 짧은 결혼에서도 한나가 자주 경험하지 못한 것이었다.

하인리히 블뤼허는 베를린에서 태어나고 자랐으며, 독일 노동 계층 출신으로 자수성가한 지식인이었다. 그는 지식에 대한 갈망이 컸지만 형식적인 교육에는 별로 관심이 없었다. 그는 수중에 가진 돈을 책에 쓰며, 가능한 한 일을 피하면서 독서에 몰두했다. 한나와 하인리히가 처음 만났을 당시, 한나는 시온주의 운동에 깊이 관여하고 있었고 묘하게도 하인리히는 유대인이 아님에도 불구하고 젊은 시절 시온주의 청년 단체의 일원이었다.

명랑하고 사교적인 한나처럼 하인리히도 당시 결혼한 상태인 데다가 정치적 참여 활동으로 인해 망명한 난민이었다. 그는 혁명적 마르크스주의 운동인 스파르타쿠스 연맹의 활동가였는데, 이 연맹은 로자 룩셈부르크 등 여러 인물이 창설해 1916년부터 1919년까지 독일에서 활동했다. 1919년 이후, 스파르타쿠스 연맹은 다른 단체들과 합류해 독일 공산당을 결성했다.

하인리히의 활동가로서의 면모와 정치적 참여는 일찍부터 강렬했다. 그러나 그는 시온주의를 버리고 마르크스주의를 선택했으며, 십 대 시절 마르크스, 엥겔스, 트로츠키의 글을 읽고 군사 역사

한나 아렌트와 남편 하인리히 블뤼허

에 관한 다양한 강연을 들었다. 한나는 쾨니히스베르크에서 키에르케고르와 칸트를 읽고 있었을 때, 하인리히는 1919년 스파르타쿠스 연맹의 회원들과 함께 베를린 거리에서 싸우고 있었다. 1920년대 베를린의 가장 퇴폐적이었던 시기에 하인리히는 작가이자 작곡가인 로베르트 길베르트와 함께 일하며 정치 작가로 활동하는 동시에 여러 오페레타, 뮤지컬, 영화들을 제작했다.

한나와 마찬가지로, 하인리히도 급하게 베를린을 탈출해야 했다. 그는 아무것도 가져오지 못했고 신분증도 없었지만 친구인 로테 셈펠로부터 재정적 지원을 받았으며, 때때로 머물 곳도 제공받았다. 베스트팔렌 출신의 부유한 산업가의 딸인 로테는 하인리히와 독일에서 온 다른 정치적 난민들을 지원하는 것을 히틀러에 대한 저항으로 여겼다. 반대로 하인리히와 그의 친구들과의 대화와 토론을 통해 그녀는 정치에 대한 폭넓은 교육을 받았다.

첫 만남 이후 몇 주가 지났을 때, 한나는 하인리히를 저녁 식사에 초대했다. 하인리히는 독일 부르주아 출신의 관광객인 또 다른 자아 '하인리히 라르센'의 모습으로 정장과 모자, 지팡이를 든 채로 등장했다.[2] 한나는 그에게 '신사(Monsieur)'라는 별명을 붙였고 이 별명은 평생 그를 따라다녔다.

당시 폴란드에서 망명한 유대인 작가 샤난 클렌보르트도 한나의 동석인으로 초대되었다. 아름다운 6월 저녁이었고 한나와 하인리히 사이에 대화가 끊임없이 이어졌다. 샤난은 몇 번이고 자리를 떠나려고 시도했지만 그때마다 더 오래 머물라고 설득당했다. 저녁 모임은 새벽 2시가 되어서야 끝났고 성공적이었던 듯했다.

한 달 후인 1936년 7월에 스페인 내전이 시작되었고 좌파와 부르주아 중심의 공화주의자와 우파와 군대 중심의 프랑코가 이끄는 민족주의자 사이의 전쟁이 벌어졌다. 한편 나치 정권은 여름 내내

---

2   하인리히 라르센(Heinrich Larsen)은 하인리히 블뤼허가 유머러스하게 창조한 또 다른 자아(alter ego)이다. 이는 그가 종종 자신을 독일 부르주아 관광객처럼 꾸미서 등장할 때 사용한 가명이다. 블뤼허가 한나 아렌트의 첫 저녁 식사 초대에 이 인격을 설정하고 등장한 이유는 사회적 풍자를 담아서 자신이 속한 계급과 대조되는 부르주아적이고 약간 우스꽝스러운 캐릭터를 연기한 셈이다.

밝은 유럽의 좋은 이미지를 유지하려고 애를 썼다. 베를린에서 올림픽이 열려 즐거운 방문객들이 도시의 거리를 메웠지만 유대인이나 로마 출신의 독일 선수들은 출전이 금지되었다.

샤난 클렌보르트는 폴란드 신문사 특파원으로 전쟁을 취재하기 위해 스페인으로 갔고 파리로 돌아온 후 한나를 저녁 식사에 초대했다. 하지만 문을 연 사람은 하인리히였다. 그는 여름 한철을 샤난과 함께 살고 있었다. 한나와 하인리히는 처음부터 서로에 대한 사랑이 분명했다. 둘은 서로를 선택한 성숙한 성인들 사이의 동등한 관계였다. 한나는 이전 연인들과 마찬가지로 그의 뮤즈가 아니었다. 그녀와 하인리히는 서로를 완성해 주는 존재였다. 그들 사이에는 서로의 다양한 경험과 지식에 대한 존중이 있었다. 이것은 한나가 수년간 우상화해 온 마르틴이나 결혼했던 귄터 사이에는 느껴본 적 없는 신뢰감이었다.

1937년 9월 18일, 제네바에서 하인리히에게 보낸 편지에서 한나는 이렇게 썼다.

그리고 저는 마치 철이 든 척하는 어린아이 같은 두려움을 가졌으나 당신을 만나고 난 이후로는 불현듯 더 이상 두렵지 않았어요. 인생에 대한 사랑과 저에 대한 일체감을 모두 가질 수 있게 된 게 아직도 믿기지 않아요. 하지만 결국 저는 하나를 가짐으로써 다른 하나도 가질 수 있었어요. 마침내 행복이 무엇인지도 알게 되었어요.

하인리히는 9월 19일 파리에서 답장을 보냈다.

그리고 당신에게서 온 편지가 나를 기쁨에 미치도록 만들었어요. 제가 당신에게 행복을 알려주었다고요? 당신이 저를 행복하게 만든 것처럼 저도 당신을 행복하게 만들었다고요? 결국 당신은 제 행복인데, 그러면 제가 당신 자신을 당신에게 보여준 셈인가요? 당신이 당신 자신이 되었나요? 저도 그렇습니다. 제가 제 사랑인 당신을 소녀에서 여자로 만들었나요? 기적과도 같은 일입니다. 어떻게 제가 그렇게 만들었을까요? 아마도 그것은 당신을 통해서만 제가 진정으로 남자가 되었기 때문일 겁니다.

하인리히에 대한 사랑 속에서 한나는 안전함을 느꼈다. 그 사랑은 그녀를 행복하고 자유롭고 자신감 넘치게 했다. 둘은 서로에게서 최고의 것을 끌어냈다. 사랑이란 그런 것이 아닐까? 사랑은 끊임없는 롤러코스터, 감정의 소용돌이, '젊은 베르테르의 슬픔'이나 '마의 산'에서 묘사된 것과 같은 절망이 아니다.

하지만 그렇다고 해서 한나와 하인리히의 사랑이 미지근하거나 약했다는 뜻은 아니다. 오히려 이런 유형의 사랑, 즉 위로하고 신뢰할 수 있으며, 굳건한 사랑이야말로 혁신적이며, 주변 사람들과 그들의 삶을 변화시킬 수 있다. 『인간의 조건The Human Condition』에서 한나는 "사랑은 본질적으로 세상과 동떨어져 있고", "반정치적"

이라고 쓰고 "사랑은 그 열정으로 인해 우리를 다른 사람들과 연결 짓거나 구분 짓는 그 사이를 없애버린다."라고 말한다. 한나의 말에 따르면, 사랑은 두 사람 사이의 거리를 없애는 것이다.

하인리히와의 관계에서 한나는 사랑과 충실함에 대한 자신만의 관점을 발전시켰다. 이는 일종의 철학에 가까웠으며, 이전에 그녀가 가지고 있던 전통적이고 낭만적인 사랑의 개념과는 거리가 멀었다. 이러한 발전은 한나에게 그리 쉽지도, 고통 없이 이루어지지도 않았다. 하인리히는 실제로 나이가 많았고 경험도 풍부했으며, 당대의 무정부주의적 사조에 영향을 받은 독특한 사랑의 개념을 가지고 있었다. 그는 한나에게 안정감과 자유를 주었지만 그녀에게서도 같은 것을 요구했다. 시와 문학에서 빌려온, '연인에게 모든 것을 의미하는 존재가 되는 사랑'이라는 한나의 낭만적 이상은 그들의 오랜 관계 동안에 몇 번의 타격을 입었지만 서로에게 허락한 독립성도 커졌고 신뢰와 우정을 더 깊게 만들었다.

여덟

이상한 전쟁[1]

1936년 여름 하인리히를 만난 지 몇 달 후, 한나는 세계유대인총회(Jewish World Congress) 창립에 참여하기 위해 제네바로 향했다. 이제 막 사랑에 빠진 한나는 매일 하인리히에게 편지를 썼고 하인리히 역시 답장을 보냈다. 그들의 편지에는 사랑 고백 외에도 유럽 상황에 대한 불안감으로 가득 차 있다. 유대인에 대한 박해가 확대되고 있는데도 유대인들조차 이를 심각하게 받아들이지 않는 상황에 대한 한나의 좌절이 반복해서 편지에 드러나 있다. 예를 들어, 8월 8일에 그녀는 다음과 같이 썼다.

어제 기자회견에서도, 몇몇 보도자료에서도 경제적, 법적 억압 조치들

---

1 '이상한 전쟁(La drôle de guerre)'은 제2차 세계대전 초기에 프랑스와 독일 사이에 벌어진 정전과 비전투 상태를 가리킨다. 이 용어는 특히 1939년 9월 독일의 폴란드 침공 이후, 1940년 5월 독일이 프랑스를 침공하기 전까지의 약 8개월 동안 유럽 서부 전선에서 실질적인 전투가 거의 없었던 상황을 묘사하는 데 사용된다. 이 기간에 영국과 프랑스는 독일에 선전포고했고 실제로 군대가 전선에 배치되었지만 대규모 전투가 일어나지 않아 마치 전쟁이 아닌 것처럼 보였다.

에 대한 이야기가 나왔습니다. 하지만 폴란드에서 우리가 박해당하고 있다는 말은 한마디도 없어요. 우리가 말하지 않으면 누가 우리를 대변해 줄까요? 이걸 보상이라도 하듯, 오늘 밤 폴란드 정부 대표가 국제연맹에 공식 참석할 예정이에요. 폴란드 유대인들은 3년 전 독일 유대인들이 했던 것처럼 우리의 입을 틀어막을 거예요. 결국 우리는 모두 지옥으로 가게 될 것입니다.

이 글에서 한나가 느끼고 있는 무력감은 명백하다. 세계 시온주의 기구의 친구들이 수치스러워하거나 반발하면 박해가 더 심해질 것을 두려워하기라도 하듯이, 현재 벌어지고 있는 일들을 덮으려는 태도를 그녀는 이해할 수 없었다.

한나가 주변 사람들이 상황의 심각성을 이해하지 못하고 있다고 느껴 절망에 빠진 것은 이번이 처음도 마지막도 아니었다. 한나는 독일에서 유대인들의 자유에 대한 제약이 강화되고 차별, 배제, 박해가 시작될 때부터 그 과정의 위험성을 인식하고 있었다. 그녀가 고향을 떠나기로 결심했을 때, 많은 사람들은 여전히 상황이 잘 해결될 것이라는 망상적인 믿음 속에 살고 있었다. 하지만 우리가 아는 것처럼 상황은 더 나빠졌다.

1937년 파리에는 약 15,000명의 독일 난민이 있었고 1938년 3월 13일 히틀러가 오스트리아를 합병하면서 새로운 유대인 난민들이 유입되었다. 한나의 엄마 마르타도 곧 뒤따라서 베를린을 탈출한 후 스위스에 있는 친구와 함께 지내다가 프랑스로 합류했다. 1939년은 마침내 두 모녀가 파리에서 상봉한 때였다.

그해 초여름, 한나와 하인리히는 마르타를 위해 콩방시옹 거리에 있는 조금 덜 비좁은 아파트로 이사했다. 마르타가 파리에 도착한 지 불과 4개월 후에 전쟁이 발발했다.

"우리는 매우 가난했고 쫓겨났어요. 우리는 도망쳐야 했고 어떻게 해서든 헤쳐 나가야 했어요." 한나는 나중에 파리에서의 세월에 대해 회상했다. "하지만 우리는 젊었고 약간의 즐거움도 있었어요. 그건 부정할 수 없어요."

한나와 하인리히는 바와 카페에서 또는 서로의 아파트에서 자주 모이는 지식인 그룹의 일원이었다. 이 모임은 돔발 거리에 있는 발터 벤야민의 아파트에서 자주 이루어졌다. 한나가 애정을 담아 '벤지'라고 부른 발터는 하인리히처럼 베를린에서 태어나고 자랐다. 그는 미술 및 문학 비평가였으며, 마르크스주의와 유대 신비주의 요소를 결합한 독특한 철학을 가지고 있었다. 1933년에 그의 책들은 나치에 의해 불태워졌지만 그는 이미 그 전해인 1932년에 그의 사촌이자 한나의 첫 남편이기도 했던 귄터 슈테른과 함께 베를린을 탈출했다.

한나처럼 발터는 시온주의에 관심이 있었고 그의 가장 가까운 친구인 신비주의자 게르솜 숄렘은 결국 한나의 좋은 친구가 되었다. 발터의 망명 여정은 이비자와 니스에서 시작해서 덴마크의 시골 마을로 이어졌고 그곳에서 베르톨트 브레히트와 함께 지냈다.

발터는 결국 파리에 정착했고 그곳에서 한나와 하인리히와 깊은 관계를 맺게 되었다. 한나는 발터에게 거의 어머니 같은 역할을 했다. 그는 병약하고 쉽게 혼란스러워하며, 서투르고 무력한 사람으로, 타인에게 보호 본능을 불러일으키는 유형이었던 것 같다. 그는 또한 관능적인 입술과 고통스러운 눈빛을 지닌 아름다운 남자였다.

1939년 9월 3일, 한나는 하인리히와 발터와 함께 휴가 중이었고 그때 전쟁 발발 소식을 접했다. 그들은 파리 외곽의 작은 마을에 집을 빌려 읽고 쓰고 이야기하며 일상을 보냈다. 늦여름의 고요한 시간은 그렇게 담배를 피우고 커피를 마시고 작업하고 대화하며 흘러갔다. 하인리히는 칸트를 읽고 있었고 발터는 보들레르에 관한 긴 에세이를 완성했으며, 한나는 반유대주의의 뿌리에 대한 글을 쓰고 있었다. 저녁이면 따뜻한 어둠 속에서 와인을 마시며 정치 문제를 논하고 미래에 대해 생각했다.

그날 아침 그들에게 전해진 헤드라인은 '앉은뱅이 전쟁(Sitz-krieg)' 또는 '이상한 전쟁(la drôle de guerre)', 영어로는 '가짜 전쟁(Phony War)'으로 불리는 시기의 시작을 알렸다. 프랑스와 영국은 독일에 폴란드에서 철수하라는 최후통첩을 전달했고 독일이 이를 무시하자 같은 날 오전 11시에 전쟁을 선포했다. 이후로 각국은 공식적으로 전쟁 상태였으나 실질적인 군사 행동은 일어나지 않은 기묘한 시기가 이어졌다. 강대국들은 서로를 지켜보며 단지 기다릴 뿐이었다. 그러나 이 시기는 1년이 채 지나지 않아 봄에 독일군이 프랑스로 진격하며 갑작스럽게 끝나게 되었다.

1939년 전쟁이 선포되면서, 한나와 하인리히, 발터가 시골의 집에서 누리던 비교적 평온한 일상은 산산이 부서졌다. 폭력과 혼란이 이제 문 앞에 닥쳐왔다. 그들이 오랫동안 두려워했던 갈등이 다가왔고 외부 세계의 불안이 그들이 피신해 있는 조용한 작은 마을에도 도달했다. 사람은 악에 맞서야 할 때 어떻게 반응할까? 그녀는 도망치거나, 싸우거나, 두려움에 빠질 수도 있고 공황에 휩싸이거나, 힘겹게 버티거나, 혹은 포기할 수도 있었다.

한나와 하인리히는 소식을 들었을 때 침착함을 유지했지만 발터는 공포에 사로잡혔다. 그는 파리가 폭격당할까 봐 두려워했고 휴가를 멈추고 더 북쪽에 있는 모(Meaux)[2]로 향하기로 했다. 이 결정은 운명의 선택이었는데, 모에는 독일군의 목표가 된 군사 기지가 있었다. 그해 가을, 파리에는 폭탄이 떨어지지 않았지만 모는 공습을 당했다. 발터는 급히 파리로 돌아왔는데, 그곳은 아직까지 독일군의 폭탄 공격에서 벗어나 있었다.

---

2 모(Meaux)는 프랑스 북부 일 드 프랑스 지역의 센에마른주에 위치한 도시로, 파리에서 북동쪽으로 약 40km 정도 떨어져 있다. 이곳은 파리와 가깝고 역사적, 문화적 유산이 풍부한 중세 도시이다. 1939년 9월, 전쟁이 발발한 후 발터 벤야민은 파리를 떠나 상대적으로 안전하다고 생각한 모로 이동했다.

한나는 『어두운 시대의 사람들』[3]에서 이 사건을 애정 어린 시선으로 회상하며, 발터가 독일군의 공격을 피하려다 1939년 가을에 프랑스에서 실제로 폭격을 받은 유일한 곳으로 피신한 상황이 그 답다고 묘사했다. 그녀는 발터의 삶이, 그리고 결과적으로는 그의 죽음마저도 운 나쁘게도 늘 잘못된 시간에 잘못된 장소에 있었던 것에 의해 좌우되었다고 표현했다.

발터 벤야민은 마르셀 프루스트에 관한 에세이에서, 자크 리비에르가 프루스트에 대해 묘사한 내용을 다음처럼 인용하고 있다. "마르셀 프루스트는 그의 작품을 가능하게 했던 바로 그 경험 부족으로 인해 죽었다. 그는 세상과 동떨어져 있었고 그를 짓누르기 시작한 생활 조건을 바꿀 수 있는 이해력이 부족해서 죽었다. 그는 불을 켜는 법도, 창문을 여는 법도 몰랐기 때문에 죽었다." 한나도 이 인용문을 언급하며, 발터가 리비에르의 말을 인용했을 때 사실은 그 자신을 묘사한 것이라고 주장했다. 프루스트와 마찬가지로 발터 역시 자신이 처한 삶의 상황을 바꾸지 못하는 사람이었고 심지어 그 상황이 자신을 압도할 위기에 처했을 때조차 그러했다.

---

3 『어두운 시대의 사람들』은 1968년에 출판된 에세이 모음집으로 20세기 암울한 시대 속에서 빛을 발한 인물들에 대한 글을 담고 있다. 이 책에서 아렌트는 전쟁과 억압, 정치적 위기 등 혼란스러운 시대 속에서도 인간의 존엄성과 지성, 용기를 보여준 인물들을 조명한다. 발터 벤야민, 베르톨트 브레히트, 로자 룩셈부르크, 파렌하이트 슈바이처, 예수회 신부 야스퍼스와 같은 다양한 배경을 가진 12명의 인물을 다루고 있다. 아렌트는 이들의 삶을 통해 개인의 용기와 지적 독립이 전체주의와 억압적인 정치 상황에 맞서 어떻게 빛을 발할 수 있는지를 보여준다.

파리로 돌아온 지 며칠 만에, 한나와 하인리히는 전쟁의 또 다른 반향에 직면했다. "의심스러운 정치적 과거"를 가진 다른 모든 외국인과 마찬가지로 하인리히는 강제 수용소에 보고하라는 지시를 받았다. 발터는 신체 건강이 약하고 외교관이자 시인인 생 종 페르스(Saint-John Perse)의 노력 덕분에 비슷한 운명을 피할 수 있었다.

하인리히는 친구 페터 후버, 에리히 콘벤디트와 함께 빌르말라르 (Villemalard)에 수용되었다. 그들은 낮에는 추위와 빗속에서 밖에서 일했고 밤에는 바람이 새는 헛간에서 곰팡이가 핀 짚을 채운 매트리스에서 잠을 잤다. 이들은 쾌적하지 않은 상황 속에서 다양한 배경의 사람들과 함께 생활해야 했다. 하인리히와 페터 같은 공산주의자들도 있었고 정통 유대교를 따르는 사람들, 전직 독일군 장교 출신인 사람도 있었다.

하인리히가 강제 수용소에 수감되어 있는 동안 그와 한나는 파리와 빌르말라르 사이에서 편지를 주고받았다. 수용자들은 토요일과 화요일에 편지를 쓸 수 있었고 소포를 받을 수도 있었다. 하인리히가 한나에게 보낸 첫 번째 편지 중 하나에서 그는 "포도주, 담배, 초콜릿"을 부탁했지만 날씨가 악화되자 다음 물품을 보내달라고 요청했다.

1. 스키 부츠

2. 겨울 재킷

3. 바지(맨체스터 벨벳, 베이지색 또는 갈색)

4. 겨울 양말

5. 셔츠 2장

6. 스테인리스 부엌칼(끝이 뾰족하지 않은 것)

7. 휴대용 식기

8. 머리를 감는 데 필요한 세면도구

9. 당신이 선물해 준 작은 파이프

10. 내 담배 주머니

하인리히는 한나에게 보낸 목록을 보낸 지 11일 만에 커다란 소포를 받고 "보시다시피, 이제 통신 상태가 완벽합니다."라고 썼다. 하지만 1939년 11월 28일자로 빌르말라르에서 보낸 마지막 편지 중 하나는 어조가 다소 밝지 않았다. 하인리히는 신장결석으로 고통받고 있었고 여드레째 병을 앓고 있었다. 그는 병상에서 한나에게 다음과 같이 썼다. "유럽의 상황에 대한 근본적인 내 생각이 더욱 굳건해졌다는 것을 알게 되었습니다." 그는 덧붙였다. "세인트헬레나 섬에서 나폴레옹이 예언한 것처럼, 유럽은 이제 코사크인에게 지배받을지, 공화주의자들에게 지배받을지 선택의 기로에 있습니다." 러시아냐, 미국이냐, 그것이 문제였다. 누가 권력을 잡을 것인가? 유럽은 누구에게 굴복해야 하는 것인가?

나폴레옹이 이 질문을 던졌을 당시, 유럽은 작은 나라들과 왕국들로 이루어진 조각보(patchwork) 같은 곳이었다. 그들은 복잡한 문화를 가진 세련된 나라들이었으나 작고 취약했다. 나폴레옹에 따르면, 이 작은 나라들은 수많은 인구를 가진 거칠고 투박한 코사크인과 교양 없는 미국인들을 이겨내기에 역부족이었다. 러시아와 미국이 세련미는 부족했지만 그 부족함을 힘으로 보충했다. 나폴레옹이 이 두 나라를 "헤라클레스의 자손"이라 부르며, 두 나라가 유럽을 정복하며 복수에 나설 것이라 예언한 것도 이 때문이다.

나폴레옹과 마찬가지로 하인리히의 이러한 질문과 두려움은 예언적이었다. 공산주의냐, 자본주의냐? 이 질문은 몇십 년 동안 이어진 냉전을 예고하는 듯하다. 그러나 제3세계는 그 모든 것보다 먼저 왔다. 독일과 프랑스가 전쟁 중이었기에 하인리히가 병상에서 이러한 상황을 어느 정도 예견했을 수 있다. 하지만 그가 다가올 상황의 전모를 상상할 수 있었을 가능성은 희박해 보인다.

하인리히가 마침내 강제 노동 수용소와 비바람이 새는 헛간에서 풀려났을 때, 그는 쇠약해 있었고 여전히 신장결석에 시달렸다. 하지만 파리로 돌아온 지 며칠 만에 그와 한나는 결혼했다. 결혼식은 시청에서 간단하게 치러졌지만 둘의 결혼 결정은 이후 중요한 역할을 하게 된다. 왜냐하면, 나중에 미국이 발급한 긴급 비자는 독신 여성과 기혼 부부에게만 주어진 데다가, 이 '이상한 전쟁'이 끝나고 프랑스 북부에 폭격이 시작되면서 혼란이 닥친 상황에서 결혼식은 당국의 우선순위가 아니었기 때문이다.

몇 달 동안 한나와 하인리히의 삶은 거의 정상으로 돌아왔다. 그들은 하인리히의 마흔한 번째 생일을 축하했고 여전히 독서와 글쓰기, 일을 계속했다. 그리고 발터와 함께 영어 수업을 듣기 시작했다. 한나는 그들이 미국에서의 삶을 준비해야 한다고 확신했다. 그녀는 있는 그대로 최악의 상황을 대비했다. 목숨을 구하기 위해 유럽을 떠나야 한다고 생각했다.

하인리히와 발터 모두 영어를 형편없는 언어로 치부했다. 발터는 자신이 영어를 싫어한다고 말할 만큼만 배우면 된다고 농담하곤 했으며, 특유의 어두운 유머로 프랑스에서 짧게 사는 것이 미국에서 길게 사는 것보다 낫다고 말했다. 발터와 하인리히 모두 상황을 진지하게 받아들이지 않는 듯했다. 프랑스를 떠나야 한다는 전망, 다시 한번 유럽에서 미국으로 도망쳐야 할 가능성은 여전히 먼 가능성처럼 느껴졌다. 그러나 프랑스에 거주하는 독일 시민이라면 남녀를 불문하고 모두 수용소에 보내야 한다는 새로운 명령이 발표되자, 모든 것이 변하고 말았다.

아홉
—
귀르 수용소

1940년 5월 5일, 모든 프랑스 신문에 강제 수용 명령이 발표되었다. 한나와 하인리히가 『르탕Le Temps』 신문에서 읽은 파리 총독의 짧은 발표는 독일, 프랑스와 독일 국경에 있는 사르 지역 및 단치히(현재 그단스크) 출신의 17세에서 55세 사이의 모든 남성과 자녀가 없는 여성에게 수용소로 "이송"될 준비를 하라고 권고했다. 이들은 이제 프랑스에서 "적국의 외국인"으로 간주되었다. 한나와 그녀의 남편 하인리히도 모두 난민이라는 신분이었다. 하인리히는 유대인은 아니었지만 반체제 인사이자 공산주의자였다.

신문에 보도된 내용은 명확했다. 남성들은 5월 14일 파리 외곽의 스타드 버펄로로, 여성들은 5월 15일 벨로드롬 디베르로 모여야 했다. 한나에게는 준비할 시간이 열흘밖에 없었다. 사랑하는 사람과 함께할 시간은 9일뿐이었다. 5월 14일, 하인리히가 파리의 아파트를 떠날 때 그는 어디로 보내질지 전혀 알지 못했다. 부부는 다시 만날 수 있을지 확신할 수 없었다.

수용 명령에 따르면, 적국의 모든 외국인은 이틀 분량의 음식, 컵, 접시, 수저와 30kg 이하의 가방이나 배낭을 가지고 갈 수 있었다. 5월 15일, 한나는 가방을 들고 벨로드롬 디베르로 향했다.[1] 그곳에서 그녀는 약 2,300명의 다른 여성들과 함께 거대한 유리 지붕 아래 갇혔다. 그곳에서의 시간은 답답하고 무기력했다. 무슨 일이 일어날지 아무도 알지 못했고 어떤 정보도 제공되지 않았다. 비행기가 머리 위로 지나갈 때마다 여성들은 그것이 독일 폭격기일까 두려워했다. 한나는 지붕이 수백만 개로 산산이 조각나서, 그 유리 파편이 안에 갇혀 있는 여자들의 머리 위로 폭우처럼 쏟아지는 파리의 '수정의 밤'을 상상했다.[2] 여성들은 서로를 안심시키기 위해 경비병이 독일 나치 친위대가 아니라 프랑스인이라는 것을 감사히 여겼다. 그들은 과거에 자신들의 친구라 자처했던 이들에 의해 감금되었다는 사실을 애써 외면하려 했다.

---

1   벨로드롬 디베르(Vélodrome d'Hiver)는 주로 사이클 경기를 위해 사용되던 프랑스 파리의 실내 경륜장으로, 줄여서 벨디브(Vél' d'Hiv)라고도 부른다. 이곳은 특히 제2차 세계대전 중 비시 정부와 나치의 탄압 속에서 유대인들을 체포해 임시 수용했던 장소로 악명이 높다. 1942년 7월 16일과 17일에 벌어진 '벨디브 대검거' 사건에서 프랑스 경찰은 나치의 지시에 따라 유대인 남녀와 아이들을 대규모로 체포하여 이곳에 집결시켰다. 약 13,000명 이상의 유대인들이 이곳에 수용되었으며, 열악한 환경 속에서 며칠간 감금된 후, 대부분 아우슈비츠와 같은 강제 수용소로 이송되었다. 현재 이곳에는 희생된 유대인들을 추모하기 위해서 기념비가 세워져 있다.

2   크리스탈 나흐트(Kristallnacht, 수정의 밤)는 1938년 11월 9일 독일에서 발생한 유대인에 대한 대규모 폭력 사건을 가리킨다. 이 명칭은 나치 정부가 조직적으로 유대인 상점, 가정, 회당을 공격하면서 파괴된 건물의 유리창이 도로에 흩어져 반짝이는 모습에서 비롯되었다. 독일 주재 프랑스대사관에서 유대인 청년이 독일 외교관을 살해한 사건을 구실로 나치는 전국적으로 유대인을 탄압하는 폭력적 조치를 실행에 옮겼다. '수정의 밤' 사건을 계기로 나치 대원들의 광적인 유대인 학살이 시작되었다.

한나는 짐에 몇 가지 소지품을 더해, 남편이 빌르말라르에 있을 당시 그에게 힘이 되었던 시를 챙겼다. 베르톨트 브레히트가 쓴 이 시는 당시 미출간된 상태였지만 하인리히는 암기하고 있었다. 그는 이 시를 통해 누가 친구인지 아닌지를 구분할 수 있었다고 한나에게 말했다. 즉, 이 시를 이해하는 사람이 친구이고 그렇지 않은 사람은 친구가 아니었다.

그는 잔잔히 흐르는 물이 오랜 세월에 걸쳐 단단한 바위를 약화시켜 갈아내는 법을 배웠다. 다시 말해, 단단함은 결국 패배할 수밖에 없다.

하인리히처럼 브레히트도 반체제 인사이자 정치적 망명자였다. 그는 1920년대 독일에서 가장 칭송받는 문화인 중 한 사람으로 권위 있는 상을 받았고 자신의 희곡이 가장 큰 무대에서 공연되는 것을 보았다. 그러나 1926년에 마르크스주의 연구를 시작한 이후로, 그는 나중에 마르크스주의에 영향을 받은 작품들을 여러 편 집필했다.

히틀러가 1933년에 권력을 잡은 직후, 브레히트는 독일을 떠나 덴마크의 작가 카린 미카엘리스의 집에서 망명 생활을 시작했다. 결국 그는 덴마크의 퓐 섬의 스벤보르에 자신의 집을 마련했고 그곳에 있을 때 발터 벤야민이 그를 찾아왔다. 흑백 사진 속에서 이 두 친구는 브레히트의 정원 배나무 아래서 체스를 두고 있다. 햇볕

이 사진은 브레히트가 2차 세계 대전 중 6년간 망명 생활을 하던 덴마크 퓐 섬의 스벤보르
외곽에서 찍은 것이다. 벤야민은 1934년, 1936년, 1938년에 이곳을 방문했고 이 사진에
서 브레히트와 벤야민은 배나무 아래에서 체스 게임을 하고 있다.

아래 카메라를 향해 살짝 눈을 찡그린 브레히트는 한 손에 굵은 시가를 들고 여유로워 보인다. 그는 발터를 지켜보며 미소를 띠고 있고 발터는 앞으로 몸을 구부리고 눈살을 찌푸린 채 그다음의 수를 고민 중이다. 체스판은 소박한 나무 탁자에 놓여 있고 그들은 베리 덤불과 과일나무가 무성한 정원에 있는 낡은 나무 의자에 앉아 있다. 배경의 하얀 반목조 건물 옆에는 접시꽃이 자라고 있다.

아마도 사진이 찍혔을 때인 1934년 여름 방문 외에도, 발터는 1936년과 1938년에 두 차례 더 브레히트의 집을 방문했다. 흑백 사진 속 두 사람의 모습에서 독일 당국이 그들을 위협하거나 적대적인 인물로 볼 이유를 쉽게 찾을 수 없다. 그들의 책은 나치 정권에 의해 불태워졌다. 하인리히에게 큰 위안을 준 시는 결국 『스벤보르 시집』에 수록되어, 오늘날 독일 망명 문학의 가장 중요한 작품 중 하나로 평가받고 있다.

5월 23일, 한나와 다른 여성들은 마침내 벨로드롬 디베르에서 나와 버스 행렬에 태워져 센 강변을 따라 루브르를 지나갔다. 버스 안에 있던 몇몇 여성들은 울기 시작했다. 자신들의 오랜 고향이었던 파리를 보는 마지막 순간이 될 수도 있다는 것을 알았기 때문이다. 한나는 울지 않았다. 파리에서 거의 7년을 보낸 후, 그녀는 이 도시가 자신의 것이라 여겼고 언젠가 반드시 이곳으로 돌아와 다시 자신의 삶과 하인리히에게로 돌아갈 것이라고 스스로 다짐했다.

버스는 리옹 역 앞에 멈췄고 그곳에서 여성들은 대규모 수용소가 있는 귀르로 가는 기차에 실렸다. 파리에서 온 2,364명의 여성들은 프랑스의 다른 지역에서 온 남녀 그룹과 함께 수용되었다. 그해 6월 말까지 귀르 수용소에는 총 6,536명의 수용자가 있었다. 이곳은 원래 스페인 내전에서 프랑코 군대와 싸운 후 1939년 내전이 끝난 뒤 망명을 떠나야 했던 스페인 공화주의자 정치 난민들을 수용하기 위해 지어진 곳이었다. 한나가 도착했을 때는 단 한 구역만이 남아 있었고 스페인 사람들을 수용한 곳은 8개의 막사뿐이었다. 수용소에 있는 대다수 남녀는 독일에서 태어나고 자란 독일계 유대인들로 스스로 독일인이라고 여겼음에도 불구하고 갑자기 다른 존재로 취급되며 강제로 독일을 떠나야 했던 사람들이었다.

수용소는 고대 로마 도시의 원칙을 따라 지어졌다. 한쪽 길 '카르도'는 수용소를 세로로 이등분했고 또 다른 큰길 '데쿠마누스'가 또다시 가로로 나누었다. 여덟 개의 더 작은 길이 수용소를 여러 구역으로 나누었고 전체 구역은 철조망으로 둘러싸인 채 투광 조명으로 비추어졌다. 귀르 수용소는 피레네산맥 기슭에 위치하여 그 지역 기후에 영향을 받았다. 한나는 낮에는 열기로 공기가 뜨겁게 데워지고 밤에는 천둥과 폭우가 몰아치는 모습을 묘사했다. 매일 밤 내리는 비는 수용소 내 길들을 진흙탕으로 만들었다. 수용자들의 옷은 축축하게 젖어 빨래 같은 행주 냄새가 배었다. 하나의 막사에만 수도 시설이 있어서 개인의 위생을 신경 쓰기 어려웠지만 한나는 매일 씻고 짧고 곱슬거리는 머리를 빗으며 옷을 최대한 깨끗하게 유지했다.

후일 귀르에서의 일기를 출판한 케테 히르슈는 수용소에서 가장 힘들었던 부분을 지루함이라고 적고 있다. 아마도 그녀는 그저 앉아 자신을 동정하고 싶은 유혹에 빠지기 쉬웠을 것이다. 하지만 이와 다르게 한나는 그러한 유혹에 빠지지 않으려 했으며, 다른 여성들에게도 자신을 깔끔하고 단정하게 유지하도록 격려했다. 그녀는 신체적으로든 정신적으로든 무너지지 않기 위해서 사기를 유지하는 것이 얼마나 중요한지 잘 알고 있었다.

한나가 수용소에서 보낸 시간은 수용소 자체만큼이나 규칙적이었다. 기상, 세수, 막사 청소, 화장실 청소가 이어졌다. 음식의 종류는 거의 다양하지 않았고 보통 수감자들에게는 말린 염장 생선이 제공되었다. 개인의 선택은 허용되지 않았다. 귀르에서는 물리적 폭력은 발생하지 않은 듯하지만 심리적 폭력은 두드러졌고 권력 행사는 절대적이었다. 수용소의 수감자들은 더 이상 자유롭지 않았으며, 삶에 대한 모든 권한을 박탈당했다. 누군가가 그들의 삶을 통제하며 원하는 모든 것을 강요했다. 이 또한 또 다른 형태의 폭력 아닌가?

한나는 자신의 저서 『폭력에 대하여On Violence』에서 폭력을 하나의 현상으로 논의하면서, 미국 사회학자 찰스 라이트 밀스의 "궁극적인 형태의 권력은 폭력이다."라는 주장을 논의의 출발점으로 삼았다. 한나에 따르면, 좌파와 우파 정치 이론가들 사이에서는 폭력이 단지 "가장 노골적인 권력의 표현"일 뿐이라는 데에 대체로 이견이 없지만 한나 자신은 그 정의를 그대로 수용하지 않는다. 그녀는 쉽게 답을 내리는 법이 거의 없었다. 대신 그녀는 우리가 먼저 "권력"의 의미에 대해 합의해야 한다고 주장한다.

볼테르는 권력이란 "다른 사람들이 내가 선택한 대로 행동하도록 만드는 것"이라고 정의했다. 막스 베버의 정의도 이를 반영한다. 베버에 따르면, 우리가 다른 사람들의 "저항에 맞서" 우리의 의지를 주장할 때마다 권력이 존재한다. 한편 프랑스 철학자 베르트랑 드 주브넬은 "명령하고 복종하도록 하는 것, 이것이 없으면 권력은 없다. 권력의 존재에 다른 속성은 필요하지 않다. 권력의 본질은 명령이다."라고 말한다. 한나는 힘, 권위, 권력, 폭력과 같은 현상이 서로 관련되어 있지만 결코 동의어가 아니라고 주장한다.

정치적으로 말하자면, 권력과 폭력이 다르다고 말하는 것만으로는 충분하지 않다. 권력과 폭력은 반대이다. 하나가 절대적으로 지배하는 곳에서는 다른 하나는 부재하기 마련이다. 폭력은 권력이 위협받을 때 나타나지만 폭력을 제멋대로 놔두면 결국 권력의 소멸로 끝난다. 이는 폭력의 반대 개념을 비폭력으로 생각하는 것이 맞지 않다는 것을 의미한다. 비폭력적인 권력에 대해 언급하는 것은 사실상 중복된 표현이다. 폭력은 권력을 파괴할 수 있지만 결코 권력을 창출할 수 없다.

한나는 권력이 없을 때, 폭력이 최고로 군림한다고 결론지었다.

1940년 6월 22일, 프랑스 정부는 항복했다. 폴 레노 총리를 대신한 필리프 페탱 원수가 라디오를 통해 그 결정을 발표했다. 정부는 6월 10일 파리를 떠났고 영국은 5월 말에 덩케르크, 칼레, 서부 프랑스를 포기한 상황이었다. 독일에 항복했다는 소문이 귀르 수용소에 있는 여성들 사이에 번져 나가면서 불안감이 급격히 높아졌다. 한나의 동료 수감자나 경비병들도 앞으로 무슨 일이 일어날지 몰랐다. 항복이 철조망 뒤에 갇혀 있는 독일 시민들에게 무엇을 의미할까? 포로들은 점령군에게 넘겨질까? 아니면 풀려날까? 추측이 난무하며 두려움과 체념이 희망과 절망에 뒤섞였다.

한나는 곧 수용소를 떠나 탈출할 기회가 올 것임을 깨달았다. 권력의 사슬이 끊어졌고 혼란과 폭력이 그들을 기다리고 있었다. 혼란과 혼돈 속에서 기회가 생길 테고 이를 놓치지 않고 한나는 신속히 행동해야 했다. 한나는 조만간 나치가 수용소를 점령할 것이고 그들이 그곳에 억류된 유대인들을 풀어줄 가능성은 거의 없다는 것을 직감했다. 다시 한번 최악의 상황을 가정하는 본능이 그녀를 이끌었다.

수용소를 떠나는 일은 한나가 상상했던 것보다 더 쉬웠다. 프랑스가 항복한 다음 날, 귀르 수용소에 갇혀 있던 수감자들은 떠날 수 있는 선택권을 받았다. 경비병들은 그들에게 석방 문서를 주며 피레네-아틀랑티크 지역을 24시간 이내에 떠나라는 엄격한 명령을 내렸다. 버스도 기차도 없는 상황에서 도보로 이동해야 했고 최소한의 물건만 가져가라고 했다. 경비병들은 그들에게 24시간 후에도 이 지역에 남아 있는 사람은 다시 수감될 것이라고 말했다.

한나에게 그것은 쉬운 결정이었다. 그녀는 짐을 가볍게 챙기고 다른 여성들에게도 이 기회를 놓치지 말라고 설득하려 했다. 그런데도 당시 많은 여성 수감자들이 수용소의 상대적 안전을 외부 세계의 불확실한 자유보다 더 선호하며 남기로 했다는 사실에 한나는 크게 절망할 수밖에 없었다. 1962년, 한나는 『미드스트림 *Midstream*』 잡지에 남기로 한 여성들에 대해 다음과 같은 기사를 썼다. "우리 중 누구도 뒤에 남겨진 이들에게 무슨 일이 일어날지 '설명'할 수 없었습니다. 우리가 할 수 있는 것은 우리가 예상하는 것을 말하는 것뿐이었습니다. 수용소가 승전한 독일군에게 넘겨질 것이라고요."

한나의 예감이 맞았다. 결과적으로 7,000명 중 약 200명의 여성만이 그곳을 떠났고 귀르 수용소는 결국 독일군에게 인수되었다. 한나가 수용소를 떠난 지 몇 달 후인 1940년 가을, 또 다른 6,000명의 수감자가 귀르로 이송됐다. 이들은 아돌프 아이히만이 프랑스의 새로운 협력자인 비시 정권의 협조를 통해 바덴과 자르팔츠에서 프랑스로 이송한 유대인들이었다. 수감자 수가 늘어나면서 수용소의 상황은 더욱 악화되었다. 많은 사람들이 영양실조와 질병으로 사망했고 살아남은 사람들도 결국은 1942년과 1943년에 걸쳐 독일의 강제 수용소로 보내졌다.

한나는 자신의 힘으로 귀르를 가능한 한 빨리 떠났고 다른 수용소에서 석방된 사람들과 함께 연이은 피난 행렬에 합류했다. 도로에는 프랑스 점령 지역을 떠난 사람들로 넘쳐났다. 수천 명의 남녀가 이동 중이었고 모두 무언가를 피해 도망치고 있었고 실제 목적지를 염두에 둔 사람은 거의 없었다. 그들은 밤하늘 아래 헛간이나 건초 더미 위에서 잠을 잤고 가끔은 그들을 불쌍히 여기는 농부들을 만나 일시적인 일자리를 제공하는 대가로 숙박과 식사를 제공받았다.

르 베르네에서 수용소에 수감된 경험을 기록한 책 『지구의 찌꺼기Scum of the Earth』의 저자인 아서 쾨슬러는 귀르에서 나온 여성들에 대해 다음과 같이 썼다.

귀르 수용소에서 수감되었다가 풀려난 독일 출신 여자 몇 명을 보았다. 이들은 풀려났지만 이제 어디로 가야 할지 무엇을 해야 할지 모르는 상태였다. 카페에서 한 여성과 이야기를 나누었는데, 그녀는 남편이 점령 지역에 있지 않기를 기도하면서 프랑스 비점령 지역의 모든 강제 수용소에 전보를 보내 남편을 찾고 있다고 말했다. 수백 명의 여성들이 그녀처럼 카스텔노, 나바렌크스, 수스, 제론스 및 주변의 다른 마을에 살고 있었다. 현지 주민들은 그들을 '귀르 출신 여성들(les Gursiennes)'이라고 불렀다. 농부들은 그들에게 방을 빌려주거나 농장에서 일하는 대가로 숙식을 제공했다. 그들은 영양 부족에 지쳐 보였지만 깔끔하고 단정한 모습이었으며, 유행처럼 머리에 알록달록한 스카프를 터번처럼 두르고 있었다.

아마도 귀르 출신 여성들이 화려한 터번을 두른 이유는 수용소에서 머리를 감기 어려웠거나 머리를 보호하기 위해서였을지도 모른다. 어쩌면 한나도 피레네-아틀랑티크 지역을 떠나 귀르를 빠져나올 때, 짧고 짙은 머리 위에 이처럼 터번을 썼을 것이다.

수용소를 떠날 때, 한나는 하인리히가 어디에 있는지 알지 못했다. 하지만 쾨슬러가 책에서 묘사한 여성처럼 그녀도 남편을 찾으려 애썼다. 국가 명령에 따라 하인리히는 5월 14일 스타드 버팔로 사이클 경주장에 출두하여 이송 대기 상태였는데, 그의 최종 목적지는 여전히 미스터리였다. 5월의 그날 아침에 입맞춤을 나눈 이후로 두 사람은 전혀 연락할 수 없었다.

열
—
1940년 여름, 몽토방

독일 점령하에 놓인 파리의 아파트로 돌아가는 일은 불가능했다.
그 대신 한나는 자유 구역으로 가는 것을 목표로 삼았다. 그녀는 피
레네산맥 가장자리를 따라 지중해를 향해 걸어가다 우연히 루르드
에 도착했다. 매년 수십만 명의 순례자가 찾는 이 작은 마을은 산
기슭에 자리 잡고 있다. 마을 중심을 강이 가로지르며, 마을 외곽
에는 전설에 따르면 성모 마리아가 '베르나데트'라 불리는 소녀에
게 나타났다는 동굴이 있다.

　큰 기쁨 속에서 한나는 루르드에서 발터 벤야민을 만났다. 벤야
민은 게슈타포[1]가 자신의 아파트를 수색한 직후 파리를 떠나야 한
다는 것을 깨닫고 마지막으로 떠나는 기차에 가까스로 탑승했었

1　게슈타포(Gestapo)는 나치 독일 시절 비밀 국가 경찰로 활동한 조직이다. 공식 명칭은 '비밀
　국가경찰(Geheime Staatspolizei)'이다. 게슈타포는 나치 정권의 정치적 반대자, 유대인,
　지식인, 예술가 등 정권이 적대시하는 집단을 감시, 체포, 고문하거나 강제 수용소로 보내는
　역할을 수행했다. 이 조직은 잔혹하고 무자비한 수사와 고문으로 악명이 높았으며, 나치의
　독재 체제를 유지하는 핵심 수단 중 하나였다.

생각에 잠겨 있는 발터 벤야민

다. 발터는 적의 손이 그의 소지품을 건드린다는 생각만으로도 집에 있는 것이 불편했으며, 게슈타포는 그가 작업하던 많은 문서를 압수하고 여러 권의 책을 훼손했다.

며칠 동안 걸어 지친 한나는 발에 물집이 잡힌 채로 발터와 함께 휴식을 취했다. 발터는 그녀의 동행을 반기며 서툴지만 다정하게 그녀를 돌봐주었다. 한나는 루르드에서의 시간을 절친한 친구 게르솜 숄렘에게 보낸 편지에서 다음과 같이 묘사했다.

> 이것은 패배의 시간이었고 며칠 후 기차 운행이 멈췄습니다. 가족, 남편, 자녀, 친구들이 어디 있는지 아무도 알 수 없었습니다. 벤지(발터)와 나는 아침부터 저녁까지 체스를 두었고 게임 중간에는 신문을 읽었어요. 가능한 한 손에 잡히는 대로 읽었습니다. 모든 것이 그럭저럭 괜찮았습니다. 정전 협정과 유명한 송환 조항이 발표되기 전까지는 말입니다. 하지만 그때도 저는 벤야민이 완전히 공황 상태에 빠졌다고는 말할 수 없습니다. 우리 둘 다 불안감을 느끼긴 했지만요. 기억하세요. 독일을 피해 도망치던 수감자들 중 첫 번째 자살 소식을 접했을 때, 벤야민은 처음으로 저에게 반복해서 자살에 대해 이야기하기 시작했습니다. 언제나 "그" 길이 남아 있다고요.

한나는 절친의 태도에 점점 더 걱정이 커졌고 자살이라는 행동은 나치의 의도대로 되는 것이라며 발터를 설득하려 했다. 유대인들의 죽음이 그들이 바라는 것이므로, 그들에게 그 만족을 주어선 안 된다고 말했다.

루르드에서 몇 주를 보낸 후, 한나는 다시 길을 떠났다. 그녀의 목적지는 프랑스 남부에 위치한 몽토방(Montauban)이라는 작은 도시로, 난민들에게 어느 정도 피난처 역할을 하고 있었다. 시장 페르낭 발레는 단호한 사회주의자로 비시 정권의 명령을 완전히 무시했다. 페르낭 발레는 프랑스 항복 이후 생긴 혼란 속에서 버려진 집들에 난민들이 거주할 수 있도록 허락했고 수용소에서 간신히 탈출한 수천 명의 난민들이 몽토방으로 모여들었다. 그들은 모든 것을 빼앗겼으며, 그들 모두가 누군가를 찾고 있었다.

며칠 동안 걸어온 끝에 도착한 몽토방은 부드러운 분홍빛으로 물든 중세의 작은 도시였다. 몽토방의 낮은 건물들은 연한 분홍에서 깊은 적갈색에 이르는 다양한 붉은색 타일로 마감되어 있었고 좁은 거리들은 포장되어 있었다. 강이 도시 중심을 흐르고 있었고 다른 상황이었다면 한나는 이곳의 아름다움을 분명히 느꼈을 것이다. 하지만 1940년 여름, 그녀의 생각은 온통 하인리히를 다시 찾는 데 집중되어 있었다.

한나는 그림 같은 작은 마을에 그리 오래 머물지 않았다. 그녀는 친구인 로테 클렌보르트가 파리에서 벗어나려고 몽토방 외곽에 작은 집을 빌렸다는 것을 알고 있었기에, 일단 그곳에 머물 계획이었다. 한나는 하인리히도 비슷한 생각을 하고 있을 것이며, 그 역시 몽토방으로 오고 있을 것으로 기대했다.

빌르말라르에 수감되어 있을 때처럼 그들은 서로에게 편지를 보낼 수 없었고 서로가 어디에 있는지 알 길이 없었다. 한나는 발길이 가는 곳마다 자녀, 부모, 사랑하는 사람들을 찾는 사람들을 만났다. 사람들은 서로 사진을 보여주며 자신이 찾는 사람이 어디에 있을지 아는 사람을 만날 수 있기를 바랐다. 아마도 같은 수용소에 있었거나 길에서 만났을지도 모른다는 기대와 함께 말이다. 몽토방의 카페 벽에는 자신이 찾는 사람에 대한 묘사와 연락처가 가득 적힌 손 글씨 메모들이 붙어 있었다.

한나는 로테의 집에서 매주 몇 차례 자전거를 타고 몽토방으로 나와 전쟁의 진행 상황을 확인하고 특히 하인리히에 대한 정보를 찾았다. 그러던 어느 날, 희망과 절망 속에서 기다리던 그가 바로 몽토방의 한 거리에서 한나 앞에 서 있었다.

이것이 소설이었다면, 독자들은 이렇게 행복하고 믿기 힘든 우연을 쉽게 믿지 않았을 것이다. 4천만 인구의 나라에서 수용소에서 최근에 풀려나 두려움에 떨던 이야기의 주인공이 수개월 동안 그녀와 마찬가지로 감옥과 다름없는 수용소에서 고통을 겪었던 사랑하는 남자와 갑자기 마주하게 된다는 설정이 어디 쉽게 받아들일 수 있는 일인가?

믿기 어려운 이야기 같아 보이지만 그런 일이 실제로 일어났다. 힘든 여건에도 불구하고 한나와 하인리히는 다시 서로를 찾았다.

그들은 몽토방의 가장 크고 붐비는 거리 한가운데서 서로의 품에 안겼고 한참 동안 서로를 놓지 않았다.

하인리히가 수감되어 있던 수용소는 독일군이 파리에 도착하자마자 철수했다. 경비병들은 수감자들에게 남쪽으로 행진하라고 명령했고 그곳에서 다른 수용소로 이송할 예정이었다. 그러나 독일군 비행기들이 하늘을 가르며 수감자 대열을 향해 총격을 가하자, 경비병들은 그들이 도망가도록 내버려두었다. 하인리히는 파리에서 멀어져 자유 구역을 향해 남쪽으로 계속해서 나아갔으며, 한나가 그랬던 것처럼 독일 점령 지역을 벗어나기 위해 자전거, 자동차, 도보로 이동하는 수천 명의 사람들과 함께 피난 행렬에 합류했다.

한나와 하인리히는 로테가 임대한 집에서 잠시 머물렀으나, 곧 몽토방에서 작은 아파트를 구했다. 그곳은 금세 만남의 장소가 되었고 두 사람은 파리에서 누렸던 사교 생활을 다시금 재현하는 듯했다. 바일 자매, 콘벤디트 가족, 클렌보르트 가족, 페터 후버, 발터 벤야민이 사진 스튜디오 위에 있는 그들의 작은 아파트에 방문했고 신경과 전문의 프리츠 프렝켈 또한 해외로 가는 길에 잠시 들렀다.

그해 여름은 덥고 건조했으며, 정치적 상황과 미래에 대한 논의는 끝이 없었다. 앞으로 무슨 일이 일어날 것인가? 프랑스는, 또 유럽은 어떻게 될 것인가? 유대인들은? 여기 남아서 희망을 품어야 할까, 아니면 떠날 때가 된 걸까? 그렇다면 어디로, 어떻게 가야 할까? 프리츠 프렝켈은 멕시코로 떠났고 발터 벤야민은 마지못해 유럽을 떠나 미국으로 가는 쪽을 받아들였다. 1940년이 되자 베르톨트 브레히트는 덴마크에서 몇 년을 보낸 후 스웨덴에 머물고 있었다. 한편 비시 정권은 점점 반유대주의적인 방향으로 나아가고 있었다. 한나는 독일에서 일어났던 과정과 유사한 양상을 알아차렸고 그 끝이 어떻게 될지도 알고 있었다. 그것은 서서히 시작되지만 결국에는 배제와 수용으로 끝나게 될 것이다. 그해 여름, 1927년 이후 귀화하여 프랑스 시민권을 얻은 50만 명의 사람들에 대해서 시민권을 재검토하는 위원회가 설립되었다. 이는 유대인을 식별하고 사회에서 배제하려는 목적이었다.

한나와 하인리히는 독서로 시간을 보내며 마음을 달래려 했지만 불확실성에 직면할 때만큼 시간이 느리면서도 잔혹하고 빠르게 흘러가는 때도 드물다. 모든 것이 멈춰 있는 듯하면서도 동시에 빠르게 진행되는 듯했다. 한나는 이후 발터 벤야민에 관한 에세이에서 그 여름을 "전쟁의 가장 어두운 순간"으로 묘사했다. 프랑스는 함락되었고 영국은 위협을 받고 있었으며, 히틀러와 스탈린이 맺은 동맹은 여전히 유효했기에 유럽에서 가장 강력한 두 정보기관이 긴밀하게 협력하는 상황이었다.

하인리히가 칸트를 공부하는 동안, 한나는 마르셀 프루스트, 카를 폰 클라우제비츠, 조르주 심농의 책을 읽었다. 이들 작품은 훗날 그녀의 저서 『전체주의의 기원』에 영향을 미쳤다. 특히 심농이 프랑스 경찰에 대해 묘사한 내용은 한나에게 개인적으로도 중요한 참고가 되었다. 1940년 10월, 프랑스의 모든 유대인은 가까운 경찰서에 신고하라는 명령을 받았는데, 이는 대놓고 등록을 요구하는 조치였다. 한나는 즉각 거부했다. 그녀 스스로 당국에 자진해서 신고할 리가 없었다. 한나가 이 명령을 따르지 말라고 나섰을 때, 친구들 중 일부는 그녀가 지나치게 경계한다고 생각했다. 그들 중 몇몇은 한나가 심농의 소설을 근거로 프랑스 경찰을 믿을 수 없다고 주장하자 웃음을 터뜨리기도 했다. "프랑스 경찰이 그럴 리가 없잖아!"

한나와 하인리히, 그리고 그들의 친구 대부분이 등록을 거부했다는 사실은 그들이 무국적자일 뿐만 아니라 불법 체류자로도 간주되었음을 의미했다. 반면 프랑스 경찰에 주소를 신고한 사람들은 이후 체포되어 독일군에게 넘겨졌다.

프랑스를 떠날 시기가 코앞에 닥쳐왔다.

열하나

희망의 의미: 자살에 관하여

한나가 수용소에서 탈출하고 유럽을 떠난 후 여러 해가 지나서야, 그녀는 베를린에서 알던 친구 쿠르트 블루멘펠트에게 귀르에 갇혀 있을 때 자살을 고민했었다고 고백했다. 진흙, 쥐, 끊임없는 굶주림, 비좁고 어두운 막사, 그리고 다른 여성들의 몸에서 나는 악취까지. 그 모든 것이 견디기 힘들었으나 자살을 생각하게 된 결정적인 이유는 아니었다. 그 이유는 더 크고 훨씬 더 어려운 것이었다. 바로 세상이 구제 불능이라는 압도적인 감각이었다.

사람이 모든 희망을 잃으면 어떻게 될까? 포기하게 된다. 미래를 상상하는 능력, 즉 현재를 넘어선 상황을 떠올릴 수 있는 능력은 인류 생존에 필수적이다. 그 희망이라는 능력을 유지하는 사람만이 악과 비인간성을 견뎌낼 수 있다. 1943년 한나는 미국에서 안전을 찾은 후, 유대인 학술지 『메노라Menorah』에 〈우리는 난민〉이라는 제목의 에세이를 발표하면서 신앙, 희망, 생존의 관계를 다루었다. 한나는 유럽의 유대인들이 박해받은 첫 번째 사례는 아니었지만

"우리는 박해를 받은 최초의 비종교적 유대인이다. 그리고 극단적인 상황이 아니더라도 자살로 대응한 최초의 사람들이기도 하다." 라고 적었다. 신앙이 없는 사람에게 자살은 장벽이 되지 않는다. 자살을 금지할 신도 없고 영원히 불타게 될 지옥도 없다.

나는 한나가 구르에서 느꼈던 절망에 관하여 읽을 때, 오스트리아의 신경학자이자 정신과 의사인 빅터 프랭클과 그가 의미와 희망에 대해 주장한 내용을 떠올렸다. 그는 인간의 의미에 관하여 탐구하면서 니체의 말을 인용하여 "삶의 이유가 있는 사람은 거의 어떠한 고통도 견딜 수 있다."라고 적었다. 프랭클의 통찰은 그에게 매우 개인적인 것이었다. 그는 1942년 테레지엔슈타트 게토로 보내졌고 강제 수용소 네 곳을 견디며 살아남았지만 아내와 부모를 잃었다. 자신이 어떻게 생존할 수 있었는지 회고하면서, 그는 희망과 의미를 느낄 수 있는 능력을 매우 중요한 요소로 보았다. 누군가에게 이유가 있다면, 그 사람은 거의 모든 것을 견딜 수 있다. "삶을 견딜 수 없게 만드는 것은 상황이 아니라, 의미와 목적의 부재이다."라고 그는 썼다.

의미와 목적. 이것은 종교가 제공할 수 있다. 초월적인 것에 대한 믿음, 이 삶 너머의 어떤 것, 그것은 바로 계획을 지닌 신, 당신을 보호해 줄 신이 있다는 믿음이다. 한나는 이런 신앙이 없었다. 그녀는 종교에 거의 관심이 없는 가정에서 자랐다. 부모는 신을 믿기보다는 사회주의를 신봉했고 마르타와 파울은 사회민주주의자였다. 그러나 한나의 조부모는 신앙을 가졌으며, 그녀는 자주 조부모와 함께 회당에 갔다.

십 대 시절 쾨니히스베르크에서 한나는 칸트, 야스퍼스, 키에르케고르를 읽었으며, 이들은 그녀에게 깊은 영향을 미쳤다. 청소년기의 사고에 깊은 인상을 남기는 사상이 그렇듯이 말이다. 인간의 이성과 선의, 그리고 정언명령에 대한 확고한 신념을 가진 칸트, 한계상황에 대한 개념을 제시한 야스퍼스, 칸트 철학에서의 이성과는 대비되는 용기와 비합리성을 강조하는 낭만적 실존주의 철학자 키에르케고르. 이 세 사상가를 함께 공부하면서, 그녀는 철학, 삶에 대한 태도, 심지어 체계를 구축할 수 있는 흥미로운 토대를 마련할 수 있었다.

인간의 필연적인 죽음, 즉 자신과 타인의 유한성에 직면하는 것은 우리가 인생을 살아가야 하는 배경이 된다. 1940년 한나는 자신이 "부적격자"로 분류되어 수용소에 갇히는 상황에 놓였을 때, 죽음을 위협이자 기회로서 매우 현실적으로 느꼈을 것이다. 칸트는 인간의 생명을 빼앗는 것은 용서할 수 없는 죄라고 믿었고 살인을 하지 말아야 할 의무는 자기 자신에게도 적용된다고 말했다. 따라서 칸트주의자에게 자살은 선택지가 아니지만 카를 야스퍼스는 죽음에 대해 또 다른 태도를 가지고 있었다. 그는 죽음을 탄생과 성행위와 마찬가지로 극한 상황, 즉 강렬한 실존적 의식을 느끼게 하는 귀중한 상태로 보았다. 이런 생각들이 귀르에서 한나에게

도움이 되었을까? 확실히 한나는 죽음을 하나의 해결책으로 생각했던 것 같다. 1952년에 쿠르트에게 보낸 편지에서 그녀는 이렇게 설명한다. "전반적으로 세상사는 잘 돌아갑니다. 세계 역사가 그렇게 끔찍하지만 않았다면 인생은 참으로 즐거웠을 것입니다. 그러나 어쨌든 그렇습니다. 적어도 저는 귀르에서 진지하게 이 질문을 던지고 다소 농담조로 스스로에게 답을 내렸던 기억이 있습니다."

그녀가 스스로에게 던진 질문은 자살 여부였고 그녀가 내린 결론은 자살이라는 해결책은 단지 개인적인 문제에 대한 답이라는 것이다. 하지만 그녀의 문제는 전쟁이 벌어지는 동안 수용소에 갇혀 있다는 것이었고 이는 개인적인 문제가 아닌 다른 상황의 결과였다. 한나와 다른 수감자들의 처지는 개인적 원인이 아닌 역사적 원인의 결과였다. 그들의 상황은 그들 개개인과는 아무 관련이 없었으며, 그들은 익명의 집단이었다.

한나는 자신의 에세이에서, 집단 자살을 항의의 형태로 제안했던 한 수용소 동료와의 일화를 바탕으로 자살에 대해 논의한다. 일부 사람들은 죽음을 선택하는 것이 경비병들이 원하는 대로 움직이는 것이라며 반대했다. 죽음이 바로 그들이 원하는 것 아니겠느냐는 반문이었다. 반면에, 죽음의 가능성에 직면하면서 삶에 대해 강한 갈망을 느낀 이들도 있었다. 카를 야스퍼스의 말대로 죽음이 가까이 다가오면서 삶과 그 가치가 더욱 분명해질 수 있다. 죽음에 대한 근접성은 삶에 대한 인식이 깊어지게 만들고 가장 큰 상실의 위험이 다가올 때 우리는 싸우고자 하는 욕망을 불러일으키게 된다.

한나 아렌트는 귀르 수용소에 수감되기 전부터 자살에 대해 생각할 이유가 있었다. 발터 벤야민의 친구이자 1939년 가을 하인리히와 함께 빌르말라르에 억류되었던 한 청년이 캠프에서 스스로 목숨을 끊었기 때문이다. 하인리히와는 달리 그는 풀려날 만큼 운이 좋지 않았다. 하인리히는 자살을 비겁한 도피이자 나약함의 표현으로 비난했지만 발터는 그 청년의 결정을 열정적으로 옹호하면서 자살은 인간의 '근본적 자유'의 표현이라고 주장했다.

한나와 그녀의 친구들과 같은 시기에 파리에 살았던 장 폴 사르트르는 우리가 내리는 선택을 통해 스스로의 삶을 창조해 나간다고 주장한다. 이것이 우리의 근본적 자유라는 것이다. 사르트르와 같은 실존주의자인 장 아메리(본명은 한스 마이어)는 저서 『자살에 관하여』에서 자살이 바로 근본적 자유의 궁극적 표현이라고 주장한다. 아메리는 전쟁 중 레지스탕스에 가담한 죄목으로 1943년 브렌동크 요새에 수감되었으며, 이후 아우슈비츠로 보내졌다. 그곳에서 살아남은 소수의 사람 중 한 명이었지만 그는 결국 1978년에 스스로 목숨을 끊었다.

'자살이 자유의 표현'이라는 발터 벤야민의 주장은 실존주의자들 사이에서 퍼졌으며, 일부에서는 이를 미화하기도 했다. 전쟁이 발발한 이후 발터는 자살을 고려했으며, 1940년 봄에는 프랑스에서의 짧은 생을 미국에서의 긴 생보다 선호하겠다고 언급했다. 슬프지만 이러한 예언은 현실이 되었고 그해 9월 26일 발터는 스페인 국경 마을 포르부에서 스스로 생을 마감했다. 한나와 하인리히가 프랑스에서 탈출하는 혼란 속에서 한나는 발터의 자살이 실제로는 3일 후에 일어났다고 생각했다.

"사랑하는 숄렘에게." 1940년 가을, 한나는 상호 친구인 게르숌 숄렘에게 다음과 같은 편지를 썼다.

9월 29일 발터 벤야민이 스페인 국경 포르부에서 스스로 목숨을 끊었습니다. 그는 미국 비자를 가지고 있었지만 23일에 스페인 측은 '국가' 여권 소지자에 대해서만 통과를 허용했습니다. 이 편지가 당신에게 도달할지 모르겠습니다. 지난 몇 주, 몇 달 동안 나는 발터를 여러 차례 보았으며 마지막으로 만난 것은 9월 20일 마르세유에서였습니다. 그가 죽었다는 소식은 그의 여동생과 우리에게 거의 4주가 지나서야 전해졌습니다.

유럽의 유대인들이 죽어가고 있고 그야말로 개처럼 묻히고 있습니다.

한나와 하인리히는 발터의 죽음 소식에 충격을 받았다. 그들은 발터가 미국 대사관에서 발급받은 비자로 미국에 도착한 줄로만 알았기 때문이다. 그는 프랑스 출국 비자가 없었다. 그래서 비상구조위원회라는 미국의 민간 구호 단체가 그에게 스페인 통과 비자를 확보해 주었고 그 비자로 리스본에 건너갈 계획이었다. 발터는 미국행 페리 티켓도 가지고 있었다. 모든 것이 준비되어 소수의 다른 난민들과 국경을 넘어 포르부에 도착했지만 국경 경찰로부터 다음 날 프랑스로 다시 강제 추방될 것이라는 말을 들었다.

발터 벤야민은 마을의 작은 호텔에 머물며 그날 밤 생을 마감했다. 그의 죽음에 큰 충격을 받은 국경 경찰은 그와 동행했던 다른 사람들을 스페인에 남도록 허락했다. 발터는 유서나 설명을 남기지 않았다. 하지만 한나가 1943년 〈우리는 난민〉에서 기록하고 있듯이 설명은 필요 없었다. 이유는 명확했다.

> 다른 자살자들과 달리 우리 친구들은 그들의 행위에 대한 설명, 고소장, 또는 절망에 빠진 사람이 마지막까지 유쾌하게 행동해야만 했던 세상을 향한 비난을 남기지 않았습니다. 그들이 남기는 편지는 형식적이고 의미 없는 문서에 불과하기 때문입니다. 아무도 그 동기에 관심을 가지지 않습니다. 모든 게 우리에게는 분명하게 보이기 때문입니다.

아마도 발터는 자살을 한참 전부터 계획했을 것이다. 아마도 포르부의 불행한 사건이 일어나기 전부터 죽음을 결심했을지도 모른다. 어쩌면 그는 단지 신호, 즉 최후의 결정적인 타격을 기다리고 있었을 것이다. 전쟁 발발 이후 발터는 힘겨운 나날을 보냈다. 그의 건강은 좋지 않았고 파리에서 아파트에 머물 때 게슈타포의 잦은 방문이 그를 정신적으로 피폐해지게 만들었다. 독일군은 그의 책과 작업 중이던 원고들을 몰수했으며, 그는 자기 삶의 본질적 요소를 빼앗겼다는 생각에 엄청난 슬픔에 잠겼다.

글을 쓰는 작가들이라면 발터 벤야민의 절망을 이해할 수 있을 것이다. 책들이 단순한 물건 이상의 의미를 지니고 있음을 알기 때문이다. 책 더미는 하나의 완전한 세계를 대변한다. 여백에 감탄사를 써넣고 단어에 밑줄을 긋고 모서리를 접으며 읽어온 책들은 오랜 세월, 때로는 평생을 통해 축적된 지적 우주를 형성한다. 자신이 구축한 세계의 총합이라 할 수 있는 책을 모두 빼앗긴 발터가 처음부터 다시 새롭게 자신만의 세계가 담긴 도서관을 지어야 한다고 생각했을 때 얼마나 힘들었을까?

1941년 10월 17일, 한나는 게르솜 숄렘에게 보낸 편지에서 1940년 여름 귀르 수용소에서 탈출한 후 그녀가 로테의 집에 머물고 있을 때 발터가 자살에 대해 거의 집착적으로 이야기하기 시작했다고 전했다. "독일군을 피해 탈출하던 수용자 중 첫 자살 소식을 접했을 때, 벤야민은 처음으로 내게 자살에 대해 반복해서 이야기하기 시작했습니다." 당시 한나는 발터와 논쟁하며 아직 탈출할 시간이 충분하다고 상황이 완전히 절망적인 것은 아니며 더 좋은 대안이 있다고 설득했다.

마지막 만남에서 발터는 〈역사 철학에 관한 테제*Theses on the*

Philosophy of History〉라는 최신 원고를 한나와 하인리히에게 맡기며 이를 미국으로 가져가 달라고 부탁했다. 한나는 이 부탁이 다소 이상하다고 생각했는데, 발터에게는 대서양을 건너기 위한 비자와 티켓이 있었던 반면, 자신과 하인리히는 프랑스를 떠날 출국 비자를 받지 못한 상황이었기 때문이다. 왜 발터가 직접 그 문서를 가지고 갈 수 없다는 것일까? 그럼에도 불구하고 한나와 하인리히는 원고를 받아들였고 발터가 그들에게 보여준 신뢰를 수락했다. 이 원고를 뉴욕의 사회 연구소로 안전하게 전달하도록 부탁한 것은 엄청난 신뢰를 나타낸 것이었다.

아이러니하면서 비극적이게도 발터 벤야민이 자살한 지 불과 며칠 후 스페인 국경이 다시 열렸다. 만약 그가 조금만 더 견뎠더라면 미국으로 자유로이 갈 수 있었다. 수년 후인 1968년, 한나는 자신의 저서 『어두운 시대의 사람들』에서 발터 벤야민의 죽음에 대해 이렇게 언급했다. "하루만 더 일렀다면 벤야민은 무사히 통과했을 것이다. 하루만 더 늦었다면 마르세유의 사람들이 스페인을 통과하지 못하는 것이 일시적인 상황임을 알아챘을 것이다. 그날만이 비극이 가능했던 날이었다."

한나는 발터 벤야민이 프란츠 카프카와 동질감을 느꼈다고 기록했다. 『브리페 II *Briefe II*』에서 발터가 남긴 말에서 이를 확인할 수 있다. "카프카의 순수함과 특유의 아름다움을 온전히 이해하려면 다음의 한 가지를 놓쳐서는 안 된다. 그것은 실패자의 순수함과 아름다움이다… 그는 결국 실패할 것이라는 확신을 갖게 되면, 꿈속에서처럼 모든 것이 그에게 잘 풀렸다고 말하고 싶어진다." 한나는 벤야민의 에세이에서 카프카의 자기 비관적인 시각이 사실은 발터 자신의 삶에 대한 자아 묘사이기도 했다고 해석한다. 발터는 자신의 눈에 실패자였고 희망 없는 사람이었다.

발터 벤야민처럼 자살을 선택한 장 아메리는 삶의 근본적 경험을 '에셰크(échec)'라는 용어로 표현했다. 이 단어는 '패배'나 '실패'로 번역될 수 있다. 이는 아메리가 아우슈비츠에 보내지기 훨씬 전부터 살아가면서 느낀 감정이었지만 그의 패배감은 수용소에 갇히면서 더욱 강해졌을 것이다. 발터 벤야민도 자신과 삶을 실패로 여겼으며, 운명의 그날 포르부에서 자유와 삶의 관문이었던 스페인 국경이 닫힌 순간에 그 감정은 더욱 확고해졌을 것이다.

괴테는 "희망은 하늘에서 떨어지는 별처럼 그들의 머리위로 지나가고 사라졌다."라고 썼다. 발터 벤야민은 에세이 『슈리프텐 I *Schriften I* 』에서 이 문구를 인용하며 희망에 대한 성찰을 이어갔다. "희망이란 오직 희망 없는 자들을 위해 우리에게 주어진 것이다." 희미하게 꺼져가는 발터의 희망은 그날 밤 포르부에서 그를 저버렸다.

모든 걸 잃었을 때, 사람들은 어떻게 살아갈 수 있을까? 암흑이 절대적일 때, 죽음과 악이 우리가 바라는 삶을 가로막을 때 말이다. 그 답은 희망이다. 희망은 악을 견디는 데 필수적이며, 절망에 굴복하지 않기 위한 우리의 유일한 무기이다. 희망은 현재의 순간과 상황을 넘어 더 나은 시간과 장소를 상상할 수 있는 능력이다. 한나 아렌트는 어떻게 생존했을까? 한나가 희망의 중요성을 이해하고 있었다는 데는 의심의 여지가 없다. 그녀는 〈우리는 난민〉에서 오스트리아 유대인에 대해 이렇게 썼다.

1938년 이후, 히틀러가 오스트리아를 침공한 이래로 우리는 순진하기만 한 장밋빛 낙관주의가 어떻게 급속히 말문이 막히는 비관주의로 바뀔 수 있는지 보았다. 시간이 지날수록 우리의 상태는 더 나빠졌다. 우리는 더 낙관적이면서도 동시에 자살을 기꺼이 택하게 되었다. 슈슈니크(Schuschnigg) 총리 치하의 오스트리아 유대인들은 매우 쾌활한 민족이었다. 모든 객관적 관찰자들이 그들을 존경했다. 그들은 자신들에게 아무 일도 일어나지 않을 것이라는 확신에 차 있었다. 그러나 독일군이 오스트리아를 침략하고 비유대인 이웃들이 유대인 집을 습격하기 시작하자, 오스트리아 유대인들은 자살하기 시작했다.

그렇다. 한나는 희망의 중요성을 깊이 이해했다. 그녀는 더 나은 미래를 상상하는 능력을 지니고 있었지만 동시에 최악의 상황을 상정하는 의심 많은 성향 덕분에 여러 차례 자신의 목숨을 구했다. 한나는 결코 어깨를 으쓱하지 않았고 상황이 저절로 해결될 것이라고 바라지도 않았다. 나쁜 일이 단지 눈을 감는다고 사라지리라고 믿지도 않았다. 그녀는 그런 순진함과는 거리가 멀었다. 한나는 상황을 바꿀 수 있는 자신의 힘에 대한 확고한 믿음을 비관주의에 결합할 수 있었다. 그녀는 어떠한 일도 운에 맡기는 법이 없었다. 언제나 책임을 지는 쪽을 선택하며, 절망에 빠지려는 유혹보다는 의무를 우선시했다.

열둘

선과 악

선함은 가장 어두운 순간에도 존재한다. 기억해야 할 점은 전쟁의 폭력과 잔혹함이 인간의 최악의 면만을 드러낸 것은 아니라는 사실이다. 어둠은 선함, 용기, 책임감을 불러일으키기도 했다. 유럽 전역을 휩쓸고 있는 폭력과 잔혹함에 조용히 항의하며, 때로는 목숨을 걸고 저항 운동 조직을 만들어 사람들을 탈출하도록 돕고 나치로부터 유대인을 숨겨주었다.

한나는 이 어둠과 악에 굴복하지 않기로 한 용감한 사람들 중 하나였다. 독일을 떠나야 할 처지가 되기 전까지 그녀는 비밀리에 반유대주의 선전을 수집하는 일을 했다. 프랑스에서는 유대인 청소년 지원단체인 '유스 알리야'와 함께 일하며 수많은 유대인 어린이와 청소년들이 유럽을 떠나 팔레스타인으로 이주할 수 있도록 도왔다. 파리에서 지내는 동안에는 오스트리아와 체코슬로바키아에서 온 유대인 난민들이 새로운 나라에서 정착할 수 있도록 지원했다. 그녀는 항상 자신이 해야 하는 것 이상을 했다. 이것은 선함을 정의하는 하나의 방법이다. 다시 말해서, 타인을 위해 요구되는 수준 이상의 일을 하는 것 말이다.

그렇지만 한나 자신은 '선함'이라는 개념에 거부감을 느끼며, 정치 영역에서 선함의 역할에 대해 의문을 품었다. 그녀가 선함에 대해 가장 체계적으로 다루었던 1958년 저서 『인간의 조건』에서, 한나는 마키아벨리의 선함에 대한 논의를 출발점으로 삼고 있다. 마키아벨리는 정치적 덕목으로서의 선함을 부정하며, 아마도 의도적으로 도발적인 방식으로 '어떻게 선하지 않을 것인가'의 기술을 가르친다. 물론 이것을 마키아벨리나 한나가 개인적인 선함의 덕목을 거부하는 것으로 이해해서는 안 된다. 대신 이것은 정치 영역에서 선함이 원칙으로 작용해서는 안 된다는 생각의 표현이다. 선함은 형이상학적 차원을 가진 개념으로, 종교적 이데올로기와 권력자들이 이를 너무 쉽게 차용할 위험이 있다. 본질적으로 선함을 정치적 원칙으로 삼는 데 주저하는 한나의 태도는 세속주의에 대한 옹호로 이해해야 한다. 즉, 그녀는 세속적 문제와 영적 문제는 분리되어야 한다고 생각했다. 종교와 종교적 논거는 정치적, 사회적 담론에 어울리지 않는다.

이것은 또한 칸트의 윤리학에 대한 기본 접근법과도 연결된다. 칸트가 탐구한 사유의 영역에서 선함, 진리, 아름다움 등은 각각 별개의 섬처럼 분리되어 있다. 칸트는 '선함'을 최고의 가치로 추구하지 않는다. 대신 그는 인간이 선의에 따라 행동해야 한다고 주장하며, 이것은 곧 인간이 반드시 준수해야 하는 정언명령을 따르는 것을 의미한다. 예를 들어, 살인하지 말 것, 거짓말하지 말 것 등이 그것이다. 칸트 윤리학에 따르면, 진리는 선함보다 우위에 있다. 진리는 검증될 수 있기 때문이다. 즉, 무언가는 분명히 참이거나 거짓이다. 반면에 선함은 취향이나 선호의 문제이다.

1988년, 핀란드 태생의 스웨덴 작가 빌리 키르클룬드는 『선함에 관하여Om Godhe』라는 에세이에서 칸트의 논의에 대하여 특유의 세밀한 방식으로 설명하고 있다. "인류의 역사는 선함이 끊임없이 성장하고 있음을 보여준다. 선함에 대한 아이디어와 요구는 수천 년 동안 우리의 상상과 사회에서 점점 더 큰 자리를 차지하게 되었다." 키르클룬드는 독창적인 방식으로, 또한 부드러우면서도 조소적인 태도로 서구 문명이 선함이라는 믿을 수 없는 현상에 집착하는 것을 해부한다. "좋은 것"이란 "어떤 오래된 관념이나 그것의 물질적 실체일 수 있다. 좋은 것으로 인식된 것은 어떤 집단에 의해 좋다고 여겨지는 것들이다." 이 모호한 진술에 이어 그는 좋은 것으로 여겨졌거나 여겨지는 것들에 대한 목록을 나열한다. "신성한 소, 아돌프 히틀러, 이오시프 스탈린, 코카콜라, 금욕, 햄마르뷔(스톡홀름에 있는 스포츠 클럽 이름), 아이스하키팀, 여성의 권리, 일광욕, 겨울 목욕, 진흙 목욕, 샤워…."

키르클룬드는 선함이 전쟁의 기술에서도 매우 중요하게 작용한다고 덧붙인다. 전쟁이 일어나기 위해서는 적어도 한쪽이 "좋은 것"을 주장해야 한다. 양쪽이 합리적인 논거를 내세우면, 그 갈등은 대화로 해결될 수 있기 때문에 전쟁이 일어날 수 없다. 그러나 이는 실제로 매우 드문 일이다. 왜냐하면 이성은 사람들에게 선함과 같은 관심을 받지 못하며, 그 결과 정치적으로 큰 영향력을 발휘하지 못하기 때문이다. 그러므로 합리적인 주장보다 오히려 좋은 것에 대한 이상이 갈등과 전쟁의 기초가 되는 경우가 많다.

특히 키르클룬드는 정치의 세계에서 선함이란 필수적이며 정치적 성공을 위한 핵심 조건이라고 냉소하고 있다. 모든 독재자는 자신을 신처럼 찬양하고 권력으로 가는 길을 열어줄 추종자가 필요하다. 가슴에 손을 얹고 누가 악한 사람을 위해 투표할까? 키르클룬드는 이어서 말한다, "다행히도 선한 사람들은 이미 차고 넘친다."

키르클룬드가 이 결론에 도달한 이후로도 상황은 거의 변하지 않았다. 그렇다. "선한" 사람들은 늘어나고 있는 반면, 합리적인 사람들은 줄어들고 있다. 더 많은 전쟁과 난항 속에서 선한 가치를 지켜내기 위해서 이성은 한구석으로 밀려난다. 키르클룬드가 쓴 것처럼 일단 선함이 발달하기 시작하면 그것을 멈출 수 없다. 선함은 곧 개인의 안위와 분리되고 생존의 이익과는 무관해지며 이상주의가 된다.

선한 사람은 선한 가치를 위해 싸우며, 따라서 이에 반대하는 사람, 즉 "나쁜" 가치를 옹호하는 사람은 나쁜 사람으로 간주된다. 키르클룬드는 "군대의 사기를 높이는 데 이상주의가 얼마나 중요한지 쉽게 알 수 있다."라고 썼다. 선을 위한 전쟁은 끝나지 않는다. 항상 어떤 대가를 치르더라도 싸워야 할 선의 적들이 존재하기 때문이다. 사실, 선함에 대해서는 반박하기 어렵다. 키르클룬드의 견해에 따르면, 선함은 자의적이며, 선한 것에 대해 나쁘다고 말하는 것은 처음부터 모순, 즉 자기모순을 내포한다. 물론 한나는 선함에 대해 혹평한 키르클룬드의 에세이를 읽지 못했지만 아마도 읽었다면 그 글에 공감했을 가능성이 크다. 1960년대 시카고에서 열린 세미나에 참여한 학생 윌리엄 오그레이디에게 보낸 편지에서, 한나는 "선함"과 "선한 사람들"에 대해 비슷한 입장을 표명했다. 오그레이디는 자신이 "매우 선한 사람"이 되기 위해서 노력하고 있다고 이야기했는데, 이에 대해서 한나는 "당신이 '선하다'고 할 때 정확히 그것이 무엇을 의미하는지 모르겠지만 '선해지려는' 욕망이 '현명해지려는' 욕망보다 더 큰 유혹이라는 것은 알고 있습니다. 이것은 우리가 결코 될 수 없는 바로 그것입니다."라고 답했다.

1968년 그녀의 책 『어두운 시대의 사람들』에 실린 베르톨트 브레히트에 대한 에세이에서 한나는 브레히트가 선함의 유혹을 어떻게 이해했는지에 기반하여 유사한 주장을 펼친다. "Schrecklich ist die Verführung zur Güte(선함의 유혹은 끔찍하다)." 칸트가 주장하듯이 악을 행하려는 유혹이 있다면 선을 행하려는 유혹도 존재한다. 그리고 그뿐만 아니라 한나는 선행의 유혹뿐만 아니라,

선해지고자 하는 유혹 또한 존재한다고 썼다. 그녀는 선한 사람이 되려는 브레히트의 시도가 결국 악행으로 이어졌다고 이야기한다.

한때 한나는 브레히트를 존경했었다. 그녀가 파리에 머물던 시절, 브레히트는 그녀가 속한 지식인 모임에서 거의 순교자로 여겨졌고 정치적 신념 때문에 독일을 떠나야 했던 영웅처럼 여겨졌다. 히틀러 집권 이후 한나를 실망시킨 다른 지식인들과 달리 브레히트는 신념을 지키고 권력에 굴복하지 않았다.

발터 벤야민이 스벤보르에서 브레히트를 방문한 후 파리로 가져온 시는 한나와 하인리히가 수용소에 갇혀 서로 떨어져 있는 동안 위로와 용기를 주었다. 그러나 전쟁 후 독일이 동서로 나뉘고 수도인 베를린이 분단되었을 때 브레히트의 행동은 한나에게 감명을 주지 못했다.

한나에 따르면, 그의 죄는 1920~30년대에 공산주의자였던 것이 아니다. 당시 유럽에서 공산주의자는 죄악이라기보다는 실수에 가까웠다. 그의 죄는 그가 동베를린에 정착하고 나서도, 공산주의가 사람들에게 미치는 영향을 직접 보고 나서도 자신의 신념을 고수했다는 사실이다. 브레히트에 대한 한나의 실망감은 그녀의 글에서 분명히 드러난다. 그는 더 잘 알았어야 했다.

전쟁이 끝나고 스칸디나비아와 미국에서 망명 생활을 보낸 브레히트는 다시 유럽으로 돌아왔다. 미국에서의 생활은 그에게 불편했다. 1947년 그는 미국 하원 반미활동위원회에서 공산주의와

1927년 베를린의 자택 아파트에서. 극작가 베르톨트 브레히트

소련과의 관계에 대해 조사를 받았고 얼마 뒤 스위스 취리히로 떠난 후 결국 1949년 동베를린에 정착했다. 그곳에서 그는 자신의 더 나은 판단을 무시한 채 공산주의 정권에 충성하기로 했다. 브레히트에 관한 에세이에서 한나는 그가 스탈린의 만행과 공산주의의 실패를 충분히 알고 있었지만 혁명적 꿈이 그를 잘못된 길로 이끌었다고 썼다. 브레히트는 공산주의가 궁극적인 목표인 노동자의 유토피아를 이루기 위해 악행을 요구한다는 것을 초기에 깨달았다. "그는 공산주의자가 되자마자, 나쁜 세상을 좋은 세상으로 바꾸기 위해서는 '선하지 않은 것'만으로는 충분하지 않고 스스로 악해져야 하며, 비열함을 없애기 위해선 자신이 할 수 있는 비열한 일

도 마다하지 않아야 한다는 것을 깨달았다."

브레히트는 선함을 표방하면서도 실제로는 사람들을 억압하고 빈곤에 가둬 둔 악한 체제에 의해 조종당했다. 이 체제는 모두를 똑같이 대한다고 주장했지만 실상은 정반대였다. 사후에 출간된 『메티, 전환의 책Me-ti, Buch der Wendungen』에서 브레히트는 길을 잃은 선한 사람에게 주어지는 적절한 처벌을 자조적으로 묘사하고 있다.

그러니 들어라. 우리는 알고 있다.
당신이 우리의 적이다. 그래서 우리는 지금
당신을 벽에 세워두려 한다.
그러나 당신의 공로와 좋은 자질을 고려하여
좋은 벽에 기대어
좋은 소총에서 나오는 좋은 총알을 쏘고
좋은 땅에 좋은 삽으로 당신을 묻는다.

한나는 선행을 보석처럼 자랑하는 위선적인 사람들, 선함을 마치 제복처럼 걸치고 다니는 사람들을 견딜 수 없었다. 그녀는 『인간의 조건』에서 선행에 대한 예수의 설교와 연결을 지으며 다음처럼 썼다. "예수가 말과 행동으로 가르친 유일한 활동은 선행의 활동이며, 선행은 그 자체로 드러나거나 들리지 않는 성향을 내포하고 있다. 공적 영역에 대한 기독교의 적대감, 초기 기독교인들이 가능한 한 공적 생활에서 멀리 떨어진 삶을 살려고 했던 경향은 신념이나 기대와 상관없이 선행에 대한 헌신의 당연한 결과로 이해할 수 있다." 그녀는 이를 근거로 종교와 정치는 분리되어야 한다는 신념을 지지한다.

한나는 "어떤 선행이 알려져 공공에 드러나는 순간, 그것은 단지 선행 그 자체로서의 성격을 잃게 된다. 선이 공개적으로 드러날 때 더는 선이 아니며, 조직적 자선이나 연대의 행위로서 유용할지는 몰라도 그것 자체로서 선은 아니다."라고 말하며 선은 선으로서 수행되지 않을 때만 진정 존재한다고 결론짓는다. "스스로가 선행을 하고 있다고 인식하는 사람은 더 이상 선하지 않다."라는 그녀의 말은 마치 칸트의 말을 떠올리게 한다.

칸트가 요구하는 절대적 이타주의는 매우 엄격하며, 어쩌면 지나치게 엄격할 수 있다. 결국 좋은 결과를 낳는 행위는 수행자가 스스로의 선행을 칭찬하든 그렇지 않든 아마도 선한 행위일 가능성이 크다. 행위의 도덕적 가치를 평가할 때, 우리는 행위자의 의도에서 시작할 수도 있고 행위 자체의 결과에서 시작할 수도 있다. 의무론적 윤리주의자로서 칸트는 도덕적 가치의 평가는 의도가 중요하다고 주장하지만 이 접근의 약점은 사람의 의도를 평가하는 일이 대단히 어렵다는 점이다. 따라서 의도 대신 결과를 평가하는 방법을 대안으로 고려할 수 있다.

그러나 이 경우에도 우리는 어떤 결과를 의미하는지 정확히 고려해야 한다. 즉각적인 결과인지, 더 장기적인 결과인지? 혹은 직접적인 결과인지, 간접적인 결과인지? 또한 도덕적 고려에 포함되는 대상은 누구인가를 물어야 한다. 즉, 누구에게 미치는 결과인가? 나 자신을 위한 것인가? 가족을 위한 것인가? 조국의 모든 사람을 위한 것인가? 지구상의 모든 사람을 위한 것인가? 행위의 도덕적 가치를 평가할 때, 선인가 악인가, 옳은가 그른가? 따라서 우리는 감정적 반응에 의존하기보다는 이성을 사용해야 한다.

결국 도덕성은 감정의 문제가 아니다. 윤리적 딜레마와 도덕적 문제를 다룰 때는 이성과 합리성이 요구된다. 우리는 느끼기보다는 논의해야 한다. 악에 대한 해독제는 본능적으로 생각할 수 있는 것처럼 선함이 아니라, 한나가 주장하듯 반성과 책임이다. 심지어 선과 악이 서로의 대척점일지라도 말이다. 사람들이 선과 악, 참여와 저항 사이에서 생각하고 반성하고 선택하는 일을 멈추면 악이 자라나기 시작한다. 『책임과 판단』에서 그녀는 "아무도 자발적으로 악을 행하지 않는다"는 철학적 진술을 인간 본성에 대한 합리적인 설명으로 보는 위험성에 대해 언급했다. 이 진술은 "모두가 선을 행하고자 한다"는 또 다른 가정으로 이어진다. 그러나 슬픈 진실은, 보통 선과 악 중 어느 한쪽을 선택한 사람들이 아니라 단순히 어느 편도 선택하지 않은 사람들에 의해 악행이 일어난다.

열셋

새로운 시작

1940년 가을, 한나와 하인리히는 도망칠 때가 왔음을 깨달았다. 그러나 그들은 도움이 필요했고 바로 그때 바리안 프라이가 그들을 돕게 된다. 프라이는 1935년 베를린에서 특파원으로 활동하면서 반유대주의와 나치즘을 경험한 미국 언론인이었으며, 가능한 한 많은 유대인과 지식인들을 구하기로 결심했다. 엘리너 루스벨트 영부인의 지지와 후원으로, 그는 마르세유에 비밀구조조직인 비상구조위원회를 설립했고 미리엄 데이븐포트와 메리 제인 골드와 함께 그 조직의 중심에서 활동했다. 이 그룹은 마르세유의 미국 영사관과 긴밀히 협력했다.

당시 히람 빙엄 4세는 마르세유의 부영사였고 프랑스에서 탈출해야 하는 사람들에게 합법적이든 불법적이든 수천 장의 비자를 직접 발급했다. 비상구조위원회는 수천 명의 유대인과 반나치 지식인들이 프랑스를 떠나 미국으로 안전하게 갈 수 있도록 도왔다. 한나와 하인리히는 미국 영사관에서 긴급 비자를 발급받은 첫 번째 사람들이었다. 한나는 '유스 알리야'에서 활동한 덕분에 비자를 받을 수 있었고 혼인 신고가 가능했던 시기에 결혼을 서둘렀던 선견지명 덕분에 하인리히도 비자를 받을 수 있었다.

한나와 하인리히의 자유를 향한 여정은 마르세유에서 시작되었다. 그들은 1940년 10월 말, 몽토방에서 큰 항구 도시까지 24시간 동안 자전거를 타고 가서 프랑스를 떠날 수 있는 허가 서류를 받았다. 지치고 배고픈 그들은 날이 어두워져서야 도착했고 호텔에 체크인했다. 탈출 계획은 아침 일찍 갑작스러운 메시지가 그들의 방으로 전달되며 위기를 맞이하게 된다. 하인리히에게 곧바로 호텔 리셉션으로 내려오라는 메시지가 전해진 것이다. 그들은 경찰이 바싹 쫓고 있다는 위험을 직감하고 본능적으로 빠르게 대처했다. 하인리히는 차분하게 로비로 내려가 방 열쇠를 리셉션 데스크에 올려두고 아무에게도 들키지 않고 호텔을 떠났다. 곧이어 한나도 미리 정해둔 카페로 하인리히를 따라 내려갔다. 하인리히가 안전하고 아무도 그를 뒤쫓지 않는 것을 확인한 후, 한나는 호텔로 돌아가 짐을 챙기고 아침 식사를 하며 객실 요금을 지불했다. 식당에 앉아 토스트와 치커리 커피를 마시며 침착하게 보이려 노력하던 그녀에게 호텔 직원이 다가와 하인리히의 행방을 물었다. 직원은 분명 경찰의 지시에 따르는 것이었고 한나는 하인리히가 이미 경찰서에 갔다고 연출해야 한다는 것을 깨달았다. 그녀는 모든 연기력을 발휘해 소란을 피우며 남편이 이미 경찰서에 갔고 그의 안전에 대해 직원에게 개인적 책임을 묻겠다고 소리쳤다. 그 행동은 효과가 있었다. 놀란 여직원은 사과하고 로비의 책상 뒤에 있는 자리로 돌아갔다.

한나와 하인리히는 카페에서 재회하자마자 그들의 소중한 서류를 가지고 즉시 마르세유를 떠났다. 한나의 어머니 마르타는 아직 긴급 비자를 받지 못한 상태였지만 호텔에서의 불쾌한 경험 이후 한나와 하인리히는 그녀를 두고 떠나야 한다는 것을 깨달았다. 한나는 몽토방에서 스위스의 식량 꾸러미와 미국 구호 패키지를 난민들에게 나눠주고 있던 친구 니나 구르핀켈에게 마르타를 돌봐달라고 부탁했다. 갑작스럽게 떠나는 것은 한나에게 결코 쉬운 결정이 아니었지만 마르타가 미국 비자를 받을 때까지 니나가 마르타를 돌봐주겠다는 약속하자 한나는 약간 안도할 수 있었다.

한나가 예상했던 대로, 프랑스 경찰은 독일 나치 친위대와 협력하여 유대인, 레지스탕스 일원, 공산주의자들을 추적하기 시작했다. 1942년 여름과 가을 동안, 27,000명의 무국적 유대인들이 아우슈비츠로 강제 이송되었으며, 그 중 18,000명은 파리에서, 9,000명은 비시 프랑스에서 끌려갔다. 1943년 1월 22일부터 24일까지, 프랑스 경찰은 나치 친위대와 함께 마르세유의 유대인들을 급습했다. 프랑스 전역에서 모인 12,000명의 경찰들이 집집마다 수색을 벌였고 1,500채의 건물이 파괴되었으며, 40,000명의 신원이 확인되었다. 그 결과 6,000명이 체포되었고 4,000명은 독일 강제 수용소로 보내지기 전에 드랑시와 콩피에뉴의 수용소로 이송되었다. 프랑스 경찰이 나치와 협력한 결과 수많은 유대인들이 목숨을 잃었다.

프랑스 국민은 무슨 일이 일어나고 있는지 얼마나 알고 있었을까? 그들은 유대인들과 하인리히처럼 정치적 신념 때문에 독일에서 도망쳐야 했던 사람들이 직면한 위험을 알고 있었을까? 그들은 비시 정권이 친독일적이라는 것은 알고 있었지만 아마도 이 모든 사태의 규모를 제대로 인지하지 못했을 가능성이 크다.

한나와 하인리히는 떠날 기회가 오면 바로 출발할 수 있도록 준비를 철저히 해 두었다. 그들은 가방을 미리 싸 두었고 긴급 비자와 히브리 이민자 구호 협회(HIAS, Hebrew Immigrant Aid Society)가 후원한 미국행 항공권도 안전하게 보관하고 있었다. 그들은 매일 신문을 꼼꼼히 읽고 라디오 방송을 들으며 떠날 최적의 시기를 계산했다. 1941년 1월 초 마침내 그 순간이 찾아왔고 비시 정권이 잠시 출국 규제를 완화한 틈을 타서 한나와 하인리히는 발터 벤야민이 몇 달 전에 생을 마감했던 스페인 국경의 포르부로 가는 첫 기차를 탔다. 그곳에서 그들은 계속해서 리스본으로 향했다.

포르부는 피레네산맥 기슭에 위치한 작은 마을로, 스페인 내전 동안 큰 피해를 입었다. 1936년부터 1939년까지 스페인을 뒤흔든 유혈 충돌로 마을 주민의 절반이 목숨을 잃었고 프랑코가 권력을 장악하면서 마을은 황폐해졌다. 1941년에도 여전히 마을은 복구되지 않은 상태였다. 전쟁으로 파괴된 건물을 재건할 만한 시간, 돈과 에너지는 역부족이었다.

스페인 내전 중 많은 공화주의자들은 포르부를 통해 산을 넘어 프랑스로 탈출했으며, 그 중 일부는 한나가 탈출했던 귀르 수용소로 보내졌다. 그러나 제2차 세계대전이 시작되면서 포르부는 나치를 피해 도망치는 사람들에게 스페인으로 들어가는 경로가 되었고 그렇게 해서 그들은 포르투갈로 향해 미국이나 팔레스타인으로 가는 여정을 이어갈 수 있었다. 1940년에서 1941년 사이 약 40,000명의 유대인 난민이 프랑스와 스페인 사이의 국경을 넘었으며, 대부분 포르투갈을 목표로 했다.

마을의 묘지는 산비탈을 깎아 만든 곳으로 바다와 맞닿은 작은 만에 자리잡고 있다. 한나와 하인리히는 발터 벤야민의 무덤을 찾기 위해서 이곳을 방문했는데, 이 방문은 한나가 게르숌 숄렘에게 보낸 편지에 묘사되어 있다.

포르부에 도착해서 우리는 그의 무덤을 찾으려 했지만 헛수고였습니다. 그의 이름은 어디에도 없었습니다. 묘지는 작은 만을 향해 있고 지중해를 바로 바라보고 있습니다. 묘지는 돌로 조각한 테라스로 구성되어 있으며 관이 이 돌담에 끼워져 있습니다. 지금까지 내가 본 곳 중 가장 환상적이고 아름다운 장소 중 하나였습니다.

포르부에서 며칠을 보낸 후, 한나와 하인리히는 포르투갈의 수도 리스본으로 떠났다. 1940년대 포르투갈은 여전히 상대적으로 가난한 나라였지만 전쟁 내내 중립을 유지했다. 당시 총리였던 안토니우 살라자르는 독일과 가까운 성향을 가지고 있었음에도 독일에서 탈출한 사람들에게 30일 관광 비자를 허용했다. 그는 독일의 국가사회주의자들에게 동조했고 유대인과 공산주의자들이 정치적·사회적 혼란을 일으킬까 두려웠다. 살라자르가 유대인 난민들이 자국을 통과하도록 허용한 이유는 단지 그들이 유럽에서 나가는 관문인 리스본에 도착한 다음 대륙을 떠날 수 있도록 하기 위한 조치였다.

수만 명의 유대인과 비유대인들이 중립국 포르투갈에서 피난처를 찾았다. 밝은 조명, 늦은 시간까지 영업하는 카페, 활기찬 거리로 가득한 리스본은 수용소 생활, 통행금지, 공습경보를 피해 도망친 사람들에게 오아시스나 다름없었다. 『어린 왕자』의 작가 앙투안 드 생텍쥐페리는 당시 리스본의 분위기를 이렇게 묘사했다. "1940년 리스본에서는 하느님이 아직 행복이 존재한다고 믿게 하려고 행복을 연출했다."

경제적으로 여유가 있는 일부 난민들은 매주 두 번씩 유럽을 떠나 미국으로 가는 팬아메리칸 항공사의 "비행선" 티켓을 구입할 수 있었다. 하지만 대부분은 그만한 돈이 없었다. 그들에게 유일한 대안은 대서양을 건너 하바나, 필라델피아, 볼티모어, 뉴욕, 리우데

자네이루 같은 곳으로 향하는 선박에 승선하는 것이었다. 그러나 이런 여정의 표를 구하는 일도 쉽지 않았다. 어뢰 공격의 위험에 처하지 않고 항구를 떠날 수 있는 배는 포르투갈과 미국과 같은 중립국의 국기를 내걸고 항해하는 배뿐이었기 때문이다.

포르투갈 국민은 전쟁을 피해 떠나는 난민들이 자국을 통로로 이용하는 것에 대해 그다지 달가워하지 않았다. 난민들은 리스본의 카페에서 커피를 마시고 담배를 피우며 대화를 나누며 시간을 보냈다. 호시우 광장에 있는 파스텔라리아 스위사 가게는 망명 생활을 기다리는 사람들이 모이는 장소가 되었으며, 그들은 그곳에서 단순한 사교를 넘어 목적지로 가기 위한 표를 구하거나 사고팔았다. 대부분이 독실한 가톨릭 신자였던 포르투갈 사람들은 종종 유행을 따르는 난민들의 옷차림과 매너, 특히 공공장소에서 담배를 피울 뿐만 아니라 와인을 마시고 큰소리로 웃는 유대인 여성들을 못마땅하게 여겼다.

한나와 하인리히는 대부분의 시간을 조용히 보냈다. 그들은 도시의 한적한 지역인 루아 다 소시에다드 파르마세우티카에 있는 초록색 건물의 작은 아파트를 구해 대화를 나누고 책을 읽으며, 기다림 속에 하루하루를 보냈다. 처음에는 한나의 엄마가 도착하기를 기다렸지만 얼마 지나지 않아 대서양을 건너는 배에 탈 수 있는 소중한 좌석표를 기다리며 시간을 보냈다. 그들은 발터 벤야민이 맡긴 원고 『역사 철학에 대한 테제』를 서로에게 읽어주었다. 아마도 그들은 전쟁이 시작되기 직전, 전원에서 함께 보냈던 행복한 날들을 떠올렸을 것이다.

리스본에서 거의 4개월을 보낸 후인 5월 10일, 마침내 두 사람에게도 배에 오를 차례가 찾아왔다. 마르타는 10일 뒤 리스본에서 출항하는 다른 배에 탈 자리를 약속받았고 그렇게 해서 한나와 하인리히는 화물선을 개조해 승객을 태운 기네호에 올라 유럽, 다시 말해서 그들이 언제나 고향으로 여겼던 대륙을 떠났다. 두 사람 모두 다시 돌아오기까지 몇 년이 걸렸다. 증기선 기네호가 항구를 떠나 유럽을 등지고 한 번도 가본 적 없는 대륙을 향해 미지의 바다로 나아갈 때, 한나는 어떤 생각을 하고 있었을까? 그녀는 〈우리는 난민〉에서 그 답을 암시하고 있다.

우리는 집을 잃었다. 이는 일상의 익숙함을 잃었다는 의미이다. 우리는 직업을 잃었고 이는 우리가 이 세상에서 어떤 쓸모가 있다는 자신감을 잃었다는 뜻이다. 또 우리는 언어를 잃었다. 이는 자연스러운 반응, 단순한 몸짓, 꾸밈없는 감정 표현을 잃었다는 뜻이다. 우리는 폴란드 게토에 친척들을 남겨두었고 가장 친한 친구들은 수용소에서 목숨을 잃었다. 이는 우리의 사적인 삶이 단절되었음을 의미한다.

한나는 모든 것을 잃었다. 집, 언어, 직업, 친척과 친구들, 그리고 그녀의 지리적·존재적 위치까지도. 이 모든 것을 빼앗긴 그녀로서는 대서양을 건너는 여정이 단지 새로운 나라로 가는 여정이 아니라 새로운 삶을 향한 여정이었다. 무엇보다도, 이는 유럽을 황폐화시키고 있던 악으로부터, 수용소나 죽음의 위협에서 벗어나는 여정이었다. 한나는 더 나은 삶을 찾기 위해 유럽을 떠난 게 아니었다. 그녀는 이미 원하던 삶을 살고 있었다. 그녀는 그 삶과 그녀가 사랑하던 존재를 빼앗겼기 때문에 떠난 것이다. 그녀는 무언가를 향해 나아가는 게 아니라 무언가로부터 멀어지고 있었다. 한나는 새로운 삶을 원해서가 아니라, 자신의 삶을 구하기 위해 유럽을 떠난 것이다.

한나 아렌트는 자신 앞에 놓인 운명의 소용돌이를 예감하고 있었다.

열넷

내 집이라고 부를 곳 없이

한나와 하인리히는 1941년 5월 22일 미국에 도착했다. 그들은 각각 가방 하나와 주머니에 25달러를 가지고 있었다. 그들은 미국의 한 시온주의 단체로부터 매달 70달러의 수당을 받았고 뉴욕의 웨스트 95번가에 있는 가구 일부가 딸린 작은 아파트를 빌려 살면서, 한나의 엄마 마르타가 도착하기를 기다렸다. 6월 21일, 무지뉴 호가 뉴욕에 정박했고 3명의 가족은 그 작고 빈약한 아파트에서 함께 지낼 방법을 찾으려고 노력했다.

한나가 뉴욕에 도착했을 때는 35세, 하인리히는 43세였다. 그들은 프랑스에서 오랜 망명 생활을 했고 새로운 나라에서 언어를 배우며 여러 아파트와 도시를 옮겨 다녔으며, 수용소에 갇히기도 하고 도망 다니며 숨어 지냈으며, 좋은 친구와 가족을 잃고 다른 이들을 뒤에 남겨두었다. 그러나 마침내 그들은 안전한 곳을 찾았다. 한 번도 가본 적 없는 나라에 도착해서 말도 통하지 않고 문화를 이해하지 못할 때 기분은 어떠했을까? 꽤 좌절스러울 테지만 어떤 면에서는 안도감도 느꼈을 것이다. 한나와 하인리히는 프랑스에서 언어를 배우고 친구를 사귀고 일을 하며 그들만의 삶을 창조하면서 이미 다시 시작한 경험이 있었다. 이제 다시 한번 같은 일을 할 때가 온 것이다.

1943년 1월 『메노라』 잡지에 실린 〈우리는 난민〉에서 한나는 미국에 도착한 지 1년 반 정도 지난 후 난민으로서의 경험을 글로 표현했다. 그 어조는 직설적이고 솔직하며, 반항적이고 좌절감이 묻어난다. 그녀는 희생자로 여겨지기를 원하지 않았으며, 자선에 의지하거나 난민이라는 호칭을 듣고 싶어 하지 않았다. 그 글에서 한나는 불안, 공포, 존재를 위한 투쟁, 그리고 "난민"이라는 익명성에서 벗어나 개인으로서 인정받고자 하는 투쟁을 묘사했다. 그녀는 존엄성과 독립된 삶을 꾸려나갈 권리를 위해 싸우며, 동시에 새로운 나라 미국과 난민이라는 새로운 정체성에서 느끼는 소외감도 묘사했다. 그 글은 일종의 선언문으로 시작한다.

> 우리는 '난민'이라고 불리는 것을 좋아하지 않는다. 우리끼리는 '새로운 사람들' 또는 '이민자'라고 부른다… 예전에는 난민이란 특정 행동을 저질렀거나 특정 정치적 신념을 가진 사람으로 인해 피난을 가야 했던 사람을 가리켰다. 글쎄, 우리가 피난처를 찾아야 했던 것은 사실이지만 우리는 어떤 행동도 저지르지 않았고 우리 대부분은 급진적인 정치 신념을 가지려 한 적도 없었다. 우리에게 '난민'이라는 단어의 의

미는 크게 변했다. 이제 '난민'은 새로운 나라에 아무런 수단 없이 도착해 난민위원회의 도움을 받아야 할 정도로 불운한 우리 같은 사람들을 가리키는 말이 되었다.

한나의 글에서는 난민으로서 겪는 무력감에 대한 좌절이 드러나 있다. 그녀는 다른 사람들에게 자신이 피해자, 도움이 필요한 사람, 연민의 대상으로 정의되는 것을 거부했지만 동시에 그것이 바로 그녀의 현실임을 이해했다. 부당한 박해로 인해 도망쳐야 했고 새로운 삶에서 길을 찾기 위해 타인의 도움이 필요한 사람이라는 것을 인정하지 않을 수 없었다. 그러나 그녀는 자신이 약하거나 다른 사람들에게 의지하는 사람으로 보이는 것에 대해 방어적인 자세를 취했다. 한나는 강인한 사람, 돌봄을 필요로 하는 사람이라기보다는 스스로 다른 사람들을 돌보는 데에 익숙했다.

1941년 7월, 한나는 매사추세츠주 윈체스터라는 작은 마을로 여행을 떠났다. 보스턴 북쪽 약 8마일 떨어진 조용하고 부유한 마을이었다. 하인리히와 마르타는 뉴욕에 남았다. 한나는 난민자립지원기관(Self-Help for Refugees) 덕분에 한 달 동안 미국 가정에서 생활하며 영어 실력을 향상할 수 있는 기회를 얻었다. 그녀는 숙식을 제공받는 대신 집안일을 돕기로 했다.

그녀는 하인리히에게 보낸 여러 장문의 편지에서 자신의 체류 경험을 묘사하며 복잡한 감정을 드러냈다. 7월 21일 자로 작성된 첫 번째 편지에서, 그녀는 호스트였던 기두츠 씨 부부가 그녀의 도착을 준비하며 영독 사전을 사고 그녀를 위해 침실을 꾸몄다고 적고 있다. 그들의 친절은 한나에게 깊은 인상을 남겼지만 동시에 그녀는 그들을 다소 우스꽝스러운 인물로 묘사할 수밖에 없었다.

그는 나와 잘 지내기 위해 최선을 다하고 있으며, 내가 자신보다 우월하다는 막연한 생각 속에 조롱당하지 않을까 두려워하는 전형적인 미국인의 마음을 품고 있어요. 또 유머 감각이 아주 뛰어납니다. 그의 아내는 내가 뭔가를 불쾌하게 받아들이거나, 혹여라도 그들이 나를 착취하려 한다고 생각할까 봐 전전긍긍하고 있어요. 이는 정말 코미디의 극치예요. 그들이 아무리 여기에 이의를 제기해도 난 그저 친구들과 지낼 때 하듯 그들과 지내며 돕고 있을 뿐입니다.

권력은 모든 인간관계에 있어 중요한 구실을 한다. 관계를 형성하고 유지하고 또는 끊는 힘을 가진 사람은 누구인가? 양쪽 모두인가? 아니면, 한쪽인가? 한나는 여전히 권력과 계층에 민감했고 무력감을 느끼는 것을 몹시 싫어했다. 아주 원시적인 수준에서 관계는 기본적으로 비대칭적이거나 대칭적으로 구분될 수 있다. 한나가 기두츠 부부와 나누는 관계는 본질적으로 비대칭적이었다. 대칭적 관계에서는 양쪽이 동등한 위치에 있으며 관계를 형성할 수 있는 힘이 동일하다. 반면에 비대칭적 관계에서는 힘의 불균형이 존재한다. 즉 A가 힘을 가지고 있다면, B는 어떤 식으로든 의존적 위치에 놓이게 된다. 그로 인해 B는 착취의 대상이 되거나 보살핌의 대상이 된다.

자존심 강한 한나에게 있어서 이런 식으로 대상화되는 것을 견딜 수 없는 일이었다. 그녀는 자기 삶을 통제하고 상황을 스스로 결정하고 싶어 했다. 하지만 그렇게 하려면 자신에게 피난처를 제공해준 나라의 언어, 문화, 사람들을 이해해야 한다는 사실도 잘 알고 있었다. 이후 편지에서 한나는 이렇게 썼다. "이 실험을 해보기로 한 게 정말 다행이라고 생각해요. 언어만이 아니라 이 나라에 대해 훨씬 더 많이 배우고 있거든요. 꼭 편안하다고 할 순 없지만요. 이곳의 신문과 라디오 방송들은 특히 전쟁에 대한 의견에 있어 완전히 왜곡된 정보를 제공하고 있습니다."

기두츠 부부는 둘 다 평화주의자였다. 한나는 특히 기두츠 부인이 "모든 전쟁에 반대하고 있으며, 이를 위해서라면 바리케이드에 오를 준비가 되어 있는 사람"이라고 묘사했다. 그녀는 또한 기두츠 부인이 "건강한 식단을 위해서라면 죽을 각오로 싸울 준비가 되어 있다".라고 말한다. 건강한 식단이란 다음과 같다. "1. 육류 금지, 2. 튀긴 지방 금지(담낭 보호 식단), 3. 야채 많이, 가급적 날것, 4. 흰 빵 금지." 다시 말해, 한나는 담배를 싫어하고 주말마다 새를 관찰하러 다니는 채식주의이며 평화주의자 부부와 함께 지내게 된 것이었다. 이것은 흡연 애호가이자 지난 몇 년 동안 배고픔에 시달리며 보냈으며 미국이 독일에 전쟁을 선포해야 한다고 생각했던 한나에게는 일종의 문화 충격이었다. 미국인 호스트들의 태도와 생활방식에 그녀는 당혹하면서도 이 모든 것을 과학적인 관점에서 바라보았고 하인리히에게 쓴 편지에서처럼, 새 나라와 사람들에 대해 많은 것을 배웠다.

한나와 하인리히가 처음 미국에 도착했을 때, 미국은 아직 유럽의 전쟁에 참전하지 않은 상태였다. 미국은 1930년대의 위기에서 여전히 회복하기 위해서 고군분투하고 있었다. 1929년 주식 시장 붕괴는 풍요롭고 자유로운 20년대, 즉 재즈 음악이 주류를 이루고 여성들이 숏커트를 즐기며 사람들이 영화관에 가서 라디오를 들을 수 있었던 10년의 시간에 종지부를 찍었다. 아이러니하게도, 광란의 20년대에는 미국 내에서 술에 대한 생산, 수입, 판매가 금지되었다. 물론 금주법에 아랑곳없이 지하 클럽이 번성하기 시작하면서 사람들은 술을 마시고 춤을 출 수 있었다. 제1차 세계대전의 고통 이후 사람들은 즐기기를 원했다. 그러나 그 자유분방한 태도는 결국 1920년대 말에 사라졌다.

주식 시장 붕괴 이후 경제 위기가 닥쳤고 당시 기술 발전은 노동자들을 점점 더 쓸모 없게 만들었다. 기계가 사람을 대체하기 시작하면서 실업률이 급증했고 그로 인해 구매력이 떨어졌다. 구매력이 감소하자 다양한 기업들이 제품을 팔기 어려워졌고 이에 따라 더 많은 직원을 해고할 수밖에 없었다.

1933년 프랭클린 D. 루스벨트 대통령은 실업률을 낮추고 위기에서 나라를 구하기 위해 뉴딜 정책으로 알려진 개혁 프로그램을 시작했다. 이 정책은 산업과 농업에 대한 지원을 제공하고 공공 부문에 투자하며 도로를 건설함으로써 사람들을 다시 일할 수 있게 했고 그들의 소비력을 증가시켜 소비자가 될 수 있도록 했다. 이 프로그램이 시작되었을 당시 1,500만 명의 미국인이 실업 상태에 있었다. 1937년에는 이 수치가 700만 명으로 줄었고 1941년에는 더 낮아졌다. 한나의 호스트였던 매사추세츠의 기두츠 가족 또한 경제 붕괴로 인해 심각한 타격을 받은 수백만 명의 평범한 미국인 중 하나였다. 7월 28일, 한나는 하인리히에게 다음과 같은 내용을 편지에 적었다.

　　목요일 저녁, 부인은 그녀의 남편이 무려 11년 동안 실업 상태라서 거의 미칠 지경이었다고 말했습니다. 그들이 그동안 그녀의 수입으로 생계를 유지하고 자동차를 사고 집에 대한 대출금도 모두 갚을 수 있을 만큼 충분했는데도 말입니다. 굶주림에 처하지 않았더라도 실업의 영향은 우리가 알고 있는 것과 똑같았어요. 그는 식음을 전폐했고 이와 비슷한 행동들을 여럿 보였어요. 그녀는 종종 집을 떠나고 싶은 충동을 느꼈다고 해요. 아이를 가질 수도 없었고 그것이야말로 정말 큰 상처였습니다. 그는 여러 가지에 평균 이상의 관심을 갖고 있었지만 몇 년 동안 그저 잠만 잤습니다.

직장을 잃고 삶의 기반을 잃는 것은 매우 우울한 경험이다. 사람이 자신의 기반을 잃게 되면, 그 존재의 근간도 함께 잃게 된다. "이곳의 수십만 가정이 같은 일을 겪었어요. 이 나라를 이해하려면 실업과 실직이라는 요소를 항상 염두에 둬야 하죠." 그녀는 계속해서 말했다. 한나가 윈체스터에 도착했을 때, 마침내 기두츠 씨는 직장을 찾았지만 그의 고용 조건은 매우 불안정해서 하루아침에 일자리를 잃을 수도 있었다.

이 사실을 알게 된 후, 한나는 기두츠 부부에 대해 조금은 냉소적이었던 마음이 다소 누그러졌던 것 같다. "나는 이 이야기에 깊은 인상을 받았어요. 특히 상황이 조금 나아지자마자 그녀가 곧바로 난민을 돕기 시작했다는 사실이요. 뭔가 해야 한다고 느낀 거죠. 정말 대단하지 않나요?"

기두츠 부인이 자신과 남편의 불리한 상황을 밝히자, 한나와의 관계는 즉시 더 평등한 위치에 놓이게 되었다. 권력의 불균형이 줄어든 것이다. 그들 모두는 저마다 통제할 수 없는 상황의 희생자였고 각자 자신의 입지를 되찾고 운명을 개척하며 자존심을 회복하기 위해 애쓰고 있었다.

열다섯

낯선 곳에서 온 처녀

한나는 미국에서 새로운 삶을 개척하기 위해 싸웠지만 남겨두고 떠나야만 했던 삶에 대해 그리워했다. 그녀는 항상 향수병에 괴로워했다. 고향에 대한 그리움은 미국을 사랑하게 되었음에도 결코 줄어들지 않았다. 하지만 정확히 그녀가 그리워한 것은 무엇이었을까? 카를 야스퍼스와의 대화에서 한나는 자신이 독일인이 아니라고 주장했다. 그는 그녀를 바로잡으며 당연히 그녀는 독일인이라고 했지만 한나는 훗날 귄터 가우스에게 이렇게 말했다. "저는… 저를 독일 사람이라고 여긴 적이 없습니다. 시민이라는 의미가 아니라, 국민에 속한다는 의미에서 말이죠." 그녀는 자신을 마치 프리드리히 폰 쉴러의 '낯선 곳에서 온 소녀'[1]처럼 느꼈다. 하인리히도 그녀를 '낯선 곳에서 온 소녀'라고 불렀다.

---

1 '낯선 곳에서 온 소녀(Mädchen aus der Fremde)'는 프리드리히 폰 쉴러가 쓴 시의 한 글귀이다. 시적 화자가 만나는 이 소녀는 이방인이면서도 아름답고 순수한 존재로서 고향을 떠나온 것 같은 인물이다. 이 시에서 시인은 이방인으로서 낯선 땅에서 살아가는 이들의 고독함을 은유적으로 표현하고 있다.

그럼에도 불구하고 한나는 평생 고향으로 돌아가기를 갈망했다. 어쩌면 한나가 그리워한 것은 그녀가 자라서 어른이 된 유럽의 특정 장소가 아니라 어떤 시대나 상태가 아니었을까? 가우스와의 인터뷰에서 한나는 유럽과 언어, 즉 모국어로서의 독일어와의 관계에 관하여 이야기했다. "독일어는 남아 있는 본질적인 것입니다." 그녀는 그에게 말했다. 언어로 둘러싸여 있다는 것은 곧 집에 있다는 뜻이다. 언어는 연속성을 의미하며, 독일어는 한나에게 있어 고향과 같았다. 결국 1964년 인터뷰에서 그녀는 말했다. "미쳐버린 건 독일어가 아니었어요." 조국을 잃었을지언정, 한나에게 독일어는 죽을 때까지 그녀의 집이었다.

시인이자 노벨상 수상자인 넬리 작스(Nelly Sachs)는, 한나와 마찬가지로 목숨을 구하기 위해 고국을 떠나야 했던 사람으로서, 시 〈누군가 온다*Someone Comes*〉에서 다음과 같이 썼다. "이방인은 고아처럼 늘 고향을 품에 간직하고 떠도네. 끝끝내 찾는 것은 무덤뿐일지니." 제2차 세계 대전이 끝날 무렵, 넬리 작스가 이 구절을 썼을 때, 그녀의 조국은 더 이상 존재하지 않았다. 1944년 이후, 두 사람 모두 유럽에 고향이 없었다. 당시 한나는 미국에, 넬리는 1940년에 피신한 스웨덴에 살고 있었다.

유대인들은 독일에서 추방당했다. 헤아릴 수 없는 숫자의 사람들이 학살되었다. 1946년에 한나는 더 이상 존재하지 않는 고향에 대한 슬픔과 그리움에 대해 다음과 같이 썼다.

슬픔은 가슴 속에서 빛나는 한 줄기 빛과 같고

어둠은 우리의 밤을 헤매는 한 줄기 불빛이다.

우리는 단지 작고 애처로운 불꽃 하나를 밝혀,

긴 밤을 지나, 그림자처럼 고향을 찾아가는 길을 찾는다.

숲, 도시, 거리, 나무는 빛으로 가득하다.

행운인 자여, 집이 없는 자여, 그는 여전히 꿈속에서 고향을 본다.

어쩌면 한나는 이 구절에서 프리드리히 니체의 시를 참고했을지도 모른다. 니체는 철학적 저술뿐만 아니라 한나처럼 시도 썼다. 그의 가장 유명한 시 중 하나인 〈고독Vereinsamt〉에는 "집이 있는 사람은 행복하다"와 "집이 없는 사람은 불행하다"라는 구절이 있다. 니체는 한나 아렌트와 넬리 작스가 공감했던 고향에 대한 애틋함과 조국에 대한 사랑을 표현했다.

그러나 고향이란 무엇일까? 고향은 익숙한 장소, 편안함을 느끼는 곳, 친구들과 함께하는 장소, 안전함을 느끼는 장소다. 한나와 넬리 작스는 이 모든 것을 빼앗겼다. 그들이 자신들의 것이라 여겼던 장소는 실제로는 존재하지 않았다. "행운인 자여, 집이 없는 자여, 그는 여전히 꿈속에서 고향을 본다."라고 한나는 썼다. 넬리 작스의 경우, 자신이 품고 있는 고향이라는 짐을 놓을 무덤을 늘 찾고 있었다.

한나는 동프로이센의 도시 쾨니히스베르크에서 자랐고 전쟁이 끝난 후 이 도시는 소련에 합병되어 칼리닌그라드라는 이름으로 불리게 되었다. 그러나 그녀의 가족이 이 도시에 뿌리를 내린 것은 몇 세대 되지 않았다. 이는 한나의 가족사에만 해당하는 이야기가 아니다. 제2차 세계 대전의 여파로 미국에 도착한 많은 유대인 난민들은 여러 나라를 떠돌았고 고향이라 부를 장소가 없었다. 사실 한나가 윈체스터에서 하인리히에게 보낸 편지에서 언급했듯이, 많은 미국인들 또한 그러했다. 그들의 조국과의 관계는 오랜 역사를 지니지 않았고 그들은 자신의 뿌리에 대해서 크게 집착했다. "여기 미국에서 3대를 살았음에도 그들은 여전히 그들 조상과 같습니다. 예를 들어, 집주인이 저에게 말하길, 얼마 전에 스웨덴 사람이 그녀의 사무실에 들어왔는데 그의 부모님이 여기에서 태어났다고 말하더군요. 다시 말해서, 미국에서 태어나고 자랐는데도, 그 남자는 여전히 자신을 스웨덴 사람으로 생각하고 있는 것입니다."

열여섯

전쟁의 종식

한나는 미국 언론이 유럽의 전쟁 상황을 부정확하게 묘사하고 있다는 사실에 화가 났다. 그녀는 하인리히에게 보낸 편지에서 "기본적으로 누구도 전쟁을 원하지 않으며, 아무도 전쟁이 무엇에 관한 것인지 이해하지 못하고 있습니다."라고 썼다. 대공황에서 막 벗어난 미국 국민은 유럽에서 벌어지고 있는 또 다른 전쟁에 휘말리는 것을 그다지 반기지 않았다.

그러나 이러한 태도는 오래가지 않았다. 1941년 12월 7일, 한나가 윈체스터의 기두츠 가족과 헤어지고 뉴욕으로 돌아와 하인리히와 마르타와 재회한 지 몇 달이 지났을 무렵 모든 것이 바뀌었다. 그날 아침, 일본 해군 항공대가 하와이 오아후 섬의 진주만에 위치한 미국 해군 기지를 기습 공격했다. 353대의 일본 폭격기가 기지를 강타하여 여러 척의 함선을 침몰시키고 188대의 미국 항공기를 파괴했다. 2,402명이 사망하고 1,282명이 부상을 입었다.

이 공격은 미국인들에게 큰 충격을 주었고 전쟁에 개입하지 않으려는 고립주의 전략에 대한 지지는 순식간에 철회되었다. 진주만 공격 다음 날, 미국은 일본에 선전포고하며 전쟁에 발을 들였다. 미국 해군 기지에 대한 일본의 공격은 아무런 경고 없이 국제법과 관례를 모두 위반하며 수행된 이른바 기습 공격이었다. 루스벨트 대통령은 연설에서 12월 7일을 "치욕스러운 날"로 묘사했다.

진주만 공격의 배경에는 미국이 영국, 네덜란드와 함께 일본의 동남아시아 확장을 저지하기 위해서 실행한 일본에 대한 자산 동결이 있었다. 당시 일본은 중국과 전쟁을 벌이고 있었고 미국은 중국을 지원하기 위해 일본의 확장을 막으려 했다. 기습 공격 당시 일본은 미국과 협상 중이었는데, 미국은 일본에게 중국에서 철수하고 1940년 9월에 독일, 이탈리아, 일본이 체결한 3국 동맹에서 탈퇴할 것을 요구하고 있었다. 일본은 이러한 조건을 받아들이지 않았고 대신 미국의 태평양 함대를 공격함으로써 평화 협상으로 이끌기를 기대했다.

3국 동맹의 한 축이었던 일본에 대한 선전포고는 사실상 독일과 이탈리아를 비롯한 다른 동맹국들(헝가리, 루마니아, 슬로바키아, 불가리아, 유고슬라비아, 크로아티아)에게도 선전포고를 의미했다. 3국과 그 외 동맹국들은 외세의 공격을 받을 경우, 상호 지원을 약속했기 때문에, 이들 국가는 일본을 방어하기 위해 신속히 전쟁에 뛰어들었다. 루스벨트의 선전포고 후 사흘 만에 히틀러는 독일이 일본과 함께 싸울 것이라고 발표했다.

아이러니하게도, 미국의 전쟁 참전은 경제적 위기를 해결하는 계기가 되었다. 전쟁에 나가는 남성들 대신 여성들이 노동력에 참여했고 항공기와 전차의 수요 증가 덕분에 경제는 크게 활성화되었다. 심지어 엔터테인먼트 산업도 영향을 받았다. 미키 마우스와 슈퍼맨이 영입되었고 앤드류스 시스터즈는 스윙과 부기우기로 미군을 즐겁게 했으며, 마릴린 먼로는 이 시기에 큰 돌파구를 마련했다.

당시 19세였던 먼로는 노마 진이라는 이름으로 불리었는데, 1944년 그녀가 일하던 탄약 공장을 방문한 사진작가에 의해서 발굴되었다. 거의 옷을 입지 않은 채로 웃고 있는 그녀의 모습은 군인들 사이에서 큰 인기를 끌었고 군인들은 그녀의 사진을 병영과 방에 붙였다. 마릴린과 같은 매력적인 여성들의 모습은 종종 폭격기 기체의 '노즈 아트 걸(nose art girls)'로도 그려졌다. 짧은 치마, 낮은 상의, 도발적인 춤과 외설적인 노랫말 등은 모두 전쟁 중인 젊은이들에게 위안을 주기 위한 것이었다. 당시 사회는 이러한 불순함을 허용했으며, 사기를 높이기 위해서 일정 부분 필요하다고 보았다. 하지만 전쟁 시기의 개방적인 태도는 일시적이었고 전쟁 후 1950년대의 보수적인 가족 가치관은 1940년대의 상대적 자유로움과는 완전히 대조적이었다.

전쟁이 계속되는 상황 속에서 한나와 하인리히는 일자리와 수입, 그리고 삶의 기반을 찾기 위해 계속해서 고군분투했다. 하인리히보다 영어를 쉽게 익힌 한나는 스스로 기반을 다지는 데 성공했다. 그녀는 뉴욕의 시온주의자들 모임으로 향했고 그곳에서 만난 인맥을 통해 독일어 저널 『아우프바우*Aufbau*』에 칼럼을 쓰는 일자리를 구했다. 이 저널은 독일어를 사용하는 전 세계의 난민들에게 배포되었다.

당시 뉴욕의 지식인들 사이에서 독일어로 글을 쓰는 것은 전혀 논란이 되지 않았다. 영향력 있는 정치 철학자 레오 스트라우스(Leo Strauss)는, 예를 들어 유대인은 누구도 독일과 관련된 일을 하지 말아야 한다고 주장했다. 그는 주변의 학자와 작가들처럼 독일과 관련된 모든 것을, 독일의 철학, 문학, 음악, 예술, 심지어 그 언어까지도 보이콧해야 한다고 주장했다. 한나는 당시나 그 이후에도 집단적 죄책감이라는 개념을 믿지 않았고 무엇보다 언어를 통해 독일과의 관계를 계속 유지했다.

하인리히는 세상이 놓인 현실에 대한 비탄, 또 그것을 개선하는데 자신이 어떤 기여도 할 수 없다는 무력감 때문에 깊은 우울감을 겪었다. 때로는 거의 무기력증에 빠질 지경에 이르렀다. 그는 영어도 쉽지 않고 정식 교육도 없었기에 유럽에서 하던 지적 작업으로 생계를 유지할 수 없었다. 요컨대 미국에서 그는 아무것도 아니었다.

이런 상황에서 마르타는 딸이 결혼한 남자가 아무런 쓸모도 없는 사람이라고 더욱 확신하게 되었다. 그들이 함께 지내던 뉴욕의 좁은 아파트의 분위기가 어땠을지 상상하기란 그리 어렵지 않다.

전 세계적으로 전쟁이 벌어지고 남겨두고 온 친구와 가족들이 계속 위험에 처해 있는 동안, 세 사람은 새로운 나라에서 자리잡고 새로운 언어와 문화를 이해하려 애쓰고 있었다.

67세에 미국에 도착한 마르타는 집안일을 돌보며 작은 가족을 위해 요리를 했다. 자금도 부족했고 개인 주방도 없는 상황에서 이는 결코 사소한 일이 아니었다. 그들이 살던 건물에서는 세입자들이 부엌과 욕실을 공동으로 사용했다. 마르타는 고립감을 느꼈고 영어를 배우기 위해 노력했지만 전쟁 동안에 생긴 불안은 쉽게 사그라들지 않았다.

그러다가 마침내 전쟁이 끝났다. 1945년 5월 8일, 독일이 항복하고 히틀러가 죽었다는 소식이 한나와 하인리히에게 전해졌다.

황폐해진 유럽이 전쟁의 종식을 축하했다. 파리, 런던, 암스테르담의 사람들은 폭격으로 파괴된 건물을 배경으로 거리에 나와 춤을 추었다. 전쟁으로 인해 약 8천만 명이 사망했고 약 6백만 명의 유대인이 학살되었다. 수백만 명이 모든 것을 잃었으며, 물질적, 경제적 파괴도 엄청났다. 유럽의 산업체들은 폭격을 받고 파괴되었다. 그럼에도 사람들은 전쟁이 끝난 것에 기뻐했다.

미국에서도 축제 분위기였다. 해리 S. 트루먼 대통령은 5월 8일 이날을 같은 해 4월 12일에 세상을 떠난 전임 대통령 프랭클린 D. 루스벨트를 기리며 그에게 헌정했다. 한나와 하인리히는 코네티컷에서 친한 친구들과 함께 머물고 있었는데, 소식을 접했을 때 샴페

인으로 건배하며 유럽에 남아 있는 사람들과 다시 연락이 닿기를
간절히 바랐다. 얼마 지나지 않아 그들은 프랑스에서 편지를 받기
시작했고 한나는 큰 기쁨 속에서 자신의 오랜 친구 중 한 명인 안네
멘델존 바일이 살아있다는 소식을 들었다. 안네는 전쟁 동안 프랑
스 레지스탕스와 함께 활동했고 그녀의 남편 에릭은 독일의 여러
포로수용소를 전전하고 있었다. 두 사람 모두 생존했다.

1945년 9월, 한나는 또 하나의 기쁨을 가져다주는 편지를 받았
다. 1933년 그녀가 독일에서 탈출한 후 연락이 끊겼던 카를 야스
퍼스가 미군을 통해 편지를 보내온 것이다. 한나에게 있어 이 편
지는 그녀의 과거, 그녀의 삶과 나라, 즉 독일과의 연결고리가 되
었다.

열일곱

권리를 가질 권리

한나는 독일을 탈출한 지 18년이 지나서야 미국 시민이 되었다. 1951년에 이르러서야 그녀는 자신이 속할 수 있는 사람들과 자신을 보호해 줄 국가를 찾았다. 한나의 정치 철학은 국적을 잃고 무국적자로 살아가던 시절, 즉 시민권이 제공하는 권리가 없는 상태에서 형성되었다. 그래서 그녀가 보편적 인권에 대해 공개적으로 회의적인 시각을 보였다는 점은 놀라운 일이다. 『전체주의의 기원』에서 그녀는 비판적인 입장에서 접근한다.

> 우리는 권리를 가질 권리가 존재한다는 사실과(즉, 자신의 행동과 의견으로 평가받을 수 있는 체계 속에서 살 권리) 어떤 형태의 조직된 공동체에 속할 권리가 존재한다는 사실을, 수백만 명의 사람들이 이 권리를 상실하고 새로운 세계적 정치 상황 때문에 이를 되찾을 수 없게 되었을 때가 되어서야 비로소 깨닫게 되었다… 이 상실에 대응하는 권리는, 인권의 범주에서는 아예 언급조차 되지 않았으며, 18세기의 권

리 개념으로는 표현할 수 없다. 왜냐하면 18세기 인권 개념은 권리가 인간의 "본성"에서 직접적으로 비롯된다고 가정하기 때문이다… 권리를 가질 권리, 또는 모든 개인이 인류에 속할 권리는 인류 자체가 보장해야 한다.

이 구절에서 한나는 인권이 마치 어떤 본질적인 인간 본성에서 자연스럽게 나오는 것으로 여겨졌던 역사적 논의를 지적하고 있다. 그녀가 문제 삼는 부분은 이런 접근이 사람을 그저 실체, 단순한 사물처럼 취급한다는 사실이다. 그것은 인간에 대한 충분한 정의를 제공하지 못한다. 한나의 관점에서, 인간은 스스로에게 의문을 제기할 수 있는 존재, 즉 의식적인 존재이며, 우리가 권리를 가질 권리를 주장할 수 있는 것은 오직 이러한 특질에 기반할 때다. 인권은 1688년 명예혁명 이후 주장된 대헌장과 같은 역사나 계몽주의 철학자들이 주장했던 자연에 의해 보장되지도 않는다. 한나는 오직 인류만이 다른 사람에게 인권을 보장할 수 있다고 주장한다.

또한 한나는 오랫동안 논의되어 온 '인간 존엄성' 개념에 대해 언급한다. 인간에게 그 가치를 부여하는 것은 정확히 무엇일까? '인간 존엄성'이라는 용어는 흔히 개개인은 본래적인 가치를 지니고 있으며, 단지 사람이라는 이유로 이 가치가 부여된다고 주장하는 데 사용된다. 모든 사람이 동일한 가치를 지니기 때문에 모두가 평등하다는 신념이 인권을 보장해 주며, 이러한 인권은 인간 존엄성의 원칙에서 직접적으로 나온다는 것이다.

서구 역사에서 인간 존엄성은 종종 종교적 믿음이나 특정 자격으로 정당화되었다. 신학적 논리에 기반을 둔 인간 존엄성 주장은 이마고 데이(Imago Dei), 즉 신의 형상이라는 개념을 중심으로 전개된다. 이것은 인간이 신의 형상으로 창조되었기 때문에 무한하고 침해될 수 없는 가치를 지닌다고 보는 관점이다. 그러나 한나는 신을 믿지 않았기 때문에 플라톤과 아리스토텔레스 전통을 따라 인간 존엄성을 인간의 특질과 관련해서 이해했다.

1486년, 조반니 피코 델라 미란돌라는 『인간 존엄에 관한 연설 *Oratorio de dignitate hominis*』에서 인간의 고유한 가치와 권리를 주장했다. 그는 인간의 본성과 특질에서 그 가치를 찾아, 인간은 자유롭고 책임감 있는 존재이기 때문에 특정 권리를 갖는다고 설명했다. 하지만 한나가 지적하듯이, 불행하게도 인간이 특별한 권리를 가지고 있다는 생각만으로는 사람들이 서로에게 잔인하게 행동하는 것을 막지 못한다. 인간의 권리는 형이상학이나 이념과 같은 것이 아니며, 인간 존엄성은 혈육을 지닌 다른 인간들에 의해 구체적인 행동을 통해 실현되어야 한다는 것이다.

실제로 우리가 행동을 통해 인간 존엄성을 실현하지 않는다면, 인간 존엄성은 존재하지 않는 거나 다름없다. 한나는 이를 이해했고 오직 인간만이 인간 존엄성과 그에 따른 권리를 보장할 수 있다고 주장했다. 하지만 한나는 이 명제에 내재된 문제점도 함께 지적

했다. 인류가 민주주의 정신에 따라 한 민족 전체를 말살하는 결정을 내릴 수도 있다는 것이다. 다른 사람들의 선의나 선함에 의존하는 접근 방식은 이토록 위험하다.

전체적으로 한나가 무국적 상태에 놓인 사람의 상황과 관련하여 "권리를 가질 권리"로 표현하고 있는데, 이는 결코 기뻐할 만한 일이 아니다. 현대 터키계 미국인 철학자 세일라 벤하비브가 쓴 것처럼 "권리를 가질 권리"는 무국적자, 난민, 망명 신청자, 이주민의 곤경을 아주 잘 포착한 문구로 알려져 있다. 이때의 곤경이란 구체적으로 "자신의 행동과 의견으로 평가받을 수 있는 틀에서 밀려난 사람"의 처지를 의미한다. 한 개인의 권리가 보장되기 위해서는 그가 소속감을 느낄 수 있는 맥락, 즉 국가, 주권, 시민권이 필요하다. 그런데 결국 아무도 그 권리를 지켜줄 의무가 없다면, 그 권리가 무슨 의미가 있을까? 만약 모든 사람, 전 세계가 그 권리를 지킬 책임을 동등하게 지닌다면, 실제로는 아무도 그 권리를 수호할 부담을 짊어지지 않을 위험이 있다. 유엔은 1948년에 모든 인간의 권리를 인정하고 보호하는 보편적 도덕을 만들고자 세계인권선언을 발표했다. 하지만 한나는 이러한 움직임을 강도 높게 비판했으며, 보편적 인권과 시민권에 기반한 특정 권리는 서로 복잡하고 모순적인 관계에 놓여 있다고 주장했다.

그녀는 『전체주의의 기원』에서 권리와 국가의 관계에 대해 다음과 같이 썼다.

결국에 인권은 모든 정부로부터 독립적인 권리로 간주되기 때문에 "양도할 수 없다"고 정의되었다. 그러나 한 개인이 자신의 정부가 없어지고 최소한의 권리에만 의존해야 하는 상황이 오면, 그 권리를 보호해 줄 권위도 없으며, 어떤 기관도 그것을 보장하려 하지 않는다.

1930년대와 40년대에 유대인들이 강제로 권리를 박탈당한 상황을 겪으며, 한나는 인권은 국가의 틀 안에서만 실질적으로 실현될 수 있다는 것을 깨달았다. 시민권을 박탈당한 사람은 필연적으로 법의 보호 밖으로 내몰리며, 국가의 보호가 절실히 필요한 무국적자와 난민은 그들의 권리를 보장받지 못한다. 반면에 시민권을 통해 국가에 공식적으로 속하는 이들은 기본적인 권리가 부정당할 위험이 없다. "모든 인간은 존엄성과 권리에 있어서 태어날 때부터 자유롭고 평등하다."라는 이상과, 제한된 정치적 공동체 내에서만 평등을 실현할 수 있다는 현실 사이에는 분명 긴장이 존재한다. 한나가 말한 것처럼 사람은 자신의 행동과 의견에 따라 평가받을 수 있는 맥락에서 평등을 실현할 수 있다. 한나는 에세이 〈권리를 가질 권리The Right to Have Rights〉에서 시민권이 인권을 보장하는 열쇠가 된다고 말했다.

한나는 전쟁이 끝난 지 불과 4년 뒤인 1949년, 지속적인 난민 위기 속에서 '권리를 가질 권리'를 썼다. 그녀는 "세계는 추상적인 존재로서의 인간을 신성하게 여기지 않았다."라고 단호하게 결론지었다. 이 에세이에서 그녀는 지금까지 인권이 시민의 권리라는 형태로만 실현되었다고 주장한다. 자신의 권리를 주장하려면 그 요구를 받아줄 국가가 있어야 하며, 따라서 "권리를 가질 권리"는 시민권을 가질 권리로 재정의되어야 한다.

한나는 국가 자체에 내재한 이기주의 속성 때문에 사람들이 추상적인 국제기구보다는 자국 정부에 의존할 때 권리가 더 잘 보호될 가능성이 크다고 주장했다. 정부의 의심스러운 자질과 실패에도 불구하고 국가만이 실제로 시민들의 권리를 지킬 수 있는 포괄적이고 헌법적인 보호를 제공할 수 있다.

유엔 인권협약으로 이어진 운동의 기본 원칙은 인종, 성별, 종교, 국적에 상관없이 모든 인류가 공통된 본성과 필요, 그리고 열망을 가진다는 생각에 기반을 두었다. 한나는 난민들과 강제 수용소 생존자들을 보면서, "추상적인 존재로서의 인간"이야말로 오히려 가장 큰 위협이라는 사실을 알 수 있다고 주장했다.

홀로코스트는 우리가 인간으로 간주되는 것만으로는 잔학 행위로부터 보호받기에 충분하지 않다는 현실을 일깨워 주었다. 오직 시민권만이 우리의 인간성을 보장할 수 있다.

열여덟

홀로코스트

"결정적인 것은 1933년이 아니었어요, 적어도 나에게는요. 결정적인 것은 우리가 아우슈비츠에 대해 알게 된 날이었어요." 한나는 1964년 귄터 가우스와의 인터뷰에서 이렇게 말했다.

1942년 늦가을, 유대인을 말살하기 위해 지어진 수용소에 대한 끔찍한 보도가 미국 언론에 보도되기 시작했다. 한나와 남편 하인리히는 처음에는 그 소식을 믿기 어려워했다. 한나는 "처음에는 믿기 어려웠어요. 군사적으로 불필요하고 지나친 일이었으니까요." 라고 말했다.

특히 하인리히는 회의적이었다. "왜 죽음의 수용소를 만들었을까? 독일인들이 무엇을 얻으려 했을까?" 그는 한나에게 "순진하게 받아들이지 마. 너무 과장된 이야기야. 그런 짓까지 하진 않았을 거야."라고 말했지만 불과 여섯 달 후, 두 사람은 나치가 상상조차 할 수 없는 끔찍한 만행을 저질렀다는 사실을 받아들일 수밖에 없었다.

한나가 기고하던 저널 『아우프바우』는 나치 강제 수용소에서 벌어진 이해할 수 없는 잔혹 행위를 가장 먼저 보도한 출판물 중 하나였다. 1942년 12월 18일, 아우프바우는 귀르 수용소에서 강제 수용소로 이송된 사람들의 이름을 페이지마다 실었고 그 이름들 대부분은 사형당했을 가능성이 컸다. 한나의 이름도 그 목록에 올랐을 수 있었지만 그녀는 운 좋게도 탈출에 성공한 소수 중 한 사람이었다. 한나는 조금씩 나치가 "유대인 문제"를 완전히 해결하려 했음을 깨닫기 시작했다.

홀로코스트는 "완전히 다른 어떤 것"이며 "일어나서는 안 될 일"이었다고 한나는 표현했다. 1943년 그녀가 처음으로 아우슈비츠에 대해 알게 되었을 때만 해도 그곳에서 벌어진 만행은 일부 사람들에게만 알려졌었다. 이후 한나는 아우슈비츠를 "산업"이라고 묘사하며, 인간의 시신을 양산해 내는 장소라고 말했다. 가스실과 인접한 화장터는 한번에 수천 명의 사람을 살해할 수 있었다.

우리 대부분은 지금 그곳에서 실제로 어떤 일이 벌어졌는지 알고 있다. 처음에 수용자들은 샤워와 소독을 위해 들어가라는 지시를 받아 탈의실로 안내되었다. 그들은 옷을 벗고 큰 샤워실처럼 보이는 방으로 안내되었지만 사실 그곳은 가스실이었다.

처음에는 살충용으로 개발된 치클론B 가스가 천장에서 방출되었고 샤워실로 위장된 가스실 안의 사람들은 질식사했다. 시신들은 다른 수감자들에 의해 끌려 나와 엘리베이터로 운반되어 지상

층의 화장터로 옮겨졌다. 이 모든 과정은 매우 효율적으로 이루어졌으며, 이렇게 극악무도한 살인 기계의 설계자는 제국의 보안 서비스 책임자인 라인하르트 하이드리히라는 사람이었다. 1941년 7월 31일, 독일군 총사령관인 헤르만 괴링은 나치 친위대에 "유대인 문제의 최종 해결책"을 준비하라는 서면 명령을 내렸고 이 작전을 조직하는 총책임을 하이드리히가 맡게 되었다. 이후 유대인을 나치가 지배하는 유럽에서 제거하기 위한 대규모 전략이 추진되었으며, 최종 해결책은 유대 민족의 완전한 신체적 말살을 목표로 한 집단 학살이었다.

하이드리히는 수년간 유대인 말살 계획을 수립해 왔으며 여러 방안을 고려했다. 초기에는 모든 유대인을 프랑스 식민지 마다가스카르로 강제 이주시키는 "마다가스카르 계획"이 있었다. 그러나 독일과 영국 사이의 해상 전쟁 등 여러 실질적 문제로 인해 이 계획은 실행되지 않았다. 시베리아로의 추방도 검토되었지만 하이드리히는 결국 가장 "깔끔하고 비용 측면에서 효율적인" 해결책이 처형이라는 결론에 도달했다.

그러나 실질적으로 그렇게 많은 사람을 처형하는 것은 예상보다 어려웠다. 1939년 당시 유럽에는 900만 명이 넘는 유대인이 살고 있었다. 폴란드에는 330만 명, 러시아에는 320만 명, 독일에는 25만 명, 프랑스에는 약 35만 명의 유대인이 있었고 그 외에 벨기에, 네덜란드, 그리스, 노르웨이, 덴마크에도 많은 유대인들이 거주하고 있었다.

수십만 명을 총살하려면 너무 오랜 시간이 걸리고 탄약도 엄청 많이 소모된다. 하이드리히는 또한 수많은 남녀노소를 살해해야 하는 병사들이 겪을 심리적 여파에 대해서도 우려했다. 과거 경험을 통해서 그들은 많은 사람이 체계적으로 타인을 처형하는 경험을 하게 되면 심한 불안이나 정신적 붕괴를 겪는다는 것을 알고 있었다. 결국 하이드리히는 총살 이외에 유대인을 학살할 수 있는 다른 방법을 찾아야 했다. 나치는 이른바 'T4 작전(Aktion T4) 프로그램'을 통해 정신 질환자와 장애인들을 안락사 시설에서 가스로 살해한 전력이 있었다.

나치가 장애인을 대상으로 "무가치한 생명"으로 여기며 자행한 체계적 처형은 1939년에 시작되었다. 초기에는 치명적인 독극물 주사를 통해 이루어졌다. 그러나 이 방법은 시간이 다소 많이 걸리고 비효율적이라고 판단되었다. 국가 형사 경찰의 한 전문가의 조언에 따라 독일군은 대체 처형 방법을 시도하기로 했다. 해당 전문가는 일산화탄소 중독을 제안했고 이는 매우 효과적이라는 것이 입증되었다. 하이드리히는 자신의 '최종 해결책'을 계획하면서 이 사례를 참고했다.

1942년 1월, 하이드리히는 자신의 제안을 발표할 준비가 되자, 베를린 교외의 반제(Wannsee)에서 회의를 소집했다. 나치 친위대가 소유한 별장에서 진행된 90분간의 회의에는 15명이 참석했다.

하이드리히가 회의를 주도했고 나치 친위대의 상급 장교인 아돌프 아이히만이 회의록을 작성했다. 아이히만이 준비한 유럽 내 유대인 인구 목록이 소개되었고 하이드리히는 유대인을 말살하기 위한 계획을 소개했다. 유대인들은 동쪽으로 보내져 조지아와 우크라이나의 대규모 도로 건설 같은 고된 육체노동에 배정될 예정이었다. 그는 많은 유대인이 탈진으로 사망할 거라고 예상했다. 직설적으로, 그들은 일하다 스스로 죽게 될 신분이었다. 육체노동에 적합하지 않은 유대인들은 강제 수용소로 보내져 살해당할 예정이었다.

하이드리히는 약 한 시간 동안 발언했고 이어서 30분간의 질문과 논의가 이어졌다. 회의 막바지에는 다양한 처형 방법에 관한 토론이 있었다. 아이히만과 나치 친위대 그룹의 하인리히 뮐러는 안락사 프로그램에서 사용되었던 가스 사용의 장점을 설명했다. 1961년 예루살렘에서 재판받을 당시 아이히만의 증언에 따르면, 하이드리히는 회의가 끝나고 별장의 벽난로 앞에서 휴식을 취하며 매우 만족해했다.

1933년, 나치 독일에서 '동조화(글라이히샬퉁)'와 반유대주의 법률과 선전 및 차별로 시작된 비인간화 과정은 결국 소비보르(Sobibór), 트레블링카(Treblinka), 벨제츠(Belzec), 켈모노(Chelmno), 마이다네크(Majdanek), 아우슈비츠-비르케나우(Auschwitz-Birkenau)와 같은 강제 수용소에서 끝을 맺었다. 유럽의 유대인은 더 이상 인간으로 간주되지 않았고 권리와 존엄을 박탈당했다. 대신 그들은 마치 채소밭의 잡초처럼 처리해야 할 문제로 여겨졌고 근절의 대상이 되었다.

폴란드의 도시 루블린에서 몇 킬로미터 떨어진 마이다네크는 첫 번째로 해방된 강제 수용소였다. 1942년에서 1944년 사이 약 15만 명의 포로가 이곳에 수감되었고 그중 약 78,000명이 처형되거나 굶주림, 혹은 발진티푸스로 사망했다. 1944년 7월, 살아남은 포로들은 소련군에 의해 해방되었다. 1945년 1월 27일, 소련군은 크라쿠프 근처의 아우슈비츠-비르케나우에 도달했다. 소련군은 독일군의 강력한 저항을 예상했지만 독일군은 이미 철수한 상태였다. 독일군은 철수하기 전에 가스실과 화장터를 폭파했다. 방대한 문서 기록을 파괴하고 약 60,000명의 수감자가 독일 내 수용소로 향하는 죽음의 행진에 강제로 끌려갔다.

독일군이 태우지 못한 시신 수백 구가 수용소에 남겨졌으며, 너무 아프거나 약해서 떠날 수 없었던 약 7,000명의 수감자도 수용소에 남겨졌다. 아우슈비츠 해방 당시 촬영된 이미지들을 본 사람은 그 기억을 결코 잊을 수 없다. 철조망 뒤에서 너무 커 보이는 줄무늬 옷을 입은 아이들, 사망자들이 신었던 신발의 산더미, 극도로 수척한 남성과 여성들, 그리고 그들의 커다란 눈동자는 영원히 기억 속에 남아 있다.

아우슈비츠-비르케나우의 해방 이후, 나머지 강제 수용소와 죽음의 수용소들도 모두 해방되었다. 독일군이 모든 증거를 없애려

했지만 그들의 끔찍한 범죄를 증명하는 증거가 충분히 남아 있었다. 해방에 참여한 병사들은 수많은 의치, 안경, 결혼반지가 산더미처럼 쌓여 있는 모습을 목격했다고 증언했다. 몇 톤에 달하는 여성의 머리카락, 수십만 켤레의 신발, 의복, 여행 가방, 시계, 금니 등도 발견되었다. 병사들은 집단 무덤과 겹겹이 쌓인 시신을 발견했다. 그리고 그곳에는 살아남은 사람들, 굶주리고 두려움에 떠는 남성, 여성, 아이들이 있었다.

연합군은 1942년부터 독일 수용소에서 무슨 일이 벌어지고 있는지 알고 있었지만 그 규모를 가늠할 수 없었다. 수용소에서 나온 이미지, 영화, 증언들은 전 세계를 충격에 빠뜨렸다. 그곳에서 벌어진 악행은 이해할 수 없는 것이었고 체계적으로 이루어진 잔혹 행위들은 상상조차 할 수 없는 것이었다. 전 세계가 어떻게 이런 일이 가능했는지에 대한 답을 요구했다.

그 이후로 홀로코스트에 대해 수많은 책이 집필되었고 철학자, 심리학자, 사회학자, 역사가들은 어떻게 상상할 수 없는 일이 현실이 되었는지에 대한 답을 찾고자 했다. 어떻게 이런 일이 일어났을까? 1946년, 독일 뉘른베르크에서 수감 중이던 나치 지도자들은 면담, 관찰, 지능 테스트, 필체 분석, 잉크 반점 그림을 통한 성격 평가인 로르샤흐 검사를 포함하여 광범위한 심리 평가를 받았다.

30년 후, 뉘른베르크 자료를 분석한 로르샤흐 전문가 중 한 명인 몰리 해로어는 특이한 점을 발견할 수 없었다고 기록했다. 일반 대중이 기대했던 독특한 '나치적 성격'에 대한 증거는 전혀 없었다. 히틀러의 부관이었던 루돌프 헤스는 과장되고 기이한 성향을 보였고 외무장관이었던 요아힘 폰 리벤트로프는 우울증 가능성이 있었지만 전문가들은 뚜렷한 결론을 내릴 수 없었다고 밝혔다. 그 주된 이유는 눈에 띄는 점이 발견되지 않았기 때문이다.

세상은 설명할 수 없는 일을 설명하기 위해 몸부림쳤다. 그러나 그와 동시에 범죄에 가담한 자들을 악마화하려는 더 큰 욕구가 존재했다. 범죄자를 악마화하는 것은 심리적 거리를 두게 함으로써 이해할 수 없는 잔혹성을 처리하는 한 가지 방법이다. 1960년대에 이른바 '나치적 성격'을 설명하려는 책들이 여럿 출판되었지만 그에 대한 실증적 증거는 없었다. 전형적인 나치는 외롭고 실패한 자신감 부족형 인간으로 묘사되거나, 가학적 성향을 지닌 고도로 지능적인 정신병자로 그려졌다.

결국 한나 아렌트의 동시대 인물들인 테오도어 아도르노, 막스 호르크하이머, 노르베르트 엘리아스, 에리히 프롬은 뉘른베르크 전문가들이 제공하지 못했던 설명을 대중에게 제시했다. 아도르노와 호르크하이머는 나치즘이 현대 생활의 복잡성과 다양성을 감당할 수 없는 '권위주의적 성격'[1]에서 비롯되었다고 주장했다. 노르

---

1 '권위주의적 성격(authoritarian personality)'은 아도르노가 공동으로 저술한 책의 이름이기도 하다. 아도르노와 호르크하이머는 권위주의적 성격이 나치즘과 같은 전체주의적 이데올로기의 지지를 가능하게 했다고 보았다. 구체적인 예로, 나치 독일에서는 히틀러와 나치당 같은 권위적인 구조가 복잡한 현대 사회의 불안과 혼란 속에서 대중에게 심리적 안정과

베르트 엘리아스는 수치심의 경계를 바꾸고 사회적 강제 대신 심리적 강제를 택한 '새로운 유형의 인간'을 묘사했다. 에리히 프롬은 저서 『자유로부터의 도피Escape from Freedom』에서 현대인이 누리는 자유가 불안을 초래하며, 이는 파시스트 이데올로기에 자신을 종속시키는 경향으로 이어질 수 있다고 설명했다.

그리고 물론 한나 아렌트가 있었다. 그녀는 정치학자 라울 힐버그의 저서 『유럽 유대인의 파괴The Destruction of the European Jews』에 영감을 받아, 자신의 저서 『전체주의의 기원』에서 나치 범죄자들은 삶의 모든 측면을 통제하고 지배하는 전체주의 체제의 산물이라고 썼다. 그러나 이러한 설명이 충분한가? 한나는 이 질문에 대한 답을 다하지 않았다. 그리고 아돌프 아이히만이 체포되어 예루살렘에서 대량 학살 및 반인륜적 범죄로 기소되었을 때, 한나는 아이히만과 같은 사람이 가질 수 있었던 동기를 이해하고 나치적 성격을 더욱 깊이 조사할 기회를 갖게 되었다.

질서를 제공한다고 느껴졌고 이에 대한 대중의 복종과 지지가 권위주의적 성격과 맞물려 있었다고 분석한다.

한나 아렌트와 그녀의 남편 하인리히 블뤼허의 1960년 모습

열아홉

악의 평범성

1960년 여름, 한나와 하인리히는 뉴욕주 남동부의 산악 지대인 캐
츠킬스 지역에 있는 스위스풍의 매력적인 게스트하우스에서 시간
을 보냈다. 그들은 가까운 친구들과 함께 그곳으로 여행을 갔는데,
친구들 대부분은 유럽에서 망명 온 사람들이었다. 한나는 낮에는
독서와 집필을 하며 시간을 보냈고 밤에는 사람들과 어울렸다. 저
녁을 먹고 체스를 두거나 수영장에서 수영을 즐기곤 했다. 저녁 무
렵에는 근처 바에 가서 술을 마시기도 했다.

 삶은 풍요로웠다. 미국에서 20년 가까이 살아온 한나와 하인리
히는 이곳을 자신들의 고향처럼 느끼며 정착했다. 두 사람은 처음
의 비좁은 아파트에서 리버사이드 드라이브에 있는 더 넓은 집으
로 이사했다. 한나는 1941년 5월 기네호를 타고 뉴욕에 도착했을
때 영어를 거의 못했지만 이후 영어로 여러 권의 책을 출판했다.
그중 하나인 『전체주의의 기원』은 그녀를 세계적인 지성인으로 만
들었다. 두 사람은 대학 강의도 시작했으며, 뉴욕의 지식인 모임

에 속해 있었다.

센트럴파크 근처에 있는 한나와 하인리히의 넓은 아파트에서는 종종 친구들이 초대되어 저녁 식사를 함께 했다. 그 자리에서는 활발한 토론이 벌어졌고 때로는 큰 소리가 오갔으며 웃음이 끊이지 않았다. 두 사람은 자신들만의 삶을, 즉 집과 세상에서의 자리를 만들어 내는 데 성공했다. 제2차 세계대전의 공포는 이제 먼 과거처럼 느껴졌다.

그러나 1960년 여름, 전쟁의 기억이 다시 생생하게 떠올랐다. 아돌프 아이히만이 아르헨티나에서 이스라엘 요원들에 의해 체포되었다. 아이히만은 한나와 하인리히가 미국에서 살았던 기간만큼 오랫동안 아르헨티나에서 숨어 지냈다. 아이히만과 그의 아내 베로니카는 네 아들과 함께 부에노스아이레스에서 단출한 생활을 꾸려나갔다. 그에 대한 체포 소식은 신문에서 대대적으로 보도되었고 많은 추측과 함께 캐츠킬스의 친구들 사이에서 자연스럽게 화제가 되었다. 그중 하나는 재판 장소에 대한 논쟁이었다. 아이히만이 정의의 심판을 받아야 한다는 데에는 모두가 동의했지만 그 재판이 아르헨티나에서 열려야 하는가, 아니면 이스라엘에서 열려야 하는가에 대한 의견이 분분했다.

한나는 재판에 참석하는 것에 대해 고민하기 시작했고 카를 야스퍼스와 여러 차례 편지를 주고받으며 이 주제에 대해 논의했다. 결국 그녀는 운명에 맡기기로 했다. 재판이 이스라엘에서 열린다면 참석하겠다는 것이었다. 그리고 실제로 재판은 이스라엘에서 열리게 되었다.

캐츠킬스에서 돌아온 한나는 『뉴요커The New Yorker』의 편집장 윌리엄 숀에게 연락해서 제안했다. 그녀는 다음 봄에 있을 재판을 잡지에 기고하겠다는 것이었다. 당연히 숀은 이를 수락했다. 한나는 미국에서 존경받는 유명 지식인이었으며, 유럽에서의 나치 잔혹 행위, 반유대주의, 박해를 직접 겪은 경험이 있었다. 나치의 최악의 범죄자 중 한 명에 대한 재판을 취재하고 보도할 적임자는 그녀를 제외하고 떠올리기 힘들었다.

1961년 4월 7일, 한나는 텔아비브로 비행기를 타고 간 뒤 예루살렘으로 향했다. 그녀는 뉴욕에 있는 하인리히에게 보낸 편지에서 예루살렘이 춥지만 화창하다고 썼다. 한나의 몇몇 친구들은 이스라엘에 정착해 있었고 재판이 시작되기 전까지 그녀는 클렌보르트 가족과 블루멘펠트 가족과 시간을 보냈다.

아돌프 아이히만 재판은 텔레비전으로 처음 방송된 재판이었고 당시 이스라엘의 총리였던 다비드 벤구리온은 이 재판에 큰 기대를 걸고 있었다. 그는 이 공개 재판을 일종의 역사 수업으로 보고 유럽의 반유대주의를 직접 경험하지 못한 이스라엘의 젊은 유대인들이 홀로코스트의 참혹한 실상을 이해하길 바랐다. 또한 이 재판이 세계를 향해 유대인의 비극을 강력히 상기시키는 계기가 되기를 희망했다.

한나 아렌트는 재판에 참석한 유일한 유명 인사가 아니었다. 예루살렘은 이른바 '린츠의 괴물'[1]로 불린 아이히만을 직접 보려는 철학자, 작가, 기자 등 저명인사들로 붐볐다. 철학자이자 수학자인 버트런드 러셀, 작가이자 홀로코스트 생존자인 엘리 비젤 같은 이름들이 관중 속에 있었다. 미국 방송사 캐피탈 시티는 재판이 열릴 건물인 베이트 하암에 접근권을 부여받아 전 세계로 방송할 계획을 세웠다. 결국 총 40개국이 '*이스라엘 대 아돌프 아이히만*' 재판을 방송하게 되었다.

그러나 재판이 시작되자 실망스럽다는 반응이 나왔다. 한나는 하인리히에게 보낸 편지에서 이를 '커다란, 섬뜩한 연극'이라고 묘사했다. 1961년 4월 20일에 그녀는 "모든 것이 지독히 평범하고 형언할 수 없을 정도로 저급하며, 혐오스럽다."라고 썼다. 한나는 화가 났으며, 재판이 단지 부끄러운 쇼에 불과하다고 느꼈다. 그녀의 냉소적인 어조는 그녀가 쓴 책 『예루살렘의 아이히만: 악의 평범성에 대한 보고서』에서도 그대로 반영되어 있다.

피고인 아돌프 아이히만은 재판 내내 방탄유리 상자 안에 차분히 앉아 있었다. 그는 심한 감기에 걸려 계속 코를 풀었다. 또한 한나가 하인리히에게 말했듯이, 그의 말은 참을 수 없을 만큼 지루했

---

[1]　아돌프 아이히만이 태어난 오스트리아의 린츠와 그가 저지른 극악무도한 범죄를 연결하여 상징적으로 표현한 별칭이다. 이 별칭은 그의 범죄적 인격과 역사적 맥락을 강조하는 의미가 있다.

다. 건조하고 창백하며 격식을 차린 그의 모습은 딱딱한 관료의 전형적인 모습을 연상시켰다. 한나는 자신의 책에서 아이히만을 "단순히 자기 일을 하는 지루한 공무원"으로 묘사했다.

한나는 『뉴요커』에 기고한 일련의 기사에서도 아이히만을 같은 방식으로, 즉 상상력이 없는 관료, 단순히 명령을 따르는 사람으로 묘사했다. 그녀의 주장은 격렬한 논쟁을 불러일으켰고 많은 이들이 나치 전범에 대한 그녀의 묘사에 분노했다. 한나의 묘사는 그간 아이히만을 악마적이고 사악한 존재로 묘사해 온 기존 이미지와는 상치되었다. 그녀의 간결한 표현은 아이히만을 옹호하는 것으로 여겨졌고 그녀의 솔직한 보도는 아이히만을 변호하려는 시도로 해석되었다. 유대인 협의회가 전쟁 중 나치 친위대와 협력한 것에 대해서 비판한 짧은 대목도 논란이 되었다. 한나는 일부 협의회가 실제로 나치와 협력했다고 주장했으며, 이는 유대인들에게도 책임이 있다는 주장으로 비쳤다.

> 유대인들에게 있어서, 자신들의 지도자들이 그들 자신의 민족을 파괴하는 데 관여한 것은 의심할 여지 없이 이 어두운 이야기 전체에서도 가장 어두운 장이다… 암스테르담에서 바르샤바, 베를린에서 부다페스트에 이르기까지, 유대인 관리들은 추방 대상자들과 그들의 재산 목록을 작성하고 추방과 학살의 비용을 충당하기 위해 돈을 징수하며, 빈 아파트를 관리하고 유대인을 잡아 기차에 태우는 데 도움을 줄 경

찰력을 제공하는 등 신뢰를 받아 왔다. 마지막으로, 유대인 공동체의 자산을 정리하여 최종 몰수를 위해 넘겼다. 그들은 노란 별 배지를 배포했고 때로는 바르샤바에서처럼 완장 판매가 하나의 사업이 되기도 했다. 보통 천으로 만든 완장부터 세탁이 가능한 플라스틱 완장까지 다양한 종류가 있었다.

어쩌면, 한나는 유대인 지도자들이 나치와의 협력에 덜 동의했더라면 더 적은 유대인이 죽었을 것이라고 암시했다.

이 주장은 당연히 오해를 불러일으켰다. 많은 사람들이 책임과 죄책감의 개념을 구분하지 못했다. 책임을 지는 것과 죄를 짓는 것은 동일하지 않다. 그러나 한나가 유대인들이 자신들의 박해, 즉 홀로코스트에 책임이 있다고 비난했다고 여기는 오해가 널리 퍼졌고 그녀는 거의 모든 인터뷰에서 왜 유대인들이 자신들의 죽음에 책임이 있다고 생각하는지에 대한 질문을 받아야 했다.

『예루살렘의 아이히만』이 출판된 이후, 한나는 냉혹하고 공감 능력이 없다는 비난을 자주 받았다. 그녀는 차갑고 무관심하다는 비난을 들었으며, 동료들은 등을 돌렸고 친구들은 연락을 끊었다. 쿠르트 블루멘펠트는 결코 그녀를 용서하지 않았고 독일 유학 시절의 절친한 친구였던 한스 요나스는 실망하여 1년 넘게 한나와 대화를 하지 않았다. 베를린에서 만난 오랜 지인이었던 지그프리트 모제스는 공개적으로 그녀에 대해 적대감을 드러냈고 친구 게르숌 숄렘은 한나가 유대 민족을 사랑하지 않고 단지 그녀가 친구로 여기는 유대인들만 사랑한다고 탄식했다. 언론은 한나를 반시온주의자, 자기혐오적 유대인, 반이스라엘주의자로 묘사했다. 그녀는 유대인을 배신했다고 비난받았다. 그 후 몇 주, 몇 달, 몇 년 동안, 한나의 우편함에는 수백 통의 증오 편지가 도착했다.

그렇다면 정말로, 그녀의 말은 무슨 뜻이었을까? 한나가 전달하고자 했던 것은 무엇이었을까? 오늘날 그녀의 "악의 평범성"이라는 개념은 잘 알려져 있으며 논란의 여지가 거의 없다. 『예루살렘의 아이히만』에서 한나는 악한 행동이 반드시 악한 의도와 동기를 동반한다는 생각에 의문을 제기하며, 이 세 가지 사이에 항상 연관이 있는 것이 아니라고 썼다. 한나의 주장은 악 자체를 사소화하거나 부정하려는 시도로 이해되어서는 안 된다. 오히려 그녀는 악한 행위 자체가 아니라 그 행위의 동기가 평범하다는 점을 강조하고자 했다.

그러나 예루살렘의 아이히만을 비판한 유대인 지식인들은 한나가 아이히만을 묘사한 방식보다 유대인 협의회를 비판한 것에 더 분개한 듯 보인다. 홀로코스트에 대해 유대인들이 어떠한 책임이라도 져야 한다고 주장하는 것은 매우 논란이 되는 주제였다. 유대인 협의회, 즉 나치 정권이 지칭한 대로 '유덴라트(Judenräte)'는 점령지의 모든 유대인 공동체가 설립해야 했던 행정 기구로, 공동체와 나치 정권 사이의 중재자 역할을 했다. 이 맥락에서, 이러한 협의회는 유대인 공동체가 이전 세기에 스스로 수립했던 자치 기구와는 달랐다.

전후 유대인 협의회에 대한 비판에 대해 극도로 부정적인 반응을 접하면서, 한나는 전쟁 중 이들의 행동에 관하여 자신의 주장을 더 명확하게 전달했어야 했다는 것을 깨달았다. 1963년 9월, 『룩 *LOOK*』 매거진과의 인터뷰를 앞두고 그녀는 유대인 협의회를 옹호하는 주장에 대응하기 위해 다음과 같은 메모를 작성했다.

1. "죽어야 한다면, 차라리 동족에 의해 선택되는 것이 낫다."
— 나는 동의하지 않는다. 차라리 나치가 그들의 잔혹한 행위를 스스로 하게 놔두는 편이 훨씬 나았을 것이다.

2. "100명을 희생시켜 1,000명을 구하자."
— 이것은 내게 인간 희생의 최후 버전처럼 들린다. 처녀 일곱 명을 골라 신의 분노를 달래기 위해 희생시키는 것 말이다. 글쎄다. 이것은 나의 종교적 신념이 아니며, 분명히 유대교의 신념도 아니다.

3. 마지막으로, 이른바 '더 적은 악의 이론'이다.
— 결과: 선량한 사람이 최악의 행동을 저지른다.

위의 내용은 『예루살렘의 아이히만』에서 서술된 한나의 논리 속에 암묵적으로 포함되어 있지만 충분히 명확하게 설명되지는 않았다. 본질적으로 그녀의 비판은 책임으로 귀결된다. 전쟁 중 유대인 협의회가 나치 정권에 유대인들의 주소 목록을 자발적으로 제공함으로써 나치 친위대가 손쉽게 유대인들을 체포하고 강제 수용소로 이동시키도록 도왔다는 점에 대해 생각해 보자. 그들은 공동체 구성원들에 대해 어떤 책임을 졌는가? 물론, 유대인 협의회의 책임을 논할 때 반드시 고려해야 할 중요한 요인이 있다. 그것은 협의회 구성원들 또한 분명히 피해자였다는 사실이다. 협의회 구성원들은 나치의 박해에 노출되어 있었고 그런 면에서 그들의 두려움은 정당하다. 우리는 이러한 피해자들에게 어떤 요구를 할 수 있을까? 생명의 위협을 받고 심각한 위험에 처해 있으며, 자신들을 기다리고 있는 잔혹함을 충분히 알고 있는 사람들에게 우리가 무엇을 기대할 수 있을까? 한나처럼 피해자들을 비난하는 일은 부도덕하며, 심지어 비인간적이고 무정한 것이 아닌가?

한나의 책 『예루살렘의 아이히만』, 유대인 협의회 및 그 책임에 대한 논의를 옹호한 몇 안 되는 사람 중 한 명이 브루노 베텔하임이었다. 브루노 베텔하임은 1903년 빈에서 태어나 한나처럼 세속적인 유대인 가정에서 자랐다. 1938년 5월 나치가 오스트리아를 침공한 직후, 베텔하임은 처음에는 다하우 강제 수용소로, 이어서 부헨발트 강제 수용소로 보내졌다. 믿을 수 없을 만큼의 행운 덕분에 그는 가장 악명 높은 두 강제 수용소에서 살아남았고 1939년 4월

말 아돌프 히틀러의 생일을 기념하는 사면으로 수백 명의 다른 사람들과 함께 풀려났다.

베텔하임은 홀로코스트에 관해 글을 쓰면서 강제 수용소에서 자신이 직접 겪은 경험을 바탕으로 한나처럼 유럽의 유대인들에게도 일정 부분 책임이 있다고 주장했다. 그는 『뉴 리퍼블릭*The New Republic*』에서 한나의 책 『예루살렘의 아이히만』에 대한 긍정적인 서평을 썼으며, 다른 저서들, 예를 들어 『생존과 그 밖의 에세이들 *Surviving and Other Essays*』[2]에서 자신의 생각을 발전시켰다. 베텔하임은 한나보다 더 강한 비판을 했으며, 독일인들에게 상황을 더 어렵게 만들기 위해 할 수 있는 모든 노력을 다하지 않았던 유대인 협의회와 같은 개인과 단체를 지목했다. 그는 저항, 방해, 또는 독일의 권력을 약화시키거나 저지할 다른 행동을 통해 생명을 구할 수 있었을 것이라고 주장했다.

브루노 베텔하임은 유대인들이 완전히 무고하다고 간주하는 것을 거부했다. 그는 그렇게 하는 것은 유대인들을 인간 이하로, 자신의 의지나 지성을 가진 존재로 보지 않는 것과 같다고 주장했다. 그는 사람들은 살아 있는 동안 각자의 책임과 의무가 있으며, 그

---

2   브루노 베텔하임은 강제 수용소의 생존자로서 홀로코스트와 관련된 심리학적, 철학적 문제를 다룬 여러 저서를 남겼다. 『생존과 그밖의 에세이들』은 그의 경험과 통찰을 바탕으로 한 에세이 모음집으로, 생존과 인간 행동, 그리고 홀로코스트와 같은 극단적인 상황에서의 인간의 반응과 책임에 대해 논의하고 있다. 베텔하임이 자신의 생존 경험을 토대로 심리학적 관점에서 인간의 책임과 선택의 문제에 대해 논의했다면, 아렌트는 정치 철학적 접근을 통해 '악의 평범성'이라는 개념을 발전시켰다.

것을 부정하거나 그들의 실수를 무시하는 것은 그들과 용기를 보였던 사람들 모두에게 부당한 일이라고 썼다. 베텔하임은 모든 사람에게 책임이 있지만 궁극적으로 책임을 져야 할 사람은 당연히 피해자가 아니라 그들에게 사형을 집행한 자들임을 분명히 했다.

유대계 철학자 주디스 니스 슈클라는 자신의 저서 『평범한 악덕 *Ordinary Vices*』에서 브루노 베텔하임의 주장을 발전시켰다. 슈클라는 1928년 라트비아에서 태어나 전쟁으로 인해 부모와 함께 일본, 미국, 그리고 마지막으로 캐나다로 도피해야 했다. 한나 아렌트와 베텔하임처럼 그녀도 홀로코스트에 대해 개인적으로 깊은 이해 상태에 도달했다. 슈클라는 자신의 학문적 경력 동안 잔혹성이라는 개념에 관심을 가졌으며, 이와 관련하여 희생자와 책임에 대한 베텔하임의 생각을 논의했다.

슈클라는 홀로코스트의 희생자들이 비범한 잔혹성에 직면했던 평범한 사람들이었다는 개념에서 출발한다. 그들은 성인도 영웅도 아니었으며, 희생자를 이상화하는 것은 그들을 비난하는 것만큼이나 해롭다고 주장한다. 슈클라는 이 두 가지 반응을 우리가 잔혹성과 직면하지 못하는 무능력의 표현으로 본다.

슈클라의 주장은 한나가 유대인 협의회의 행동을 비판했을 때 왜 그렇게 많은 사람들을 분노케 했는지를 이해하는 데 도움을 준다. 나치 정권의 상상할 수 없는 잔혹함에 직면했던 홀로코스트 희생자들을 이상화하는 것은 우리 관찰자와 희생자 사이에 거리를 만든다. 나치의 강제 수용소에서 죽은 사람들이 우리와 같은 평범한 사람들이었음을 이해할 때만 우리는 그들이 직면했던 공포의 범위를 진정으로 파악할 수 있다. 그들은 순교자도, 성인도, 영웅도 아니었다. 그들은 끔찍한 상황에 처한 평범한 사람들이었다.

한나는 단순히 유대인 협의회를 비난한 것만이 아니라, 아이히만이 악마적이거나 광신적이지 않았으며 사악하거나 악의적이지 않았다고 주장함으로써 동시대 사람들을 충격에 빠뜨렸다. 아이히만은 단지 자신의 일을 효율적이고 성실하게 수행했을 뿐이라고 주장했다. 한나는 『예루살렘의 아이히만』에서 이렇게 썼다. "그가 한 모든 일은, 그가 보기에는, 법을 준수하는 시민으로서 행한 것이었다. 그는 자신이 경찰과 법정에서 여러 번 말했듯이 의무를 다했다. 그는 단지 명령에 복종했을 뿐만 아니라 법에도 복종했다." 그녀는 이어서 이렇게 말한다.

문명국가의 법은 양심의 목소리가 모든 이들에게 인간의 자연스러운 욕망과 성향이 때때로 살인적일 수 있을 때조차 '살인하지 말라'고 말한다고 가정한다. 반대로 히틀러의 국가에서는 양심의 목소리가 모두에게 '살인하라'고 말하도록 요구되었다. 대량 학살을 계획한 사람들은 살인이 대부분의 사람들의 정상적인 욕망과 성향에 어긋난다는 것을 잘 알고 있었다. 제3제국의 악은 대부분의 사람들이 그것을 인식할 수 있는 성질, 즉 '유혹'이라는 특성을 잃었다. 아마도 많은 독일인과 나치들의 대부분은 살인하지 말고 도둑질하지 말고 이웃들이 비참한 운명에 처하지 않도록 내버려두지 않으려는 유혹을 느꼈을 것이다. (물론 그들은 유대인들이 비참한 운명에 처하고 있다는 것을 알고 있었고 세부적인 잔혹함을 몰랐을 수는 있지만 그렇다고 이를 부인할 수는 없었다.) 그리고 이 모든 범죄에서 이익을 얻어 공범이 되지 않으려는 유혹을 받았을 것이다. 하지만 신은 인간이 유혹에 저항하는 법을 배웠다는 것을 알고 있다.

이 구절에서 한나는 칸트의 악에 대한 이론과 연결을 짓는다. 칸트는 자신이 "근본악"이라고 부르는 개념을 출발점으로 삼았는데, 이는 우리의 욕망이 선의에 따라 행동하려는 의무를 이기게 하는 것을 의미한다. 칸트에게 있어서 악은 유혹이다.

한나 역시 그런 맥락에서 악을 이야기하며, 악을 유혹으로 보는 것이 중요하다고 강조한다. 이는 악 자체가 우리가 진정으로 원하거나 필요로 하는 것이기 때문이 아니라, "유혹"이 금기나 금지를 암시하고 금기된 아이디어가 우리 안에 특정한 욕망을 불러일으키기 때문이다. 제3제국에서는 악과 잔혹함이 더 이상 유혹적이지 않았다. 왜냐하면 잔혹함과 악은 더 이상 금지된 것이 아니라 단지 명령된 것이었기 때문이다. 따라서 아이히만이 수십만 명을 가스실로 보냈을 때 그는 유혹에 굴복한 것이 아니었다.

여기에는 불편한 진실이 내포되어 있다. 즉, 사람들은 종종 저항하지 않고 양심을 무시하며 모두가 하는 일을 따르려는 경향이 있다는 것이다. 유대인에 대한 배제, 박해, 궁극적으로 말살이 정상으로 취급되는 시기에 자신의 원칙을 지키며 저항했던 사람은 거의 없었다.

한나는 소수의 사람들이 본성적으로 진정한 악을 가지고 있을 가능성을 배제하지 않는다. 그녀는 성경에서 말하는 악에 대해 논하며, 심지어 성경조차도 의도적인 악에 대해 언급하지 않는다고 지적한다. 카인은 자신의 동생 아벨을 죽였을 때 카인이 되고 싶지 않았고 인간의 죄악을 상징하는 대표적 사례인 유다는 자신의 배신 정도를 깨달은 후 스스로 목숨을 끊었다. 그들은 자신들이 무엇을 하고 있는지 알지 못했기에, 그들의 죄는 용서받아야 했다. 예수는 어떤 식으로든 인간의 나약함으로 설명될 수 있는 모든 죄를 용서해야 한다고 설교했다. 즉, 원죄로 인해 악으로 기울어진 인간 본성의 타락으로 설명될 수 있는 죄들은 용서가 가능하다는 것이다. 인간은 나약하며, 쉽게 유혹에 빠진다. 이러한 나약함은 이해할 수 있으므로 용서도 가능하다.

하지만 한나는 한 가지 예외를 언급한다. 예수는 그리스어로 '스칸달론(skandalon)'이라고 알려진 일을 저지르는 사람들도 있다고 말씀하신다. 이는 견딜 수 없이 도덕적으로 타락한 행위로, 그런 죄를 저지른 사람은 차라리 태어나지 않는 것이 나았을 정도라고 한다. 예수는 악행의 본질이나 내용에 대해 자세히 설명하지는 않으나 이를 용서할 수 없다고 여기는 듯하며, 한나도 이러한 입장에 동의한다. 즉 용서할 수도, 벌할 수도 없는 악행과 악한 사람들이 존재한다는 것이다. 모든 악이 복종, 무지, 또는 태만으로 설명될 수 있는 것은 아니다. 이해할 수도 없고 용서할 수도 없는 악이 존재한다.

악의 문제는 "악의 평범성"이라는 용어의 발명으로 해결되지 않았다. 이 질문은 여전히 남아 있었고 한나의 머릿속을 계속해서 지배했다. 강제 수용소의 공포는 이 문제를 극한으로 몰아넣었고 이를 이해할 수 있게 하는 철학적 이론이나 심리학적 설명 모델은 존재하지 않았다. 사후 출간된 1978년 저서 『정신의 삶*The Life of the Mind*』에서 한나는 이렇게 썼다.

> 강제 수용소는 인간 본성의 변화가 시험에 빠지는 실험실이다… 모든 것이 가능하다는 것을 증명하려는 노력에서, 전체주의 정권은 스스로도 알지 못한 채 인간이 벌할 수도 없고 용서할 수도 없는 범죄의 존재를 발견하게 된다. 불가능한 것을 가능하게 만들었을 때, 그것은 벌할 수도, 용서할 수도 없는 절대적 악이 되었으며, 그것은 자기 이익, 탐욕, 시기심, 분노, 권력욕, 비겁함과 같은 악한 동기로도 더 이상 이해하거나 설명할 수 없었다. 따라서 분노는 복수할 수 없고 사랑은 견딜 수 없으며, 우정은 용서할 수 없었다.

한나는 끝까지 악을 이해하려는 시도를 멈추지 않았다. 미국의 홀로코스트 연구자 데버라 립스타트와 영국의 역사가 데이비드 세사라니 같은 최근 비평가들이 한나의 "악의 평범성" 이론에 대하여 일차원적이며 불완전하다고 비판한 것은 정당하다고 할 수 없다. 한나는 이 이론이 포괄적이라고 주장한 적이 없다. 그녀는 다른 사람을 해치려는 욕망에 의해 움직이는, 진정으로 사악한 사람들이 세상에 존재한다는 생각에 별 거리낌이 없었다. 악을 주도하고 악을 시작하며, 대중이 순종하고 맹목적으로 따를 수 있도록 하는 데 필요한 맥락, 이념, 편견을 창조하는 사람들이 있다는 가능성을 그녀 역시 인정했다.

스물
—
악과 책임

어떻게 악에 맞서거나 저항해야 할까? 한나 아렌트는 책임, 성찰, 이성을 믿었으며, 이러한 신념에 따라 자신의 삶을 살았다.

한나의 성격을 한 단어로 표현해야 한다면, 책임감 있는 사람이었다고 말하고 싶다. 어떤 상황에서도 그녀는 책임을 졌다. 1930년대 독일에서 나치즘과 반유대주의가 번창하기 시작했을 때, 그녀는 시온주의 운동에 참여하며 이에 저항했다. 프랑스에서 망명 생활을 하던 시기에는 유대인 어린이들이 영국 위임통치령 팔레스타인에서 피난처를 찾도록 도왔다. 그녀가 귀르 수용소에 갇혀 있을 때도 자신과 다른 이들의 사기를 유지하려 애썼고 탈출의 기회가 왔을 때 동료 수감자들에게도 함께 탈출하도록 설득하려 했다. 계속해서 말하겠지만 그녀의 삶 전반에 책임감이 공통된 주제로 이어졌고 그녀는 다른 사람들에게도 더도 덜도 아닌, 자신과 동일한 수준의 책임을 요구했다.

한나는 어린 시절부터 타인에 대한 책임감을 보였다. 1911년 여름, 그녀의 아버지 파울은 병을 앓으며 병원에 입원했다. 젊은 시절에 감염된 매독이 재발하면서 그는 2년 동안 병원에서 지내야 했다. 어린 한나는 아버지의 투병 동안 큰 인내심을 보여주었다. 마르타는 자신의 일기에서 어린 한나가 병든 아버지를 향해 가졌던 가슴 아픈 걱정을 기록했다. 한나는 침대에 누워 있는 시간이 많았던 파울과 함께 카드놀이를 하며 많은 시간을 보냈고 매일같이 아침저녁으로 그를 위해 기도했다. 아버지가 병을 앓기 시작한 지 2년 후인 1913년 3월, 한나가 사랑했던 할아버지 막스 아렌트가 세상을 떠났다. 그로부터 7개월 뒤, 파울 역시 긴 투병 끝에 세상을 떠났다.

한나의 어머니 마르타는 『우리 아이』에서 한나가 할아버지와 아버지의 죽음에 대해 보인 반응을 약간 우려스럽게 묘사했다.

1913년 10월, 파울이 세상을 떠났다. 한나는 그것이 나에게 슬픈 일이라고 생각했지만 한나 자신은 별로 영향을 받지 않은 듯했다. 나를 위로하려고 "엄마, 이건 많은 여성들에게 일어나는 일이에요."라고 말했다. 한나는 장례식에 참석해 "아름다운 노래 때문에" 울었다고 했다. … 한나는 아마도 많은 사람들이 자신에게 쏟아진 관심에서 일종의 만족감을 느꼈던 것 같다. 여전히 그녀는 좋은 마음씨를 가진 밝고 명랑한 아이였다.

한나의 어머니는 일곱 살 난 딸이 보여준 관심을 가족의 죽음에 대한 무관심으로 해석했지만 이는 무척 이상한 해석처럼 보인다. 오히려 조숙한 어린 소녀가 자기 자신에게 강요한 행복은 일종의 책임을 지는 방식이었다. 한나는 어머니의 슬픔과 걱정을 알아차리고 자신의 감정과 슬픔을 뒤로하고 통제할 수 없는 상황의 부담을 짊어지기로 했다. 한나는 이미 우울해하는 어머니에게 자신의 고통을 공개적으로 드러내고 싶지 않았고 대신 어머니를 위한 위안의 원천이 되고자 했다. 성인이 된 후, 한나는 사랑했던 아버지와 할아버지를 잃은 그 시기에 대해 거의 이야기하지 않았다. 아마도 너무 고통스러운 시기였기 때문일까? 혹은 어머니를 위로하기 위해 책임감을 느끼며 자신에게 할아버지와 아버지에 대한 애도의 기회를 주지 않았기 때문일까? 친구들에게 보낸 수백 통의 편지 속에서, 한나는 다른 이들을 돕고자 하는 강한 열망을 지닌, 매우 공감 능력 있고 사려 깊은 사람으로 나타난다.

책임은 한나의 저서에서도 반복되는 주제다. 책임을 진다는 것은 무엇을 의미하는가? 인간으로서 우리는 무엇에, 누구에게 책임을 져야 하는가? 모든 사람은 자신에 대한 다양한 인식과 더불어 자신이 되고자 하는 열망이 있다. 이러한 믿음과 인식 중 일부는 단순한 선호나 취향을 넘어선다. 그것은 더 깊은 의미, 즉 실존적이고 도덕적인 차원의 의미이기도 하다. 이는 종종 개인의 "도덕적 정체성"으로 알려진 것을 표현한다. 이는 한 개인이 능동적이고 의식적인 선택을 통해서든, 어떤 대우나 양육을 통해서든 자기 것으로 내면화한 규범과 가치로 구성되며, 우리의 행동에 여러 방식으로 한계를 설정해 준다. 아리스토텔레스는 개인의 성격은 그 자신이 내리는 결정에 따라 형성된다고 말했다. 선택, 행동, 결정이 반복되면 습관이 되고 점차 개인의 영속적인 성격의 특징으로 나타난다. 한나는 『책임과 판단』에서 이와 비슷한 맥락을 논의한다. 그녀는 도덕적 성격은 재능이나 지능과는 아무런 상관이 없고 성찰과 관련이 있다고 썼다. 즉, 행동하고 그 행동에 대해 책임지는 일과 관련이 있다. 한나의 관점에서, 개인은 행동하거나 행동하지 않는 것에 대한 성찰적 선택의 연속을 통해 도덕적 가치를 창조한다. 인격체로 존재하는 것은 단순히 인간으로 존재하는 것과 구별되며, 선택의 일관성을 통해 인격체로서의 온전함이 유지된다. 이러한 주장은 아리스토텔레스의 덕 윤리(Virtue Ethics)뿐만 아니라 실존주의의 메아리도 담고 있다.

한나 아렌트는 자기 자신을 철학자라 부르기를 꺼렸지만 책임이라는 개념과 그와 연결되는 죄책감, 수치심, 비난, 악, 선과 같은 도덕적 현상을 중심으로 자기만의 철학적 체계를 구축했다. 특히 『인간의 조건』과 『책임과 판단』에서 한나는 인간이 책임을 질 수 있는 능력을 철학적 접근의 핵심으로 삼아 이를 발전시켰다. 그녀의 경험과 달리, 한나는 사람들이 독립적이고 합리적인 결정을 내릴 수 있는 능력을 지니고 있다는 확고한 믿음을 가졌다. 인간은 자

예루살렘의 특별 지방 법원은 1961년 12월, 아이히만에게 제2차 세계대전 때 유대인 학살 혐의로 유죄 판결을 내렸다.

유로운 존재인 만큼, 책임을 져야 한다는 생각이었다.

　한나의 삶의 경험은 그녀에게 개인적 책임의 중요성을 깊이 각인시켰다. 그녀가 일부 사람들에게 엄격하게 보였을지 모르지만 사실 그녀는 다른 누구보다 자기 자신에게 가장 엄격했다. 이러한 엄격함은 진실에 대한 강한 열정과 결합되어 때로는 오해를 불러일으켰다. 아이히만에 관한 보고서를 둘러싼 논란은 이를 잘 보여주는 사례다. 한나는 항상 다른 이들의 뜻을 이해하려 최선을 다했지만 『예루살렘의 아이히만』에 대한 적대적인 반응에는 준비가 되어 있지 않았다. 그녀는 1963년 10월 친구 메리 매카시에게 "비판은 '이미지'에 대한 것이고 이 이미지는 내가 쓴 책으로 대체되었습니다."라고 낙담한 심경을 털어놓았다.

아이히만에 관한 보고서가 출간된 후 시작된 공격, 추악한 머리를 든 분노와 악의는 한나의 마음을 깊이 흔들어 놓았다. 그녀는 1963년 늦가을 메리에게 쓴 편지에서 "그리고 가장 놀랍고 충격적인 것은 이토록 많은 증오와 적대감이 주변에 숨어 있다가 터질 기회만 기다리고 있었다는 점입니다."라고 적었다.

한나가 자신을 향한 적대감에 대해 진심으로 놀라는 모습은 감동적이다. 왜냐하면 그것은 그녀가 인간 본성에 대해 근본적으로 긍정적인 관점을 가졌음을 보여주기 때문이다. 그녀는 사람들에게서 최선을 보았고 그래서 그들이 그녀를 실망시켰을 때 절망하고 놀랄 수밖에 없었다.

스물하나

사랑과 충실성에 관하여

한나 아렌트는 『인간의 조건』에서 "사랑은 인간의 삶에서 가장 드문 사건 중 하나"라고 썼다. 이 주장은 한나의 이야기를 조금이라도 아는 사람이라면 놀랄 것이다. 그녀의 인생 전반에서 남자들과의 사랑이 끊이지 않았고 한때 두 명의 남성과 동시에 관계를 맺기도 했다. 한나의 친구 중 한 명은 그녀를 "어떤 면에서는 팜므파탈 같은 여자"라고 묘사하기도 했다. 그녀는 매우 인기 있는 여성이었으며, 어떤 자리에서도 항상 관심의 중심에 있었다.

한나의 삶에서 사랑이 드물지 않았던 것처럼 보이는데, 대체 무슨 뜻으로 그녀는 그렇게 말했을까? 그 답은 위 인용문에 붙어 있는 각주에서 나온다.

사랑이 '로맨스'만큼 흔하다는 일반적인 편견은, 우리 모두가 시를 통해 사랑에 대해 처음 알게 되었기 때문일지도 모른다. 그러나 시인들은 우리를 속인다. 그들에게 사랑은 필수적이고 결정적인 경험이며,

그래서 사랑을 보편적인 경험으로 착각할 수 있다.

한나가 사랑과 로맨스를 냉정하게 구분하고 어쩌면 약간 환멸에 찬 관점을 내놓았을 때 그녀는 50대였다. 그녀는 성숙한 여성으로서, 그리고 사랑이라는 개념에 대해 오랜 세월 성찰한 경험을 바탕으로 글을 썼다.

사랑은 단순히 심리적 현상이 아니라, 수천 년 동안 고찰과 분석의 대상이 되어 온 철학적 개념이다. 예를 들어, 플라톤의 대화편은 사랑에 대한 두 가지 상반된 이론을 다룬다. 첫 번째로, 사랑은 자신의 잃어버린 반쪽과 다시 하나가 되고자 하는 존재의 욕망으로 볼 수 있다. 다시 완전해지고자 하는 열망, 하나의 단위로 합쳐지고자 하는 열망이다. 두 번째로, 플라톤이 제시한 사랑의 정의는 융합보다는 욕망에 더 가깝다. 여기에서 사랑의 본질은 대상에 대한 욕망, 즉 타자에 대한 욕망이다.

한나가 『인간의 조건』에서 전개한 사랑의 본질에 대한 논의는 플라톤의 사랑에 대한 융합적 관점을 발전시킨 것으로, 사랑을 하나의 결합으로 보는 개념과 유사하다. 이러한 관점에서 사랑은 "우리(We)"라는 하나의 단위를 창조하는 것으로 구성된다.

영국 철학자 로저 스크러턴은 이러한 견해를 따르는 사람 중 한 명이다. 그의 저서 『성적 욕망: 철학적 탐구*Sexual Desire: A Philosophical Investigation*』에서 스크러턴은 "사랑은 내 관심사와 당신의 관심사 사이의 모든 구분이 극복되는 순간에 존재한다."라고 썼다. 사랑은 두 사람이 하나가 되고 나눌 수 없는 단위가 되는 것이며, 각 당사자는 서로에게 의존하며 상대방의 번영에 똑같이 관여한다. 스크러턴이 쓴 것처럼, 사랑에는 나의 관심사와 너의 관심사 사이의 차이가 없다. 또는 한나가 말했듯, 두 사람 "사이에 있는 것"이 더 이상 없는 상태다. 한나는 이어서 말하길, 두 연인 사이에 끼어들 수 있는 유일한 것은 "사랑의 산물"인 아이뿐이라고 했다.

사랑에 빠진 사람들은 주변 세상에 등을 돌린다. 그들은 외부 세계가 필요 없는 "우리"가 된다. 사랑은 그들을 세상과 세속적인 것들로부터 멀어지게 만든다. 사랑에 빠진 사람에게 뉴스, 청구서, 날씨 같은 것이 무슨 상관이 있겠는가? 연인들의 세계에는 그들의 사랑만이 존재하며, 그것만으로 충분하다. 온 세상을 완전히 뒤집을 만큼 충분하다. 그러나 사랑은 본질적으로 "세상과 동떨어져" 두 연인을 주변의 모든 것에 낯선 사람으로 만들지만 그런 다음 그들의 사랑의 산물인 아이가 그들을 세상과 다시 연결시킨다. "아이를 통해 연인들은 사랑이 자신들을 쫓아냈던 세계로 다시 되돌아가게 된다."

아이의 탄생은 구체적이고 다소 평범한 필요를 수반하며, 그들을 물질적 영역으로 다시 데려온다. 아이는 사랑만으로는 살 수 없다. 음식과 깨끗한 기저귀, 질서와 일상과 같은 세속적인 것이 필요하다. 이것이 아이가 사랑의 끝을 상징하는 이유이다. "이 새로운 세속성, 즉 사랑의 유일한 가능하고 행복한 결말은 어떤 면에서는 사랑의 끝을 의미한다. 이는 연인들이 새롭게 서로를 극복하거나, 또 다른 형태의 결속으로 변화해야 한다는 것을 의미한다."

사랑은 아이가 연인의 삶에 들어올 때 또 다른 형태의 결속으로 성숙해진다. 아이는 연인들로 하여금 도취된 상태를 벗어나 현실 세계로, 일상으로 돌아오도록 강요한다. 이는 부모됨에 대한 아름다운 묘사이다.

한나와 하인리히는 자신들의 아이를 가지지 않았다. "우리가 아이를 낳기에 충분히 젊었을 때는 돈이 없었고 돈이 생겼을 때는 우리가 너무 늙었어요." 한나는 친구이자 철학자인 한스 요나스에게 말했다. 하인리히는 1946년 4월 어머니 클라라 블뤼허에게 쓴 편지에서 또 다른 설명을 내놓았다. "우리는 이런 시대에 아이를 낳지 않기로 결정했습니다. 이는 우리에게 슬픈 일이지만 무고한 희생자들이 될 수 있는 사람들에 대한 책임감을 지니는 것은 가치 있는 일입니다."

한나의 이론에 따르면 아이는 사랑의 유일한 "행복한 결말"이지만 한나와 하인리히의 사랑은 아이 없이도 지속되었다. 그들의 사랑을 단순히 연애 이상의 것, 한나에게 "함께 속할 수 있는 또 다른 방식"으로 묘사하도록 변화시킨 원인은 사고에 대한 그들의 공통된 열정이었다. 한나는 『전체주의의 기원』을 하인리히에게 헌정하며 이를 "우리의 책"이라고 불렀다. 두 사람이 1936년 봄에 시작한 대화는 결코 끊어지지 않았다. 그들은 계속해서 이야기하고 질문하며, 궁금해하고 서로를 도전하게 했다.

처음 하인리히를 만났을 때, 한나는 불안과 싸우고 있었다. 1937년 9월 18일 제네바에서 보낸 편지에서, 그녀는 연애 관계 속에서 자신의 존재가 사라지고 독립성과 자유, 그리고 자기 자신을 잃을 걱정을 이렇게 묘사했다.

> 알다시피, 사랑하는 그대여, 나는 어릴 때부터 내가 오직 사랑 안에서만 진정으로 존재할 수 있다는 걸 알고 있었어요. 그래서 내가 그냥 사라질까 봐 너무 두려웠던 거예요. 그래서 나는 나 자신을 독립적으로 만들었어요. 그리고 나를 냉정하다고 낙인찍었던 다른 사람들의 사랑에 대해 항상 이렇게 생각했죠. '당신들이 사랑이 나에게 얼마나 위험한 것인지 알기만 했더라면.'

그녀는 무엇을 두려워했던 것일까? 그녀가 편지에서 묘사한 사랑의 형태에는 본질적인 위험이 있다. 두 사람의 다른 관심사가 융합되면서 한 사람의 존재가 사라지고 다른 한 사람이 지배될 위험이 있기 때문이다. 다른 사람과 비유적으로 융합하여 새로운 하나를 형성하는 것은 낭만적인 생각일 수 있지만 동시에 두려운 일이기도 하다. 행복한 결합은 두 사람이 진정한 의미에서 서로의 관심사와 욕망을 자신의 것만큼이나 중요하게 여길 수 있을 정도로 강한 개인이어야 가능하다. 다른 사람과 함께 살면서도 자기 정체성을 잃지 않을 수 있을까? 한 사람의 삶에 너무 깊이 끌려가 자아가 지워지는 것을 어떻게 피할 수 있을까? 이는 철학자 에마뉘엘 레비나스가 자신의 작업에서 탐구한 주요 문제 중 하나다. 한나처럼 레비나스도 독일에서 도망쳐 프랑스를 선택해야 했으며, 그곳에서 망명 생활을 하다가 생을 마감했다. 레비나스는 프라이부르크에서 공부했던 후설의 현상학에 충실했으며, 경험적 현상에 기반한 윤리를 이해하는 데 평생을 바쳤다.

레비나스에 따르면, 윤리의 기초는 "타자"와의 만남에 있다. 타자를 진정으로 볼 때 비로소 윤리적 개념이 깨어난다. 이 접근 방식에서 중요한 것은 타자를 또 다른 존재로, 관계를 맺을 "당신"으로 보는 것이다. 따라서 사랑은 두 사람에게 각각의 공간을 반드시 허용해야 한다. 행복한 결합은 역설적으로 두 사람의 결합이 각자가 여전히 자기 자신으로 존재할 수 있는 공간을 허용한다는 것을 전제로 한다. 바로 이것을 한나와 하인리히가 이루어 낸 것으로 보인다. 서로에게 의존하면서도 서로를 질식시키지 않는 것, 융합되면서도 지워지지 않는 것, 결합 속에서 두 개별적인 존재로 계속 남아 있는 것. 이것이야말로 관계에서 필수적이 아닐까? 관계란 두 명의 명확하고 구별되는 개체로 구성되어야 한다는 점에서 말이다. 그렇지 않고 두 사람이 정말로 하나가 되어 버린다면, 사랑할 대상은 무엇이 남겠는가?

하인리히 블뤼허는 한나를 만나기 전에 이미 두 번 결혼했으며, 수많은 관계를 경험한 바 있다. 한나는 그가 이전에는 경험하지 못했던, 어쩌면 충분히 성숙하지 않아 미처 알아차리지 못했던 무언가를 찾고 있었다. 젊었을 때 하인리히는 항상 남성들 사이에서 지적으로 동등한 사람을 찾았으며, 그의 논의는 여성이 아닌 남성과 이루어졌다. 그는 남성들의 말을 듣고 읽었다. 그러나 한나를 만났을 때 그의 편견은 뒤집혔다. 한나는 의심할 여지 없이 하인리히와 지적으로 동등했으며, 동시에 그보다 더 많이 교육받고 규율이 있었다.

로맨스와 에로티시즘, 그리고 지적 교류가 얽힌 한나와의 만남을 통해 그는 여성에 대한 자신의 견해를 재평가해야 했고 이는 그가 1952년 바드 칼리지 강의에서 남성과 여성 간의 평등이야말로 제대로 된 결혼의 기초라고 주장하기에 이르른다.

그러나 평등을 유사성으로 오해해서는 안 된다. 한나와 하인리히 모두 젠더와 남성적 또는 여성적으로 여겨지는 것에 대해 비교적 보수적인 견해를 가지고 있었던 것 같다. "나는 항상 여성이 특정 직업에 종사하는 것이 적절하지 않다고 생각했어요. 조심스럽지만 그렇게 말해도 된다면 그것은 여성에게 어울리지 않는 일입니다. 여성이 명령을 내리는 모습은 그다지 보기 좋지 않아요. 여성이 여성성을 유지하고 싶다면 그런 상황에 처하지 않도록 노력해야 합니다." 한나는 여성 해방에 대해 이렇게 말했다.

비교적 진보적이기는 했지만 한나와 하인리히의 결혼이 아무런 문제 없이 순탄했던 것은 아니다. 예를 들어, 1948년 한나가 뉴햄프셔에 두 달간 머무는 동안 하인리히가 젊은 러시아계 유대인 여성과 시작한 관계는 그들의 사랑, 그리고 무엇보다 하인리히에 대한 한나의 신뢰를 시험했다. 하인리히는 한나에게 자신의 방식대로, 즉 감정적으로나 지적으로는 충실하겠다고 약속했지만 성적으로는 약속하지 않았다. 한나는 그의 충실성에 대한 정의를 받아들이는 데 어려움을 겪었고 친구들 사이에서 하인리히의 불륜이 공공연한 사실이 되었을 때 극도로 상처받고 혼란스러워했다.

그리고 한나는 이 모든 상황에 침착하게 대처하려고 진지한 노력을 기울였다. 그녀는 사랑, 성, 그리고 충실함에 대한 베를린 사람 특유의 태도를 자랑스러워했다. 베르톨트 브레히트에 관한 에세이에서 그녀는 베를린적 접근 방식을 다음과 같이 묘사했다. "확실히 이 세상에는 영원한 사랑이나 심지어 평범한 충실함조차도 존재하지 않는다. 오직 순간의 강렬함만 있을 뿐이다. 즉 열정은 인간 자신보다도 조금 더 덧없다." 이러한 베를린식 사랑에 따라, 한나는 결혼 생활의 충실함을 성적 충실함보다 더 중요한 것으로 여겼다.

브레히트의 태도는 한나가 하인리히와 함께 베를린에서 활동했던 시인이자 협력자인 로베르트 길베르트의 시에서 발견한 것과 동일한 자유로운 사랑에 대한 접근 방식을 보여준다. 두 사람의 메시지는 무엇이든 너무 심각하게 받아들이지 말라는 것이었다. 인생은 짧은데·우리가 얻을 수 있는 사랑과 행복을 최대한 누리는 것이 무엇이 나쁜가?

한나와 하인리히 모두 전간기 파리와 베를린에서 유행했던 무정부주의적 정신의 영향을 받은 것으로 보인다. 브레히트는 덧없는 열정을 칭송하며 영원한 사랑과 충실함이라는 개념을 거부했고 1920년대 파리에서는 초현실주의자들이 자유로운 사랑을 주장했다. 앙드레 브르통의 1924년 〈초현실주의 선언문〉은 개인의 해방과 사회의 재구성을 주장했다. 해방된 개인은 자유로운 사랑을 실천하고 개방적인 관계를 믿었다.

장 폴 사르트르와 시몬 드 보부아르 역시 이러한 원칙에 따라 개방적인 관계를 유지했다. 그들이 서로에게 혼외 성적 관계를 허락하며 그로 인해 자신과의 관계에 영향을 미치지 않도록 하겠다고 약속했다는 사실은 널리 알려져 있었고 또 이론적으로는 놀랍도록 잘 작동한 것처럼 보인다. 순전히 합리적인 차원에서만 보면, 한 사람이 다른 사람의 몸을 소유할 수는 없으며, 다른 사람에게 성적 독점을 요구하는 것은 비합리적이고 부도덕한 일이다. 사랑하는 관계의 핵심은 성적 충실함이 아니라, 지적 교감, 충성, 그리고 감정적 독점성이라는 것이다. 즉, 당신은 원하는 만큼 많은 사람과 잠자리를 가질 수 있지만 마음은 오직 한 사람에게만 줄 수 있다는 주장이다. 이 논리는 합리적이고 지적으로 명예로우며 잘 숙고된 것처럼 들린다. 그러나 실제로는 어떻게 작동할까?

사실 이론처럼 잘되지는 않았던 것 같다. 시몬이 작가 넬슨 알그렌과 만난 것은 그녀와 사르트르의 지적 관계를 완전히 뒤흔들었다. 사실 시몬은 결국 생애의 사랑이라고 묘사한 알그렌을 위해 사르트르를 떠날 뻔했다. 그녀는 이 삼각관계와 그로 인한 자신의 고뇌를 1954년 공쿠르상을 수상한 소설 『레 망다랭Les Mandarins』에 기록했다. 그녀의 데뷔 소설 『초대받은 여자L'Invitée』 역시 또 다른 삼각관계를 다룬다. 이 소설에서 지적 관계에 있는 프랑수아즈와 피에르는 서로를 사랑하면서도 개방적인 관계를 유지하며, 뿌리 없는 젊은 여성 자비에르를 그들의 삶에 초대한다. 피에르는 젊은 자비에르에게 집착에 가까운 사랑에 빠지고 프랑수아즈는 질투심과 싸워야 한다. 이 소설은 시몬 드 보부아르 자신이 사르트르와 다른 사람과의 에로틱한 관계를 받아들이기 위해 겪었던 투쟁을 허구화한 것으로 읽힐 수밖에 없다.

도라와 버트런드 러셀 역시 비슷한 경험을 한 것으로 보이는데, 이론적으로는 합리적이고 옳게 보이는 것이 실제로는 훨씬 더 복잡할 수 있음을 보여준다. 1927년에 출판된 『행복할 권리The Right to Be Happy』에서, 훨씬 나이가 많고 유명했던 남편과 결혼한 도라 러셀은 소유와 사랑 사이의 단순한 연계를 비판했다. 그녀는 행복해지기 위해서는 자유가 필요하다고 확신했고 따라서 일부일처제를 경멸스러운 것처럼 여겼다. 도라는 한 사람이 다른 사람을, 다른 사람의 몸, 혹은 성적 관계를 소유함으로써 서로를 행복하게 만들수는 없다고 주장했다. 따라서 그녀는 남녀 모두가 사회, 종교, 관습이 그들에게 부과하려는 제약에서 벗어나라고 촉구했다.

도라 러셀은 블룸즈버리 그룹이 성, 사랑, 그리고 충실함에 대해 가졌던 태도에서 영향받은 것으로 보인다. 블룸즈버리 그룹은 E. M. 포스터, 버지니아 울프, 비타 색빌-웨스트와 같은 지식인, 작가, 예술가들로 구성되었으며, 주로 전간기에 활동했다. 이 그룹은 런던 블룸즈버리를 기반으로 했고 구성원 중 몇몇은 케임브리지의 트리니티 칼리지에서 공부했다. 이들은 빅토리아 시대의 가치관에 반항했고 파리의 초현실주의자들처럼 자유로운 사랑을 실천했다.

버트런드 러셀조차도 사랑, 성, 결혼이라는 주제로 책을 썼다. 『결혼과 도덕Marriage and Morals』은 도라가 자유로운 사랑을 주장한 몇 년 후에 출간되었으며, 러셀은 그 책에서 도라의 이론과 주장을 반복했다. 우리는 서로를 소유할 수 없다. 인간은 본질적으로 자유롭고 성적 존재로서도 자유롭다는 것이 그의 주장이다. 이론적으로 두 사람의 의견은 상당히 일치했고 충실함, 사랑, 성, 자유와 같은 주제에 대해 많은 시간 논의했음이 분명하다. 하지만 그들은 1935년에 이혼했다. 그들이 각각 가졌던 혼외 관계가 결국 그들의 관계를 파탄으로 몰고 간 것이다.

한나조차도 이론적으로는 베를린적 가치에 충실했는지 몰라도 실제로는 그렇지 않았으며, 하인리히의 충실함에 대한 태도로 고심했다. 하인리히에게는 이성을 유혹하는 행위나 심지어 성관계조차 큰 문제가 아니었지만 한나에게 그것은 배신이었다. 이는 그녀의 지적 일기인 『사유 일기』에 기록된 여러 항목에서 확인할 수 있다. 자신에게 깊은 감정적 영향을 미친 사건들을 이성적으로 합리화하려 애쓰는 모습은 가슴 아프지만 동시에 그녀가 어떤 사람인지에 대해 많은 것을 말해준다. 한나는 지성으로 자신의 삶의 어려움에 맞섰다. 그녀는 정치적 불안과 개인적이고 감정적인 혼란을 낱낱이 분석하고 논의하며 정의함으로써 통제하려 했다. 마치 내적, 외적 혼란을 깔끔한 철학적 범주로 정리할 수 있는 것처럼 말이다.

1950년 한나는 『사유 일기』에서 충실함이라는 주제로 긴 성찰을 썼다. 그녀는 두 가지 유형의 불충실성을 구분한다. 하나는 삶 자체, 즉 우리의 생명력 속에 존재하는 것으로서 "다소 무해한 불충실성"이며, 다른 하나는 "진실했던 것을 살해하고 세상에 가져온 것을 살해하는 "큰 죄악으로서의 불충실성"이다.

그녀는 불충실에 대해 이렇게 쓴다.

불충실성은 진정한 파괴다. 왜냐하면 오직 충실성을 통해서만 우리가 과거에 영향을 미칠 수 있기 때문이다. 충실성의 존재는 우리에게 달려 있다. 만약 진실과 진실했던 것이 존재하지 않는다면, 충실성은 완고함의 동의어에 불과할 것이다. 만약 충실성이 존재하지 않는다면, 진실은 실체를 잃고 따라서 완전히 무의미하게 될 것이다.

위 성찰에서 한나는 충실성을 진실과 의미, 존재의 근본에 연결한다. 다시 말해, 그녀는 충실성을 매우 중요하게 여겼지만 "다소 무해한 불충실성" 즉 성관계와 이성에의 유혹을 포함하는 "생명력의 표현"을 평범한 것으로 간주했다. 삶의 열정과 기쁨은 불충실성으로 이어질 수 있지만 그것은 해를 끼치려는 의도가 아니라 삶의 기쁨을 표현한 무해한 불충실성일 것이다. 불충실성에 질투로 대응하는 것은, 한나가 쓴 대로, "충실성의 왜곡"이자 "세상에서 삶의 생동감을 추방하려는 시도"가 된다. 그녀는 "진정한 불충실성"이란 "망각"이며, 이는 "진실과 진실했던 모든 것을 질식시키기 때문에 유일의 진정한 죄악"이라고 썼다. 다시 말해서, 진정한 충실성은 성적 충실성과 동일하지 않다. 한나에게 충실성은 지속성, 충성심, 신뢰성, 그리고 두 사람이 서로를 놓지 않는 것, 즉 진실하고 진정하며 중요한 것에 충실함을 뜻했다. 한나는 하인리히의 불충실성을 포용할 수 있는 방식으로 이해하려 노력했다.

왜 성적 충실성과 일부일처제 결혼의 중요성, 그리고 사랑 자체의 본질이 1920~30년대에 의문을 받게 되었을까? 그 답은 몇 가지 동시대적인 요인에서 찾을 수 있다. 관계에 대한 베를린식 접근 방식에서 드러난 카르페 디엠의 태도와 파리에서 보낸 방탕한 시기는 모두 시대정신에 대한 반응이었다. 유럽이 전쟁에서 막 살아남았을 때 경제와 정치 모두 몹시 불안정했다. 사람들의 삶은 내일이 어떻게 될지 모른다는 불확실성으로 가득 차 있었다. 이러한 분위기는 가능한 것을 지금 잡아야 한다는 인상을 준다. 오늘을 위해 살라. 아니면 내일은 죽을지도 모른다.

　제1차 세계대전 이후, 사람들은 이전에 기본적인 사회적 제도로 여겨졌던 모든 것에 도전하기 시작했다. 국기, 왕좌, 제단. 국가, 왕실, 교회는 그 매력을 잃었다. 이러한 존경받는 제도 중 어느 것도 전쟁의 참혹함에서 국민을 보호하지 못했다. 오히려 그것들은 전쟁을 부추긴 장본인이었다. 사람들이 과거의 권위에 의문을 제기하기 시작했으며, 결혼과 같은 여타의 제도나 가치, 이상에도 물음표가 달렸다. 거의 모든 것이 도전받거나 거부될 수 있었으며, 억압과 도덕주의에서 벗어나 새로운 형태로 변모할 수 있었다.

　전통적 가치관이 의문을 받게 된 배경에는 종교와 종교적 규범으로부터의 해방에 초점을 맞춘 또 다른 설명도 가능하다. 러셀 부부, 시몬 드 보부아르와 사르트르처럼 초현실주의자들과 블룸즈버리 그룹도 종교를 거부했다. 신은 존재하지 않았고 신의 죽음과 함께 성, 수치심, 죄책감을 억압하던 도덕도 사라졌다. 사람들은 자신만의 규범과 가치를 창조하고 자신만의 계명, 법, 규칙을 만들어낼 자유를 가지게 되었다. 한나와 하인리히 또한 무신론자였으니 신은 그들의 삶에서 권위가 아니었고 그들은 자신이 원하는 방식으로 자유롭게 살 수 있었다. 그럼에도 불구하고 한나의 지적 일기를 읽어보면, 하인리히가 다른 여성들에게 관심을 보이는 것을 지켜보는 것이 그녀에게 고통스러웠다는 점이 분명하다. 모든 관계는 공간, 자유, 안정성에 대한 어떤 형태의 협상을 포함한다. 내 자유를 위협하지 않으면서 얼마나 많은 자유를 줄 수 있을까? 나는 안정감을 잃지 않고 얼마나 자유로울 수 있을까? 만약 내가 사랑하는 사람이 나보다 더 나은 사람을 찾는다면 어떻게 될까? 이러한 위험은 두 사람이 관계를 다른 사람들에게 공개하기로 선택할 때 항상 잠재적인 위협으로 존재한다.

한나는 누군가에게 속하고 싶다는 강한 욕구를 표현했으며, 그녀가 『인간의 조건』에서 아름답게 묘사한 그 단위의 일부가 되고 싶어 했다. 무엇보다 하인리히가 필요했다. 1950년 2월 8일 비스바덴에서 보낸 편지에서 그녀는 이렇게 썼다. "제발, '뭉툭'씨, 당신은 나의 네 벽이에요." 이에 하인리히는 뉴욕에서 신속히 답장을 보냈다.

벽에 대한 당신 말이 맞아요. 나는 처음으로(이 점에서 나는 야스퍼스와 다릅니다) 완전히 이주를 경험하고 받아들인 사람이고 항상 '내가 있는 곳은 집이 아니'라고 말할 수 있었습니다. 하지만 그것이 내가 초자연적인 시온의 고향이 아니라 이 세상에 영원한 집을 세운 이유입니다. 바로 이 세상 한가운데에 여러분과 친구들의 도움으로, 나도 "여러분 중 한 명 또는 몇 명이 모인 곳이 내 고향이고 여러분이 나와 함께 있는 곳이 내 집입니다."라고 말할 수 있기 때문입니다.

내가 사랑하는 사람이, 나에게 안전함을 상징하는 사람이 다른 누군가와 관계를 맺고 웃으며, 친밀해진다는 사실을 견디는 데에는 신뢰가 필요하다. 우리의 사랑이 충분히 강하다는 믿음, 내가 사랑받을 가치가 있다는 믿음, 내가 다른 누구도 줄 수 없는 무언가를 그 사람에게 준다는 믿음, 우리가 가진 것이 너무도 독특해서 그 사람이 다른 누구와도 그것을 찾을 수 없다는 믿음 말이다. 모든 것에도 불구하고 이러한 신뢰가 한나와 하인리히의 관계를 지탱한 것처럼 보인다. 그들의 지적 교감, 우정, 서로에 대한 존경심과 충성심은 매우 특별한 종류였던 것 같다. 또한 탈출과 망명이라는 공유된 역사가 그들을 더욱 결속시켰을 것이다.

그러나 일종의 미묘한 긴장감의 균형도 필요했을까? 양측 모두가 서로의 편에서 관계를 맺고 있다면 개방적인 관계를 다루는 게 더 쉬울 수도 있다. 어느 쪽이든 한나가 하인리히를 잃을까 봐 두려워하던 불안감은 그녀가 결혼 외적으로 자신의 관계를 확립하면서 사라진 듯하다. 1950년 한나는 마르틴 하이데거와의 관계를 다시 시작했으며, 하인리히는 이를 지지했다. 그 시점부터 한나와 마르틴은 그녀가 세상을 떠날 때까지 가까운 사이로 남았다.

스물둘

재회

용서라는 행위 속에서, 한나의 삶과 사상을 지배했던 두 가지 상반되는 힘, 즉 사랑과 악이 하나로 합쳐졌다. 악, 배신, 모욕, 그리고 거짓이 없다면 용서는 필요하지 않았을 것이다. 반대로 사랑이 없다면 용서는 불가능했을 것이다. 실제로 그녀는 자신의 저서 『인간의 조건』에서 "사랑만이 용서할 수 있는 힘을 가지고 있다"라고 썼다. 용서는 높은 도덕적 가치를 지니며, 용서하는 사람은 사랑이 깊고 고결한 사람으로 묘사될 수 있다. 선한 사람은 쌀쌀맞거나 증오하거나 복수심에 찬 사람이 아니라, 관대한 사람이어야 한다.

용서는 유대-기독교 전통의 핵심 주제로, 이는 빚을 갚는 행위와 연관된다. 용서의 행위 속에서 죄인은 덕이 있는 사람으로 변하고 죄책감의 무게에서 벗어난다. 따라서 용서는 잘못을 저지른 사람을 회복시키고 깨진 관계를 치유하는 방법이다.

누군가에게 모욕이 발생했을 때, 관련된 사람들 사이의 균형이 깨지기 마련이다. 일반적으로 그 균형은 복수나 용서를 통해서만 회복될 수 있다고 여겨지지만 사실 인간의 삶은 그렇게 단순하지 않다. 복수와 용서는 분노나 악에 대한 상반된 반응이지만 그 사이에는 여러 가지 다른 태도와 반응이 존재할 수 있다. 용서할 수 없거나 용서하지 않으려는 사람이 반드시 쌀쌀맞고 증오에 차고 복수심이 강한 사람이라고 단정할 수는 없다. 용서하지 않기로 선택하는 것도 자기 존중의 표현일 수 있다.

용서는 배신이나 모욕 등으로 인해 손상되거나 깨진 관계에 있거나 있었던 개인들 간에 발생하는 현상이다. 한나 자신은 용서라는 어려운 기술을 터득했지만 마르틴 하이데거의 어마어마한 배신 이후 그를 용서하기로 한 그녀의 결정은 이해하기 어려우면서도 존경스러운 일이었다. 그녀는 그녀 자신을 개인적으로 배신했을 뿐만 아니라, 그녀와 그녀가 속한 민족을 다른 인간보다 덜 가치 있는 존재로 여기는 이념을 적극적으로 지지한 남자를 용서할 힘을 어디서 찾았을까?

물론 그 답은 사랑이다. 완전히 비합리적인 감정으로서의 사랑 말이다. 한나의 마르틴에 대한 사랑은 강렬하고 압도적이며 절박했다. 한나가 마르틴에게 느꼈던 열정은 그의 배신으로 인한 슬픔보다 강했고 그의 거절이 그녀의 감정을 꺾지는 못했다.

한나가 독일을 떠나기 직전 그들이 주고받은 마지막 몇 통의 편지는 신랄한 어조였다. 한나는 히틀러와 나치 이데올로기에 대한 그의 태도에 관해 답변을 요구했다. 그녀는 소문이 사실인지, 그가 반유대주의적 견해를 지니고 있는지 알고 싶어 했다. 마르틴의 답장은 격앙되어 있었다. 그는 유대인 학생들을 다른 학생들과 다르게 대우한 적이 없으며, 한나가 그런 소문을 믿을지 모른다는 사실에 우려를 표했다. 그는 그녀야말로 자신이 유대인에 대해 어떠한 적대감도 가지고 있지 않다는 것을 잘 알 것이라고 주장했다.

알려진 바에 따르면, 한나는 1933년 초 마르틴이 보낸 그 편지에 답하지 않았다. 그리고 같은 해 8월, 그녀는 독일을 떠났다. 둘 사이에 모든 연락은 끊어졌지만 한나는 그에 대한 매혹을 버리지 못했다. 그녀는 독일을 떠날 때 그의 편지를 가져갔다. 어쩌면 그들의 관계는 아직 끝난 것이 아니었다. 아마도 그것이 그녀가 그를 다시 찾아와 마무리를 짓고 답변을 요구하고 그에게 귀를 기울이도록 강요한 이유일 것이다.

1949년 전쟁이 끝난 지 4년이 지나고 나서 한나는 처음으로 유럽으로 돌아왔다. 그녀는 유대문화 재건기구의 요청을 받아 유대인 서적, 원고, 기타 문화적 유물을 추적하고 수집하는 일을 맡았다. 유럽에 남아 있는 유대인의 유산을 기록하는 것이 목적이었다. 이 여행은 그녀에게 매우 고통스러운 경험이었다. 한나는 11월 파리에 도착했는데, 도시를 다시 본 순간 울음을 터뜨렸다고 하인리히에게 쓴 편지에 전했다. "하느님, 이 도시가 이렇게 아름다울 수 있나요! 당신은 도저히 이걸 온전히 기억해 낼 수는 없었을 거예요."

그녀는 12월 본에 도착해 독일 전역을 여행했다. 비스바덴, 프랑크푸르트, 뷔르츠부르크, 뉘른베르크, 에를랑겐, 하이델베르크 등을 방문했다. 바젤에서는 카를 야스퍼스와 그의 아내를 만났는데, 자연스럽게 마르틴 하이데거의 이름이 언급되었다. 1930년대 마르틴의 행동에 깊이 실망했던 카를은 그와 다시 연락을 시작했다고 말했다. 한나는 카를에게 마르틴과의 관계를 이야기했지만 그의 반응은 조용했다. 카를은 그들의 사랑 이야기에 그다지 감명받지 못한 듯했다.

1950년 2월 7일, 한나는 프라이부르크에 도착했다. 그녀는 복잡한 감정을 안고 마르틴의 동료인 로망스어 교수 후고 프리드리히를 찾아 그의 주소를 물었다. 그날 바로 한나는 마르틴에게 메시지를 보내 자신이 머물고 있는 호텔을 알려주며 만나자고 제안했다. 같은 날 저녁 6시 30분, 마르틴은 직접 호텔에 나타나 서면으로 답장을 전달했다. 하이데거 부부는 여전히 집에 전화가 없었다. 그는 한나에게 저녁 8시에 자신의 집으로 오라고 초대했다.

하인리히에게 보낸 1월 3일자 이전 편지는 옛 연인과 만나는 것에 대한 양가적인 감정을 암시하고 있다. 그녀는 이렇게 썼다. "모든 것을 운명에 맡길 생각이에요. 내가 본 야스퍼스에게 보낸 그의 편지들은 예전 그대로였어요. 진실성과 허위, 아니면 더 정확히는 비겁함이 섞여 있는 상태로요. 야스퍼스와 함께하면서 하이데거에 대한 제 열정이 조금 줄어든 것 같아요."

1950년 2월 9일 마르틴에게 보낸 편지 내용을 보면, 그날 밤 그들 사이에 어떤 일이 있었는지는 정확히 알 수 없으나, 한나는 그 만남이 성공적이었다고 생각한 것이 분명하다. 그녀는 이렇게 썼다.

그날 밤과 다음 날 아침은 내 삶 전체를 확인해 주는 순간이었어요. 사실, 전혀 기대하지 않았던 확인이었죠. 웨이터가 당신의 이름을 말했을 때(사실 저는 아직 당신의 편지를 받지 못했기 때문에 당신이 올 거라고 기대하지 않았어요), 시간이 갑자기 멈춘 것 같았어요. 그리고 순식간에 깨달았죠. 나는 지금껏 이것을 인정한 적이 없었어요. 내 자신에게도, 당신에게도, 그 누구에게도요. 프리드리히가 당신의 주소를 준 뒤 내가 느꼈던 충동의 힘이 나를 유일하게 진정으로 용서받을 수 없는 불충실성, 내 삶을 망치는 일로부터 자비롭게 구해줬다는 것을요. 하지만 당신은 한 가지는 알아야 해요(우리가 자주 소통하지 않았기 때문에요). 내가 그렇게 했다면, 그것은 단지 자존심 때문이었을 거예요. 즉, 순수하고 단순하며 미친 어리석음에서 비롯된 것이지, 어떤 다른 이유 때문은 아니었어요.

여기서 드러나는 한나의 감정은 매우 강렬하다. 마치 그녀가 다시 열여덟 살의 사랑에 빠진 소녀로 돌아간 것 같다. 그녀는 운명적이고 낭만적으로 자기 자신을 표현하고 있다. 그러나 그들이 처음 만난 지 26년이 지났고 마지막으로 연락한 지 17년이 지난 후의 일이었다. 한나는 이제 43세였고 학문적으로 경력이 꽃피우고 있었으며, 행복한 결혼 생활을 하고 있었다. 반면, 60세의 마르틴은 한때 그가 중심에 섰던 학문적·사회적 환경에서 배제되었고 장기간의 탈나치화 과정을 거치며 지치고 쇠약해져 있었다. 그는 1946년 봄에 신경 쇠약을 겪어 요양원에서 오랜 기간을 보내야 했다.

다시 말해서, 그들의 상황은 한나가 한때 그 나이 많고 유명한 교수를 절망적으로 사랑했던 시절과는 완전히 달라졌다. 1950년까지 마르틴은 더 취약한 위치에 있었다. 한나는 자신의 우월한 위치를 이용해 그에게 복수할 수도 있었다. 그를 비난하고 그가 얼마나 비참하고 끔찍한 사람인지 말할 수도 있었다. 마르틴은 그날 밤 한나가 무엇을 원하는지 알 수 없었을 것이다. 그녀가 그에 대해 비판할 것인가? 혹은 처벌할 것인가? 그를 얼마나 미워하는지 말할 것인가? 과거 연인과의 대면이 매우 불쾌한 경험일 수 있다는 명명백백한 위험에도 불구하고 마르틴은 그녀를 자신의 집으로 초대하기로 결정했다.

한나가 방문한 다음 날인 1950년 2월 8일 아침, 마르틴이 한나에게 쓴 편지는 따뜻하고 희망적인 어조로 쓰여 있었다.

어제의 아름다운 저녁과 오늘 아침의 밝아짐은 여전히 예기치 못한 채로 남아 있습니다. 본질적인 것은 언제나 갑자기 찾아옵니다. 우리 언어에서 '번개'는 사실 '보세요'를 의미합니다. 하지만 좋든 나쁘든, 갑작스러운 것은 해결되기까지 오랜 시간이 걸립니다. 그래서 나는 그 시간이 너무 짧아서 슬픕니다. 그래서 더 기쁜 마음으로 당신의 귀환을 기대합니다. 사랑하는 한나, 이제 초창기와 말미가 모두 순수하게 드러났기 때문에 이것은 가장 아름다운 일이 될 것입니다. 나는 당신이 이 순수함 속에서 기뻐하고 있고 또 우리에게 속해 있음을 알고 있습니다.

마르틴 역시 그 만남에 깊이 영향을 받았던 것이 분명하다. 그는 한나와 마찬가지로 그녀의 방문이 여러 차례 방문 중 첫 번째가 되기를 희망했다. 그들의 깨진 관계는 치유되었고 마르틴이 표현한 대로 모든 것이 "순수하게 드러났다." 마르틴의 아내 엘프리데는 마르틴이 한나를 사랑했다는 사실을 잘 알고 있었으며, 한나가 그의 삶에서 중요한 위치를 차지하고 있다는 사실을 받아들였다고 한다. 마르틴은 이렇게 썼다. "어떤 면에서도 내 아내는 우리 사랑의 운명에 간섭하고 싶어 하지 않았다."

편지와 친구들과의 대화에서 종종 싫어하고 불신했던 여자가 갑자기 남편의 전 학생에 대한 사랑을 받아들이고 축복한 사실에 한나는 어떤 반응을 보였을까? 아마도 복잡한 감정을 느꼈을 것이다. 마르틴의 조언에 따라, 한나는 엘프리데에게 편지를 썼다. 편지의 어조는 솔직했고 엘프리데가 전쟁 중에 취했던 입장에 대한 그녀의 감정을 숨기려 하지 않았다. 또한, 그녀는 엘프리데의 남편과 불륜을 가졌던 것에 대해 사과하지도 않았다. 그럼에도 불구하고 한나는 편지를 끝맺으며 엘프리데와 만나고 싶다는 의사를 밝혔다.

1949년 2월 프라이부르크의 그날 밤은 한나와 마르틴 이야기의 제2부 첫 장이 되었다. 한나는 옛 교수였던 마르틴의 마음속에 다시 불을 붙인 것처럼 보인다. 그들이 재회한 바로 다음 주, 마르틴은 한나에게 헌정한 다섯 편의 시를 보냈다. 이후 마르틴은 편지와 시를 자주 보내며 열정적인 구애를 시작했다. 그의 편지는 낭만적이고 때로는 유혹적이었다. 그는 한나의 외모를 칭찬하고 그들이 함께 즐겼던 책과 음악, 공유했던 기억과 과거의 대화를 상기시켰다.

3월 2일, 그들은 다시 만났다. 이번에는 한나가 나흘간 머물렀다. 이후 두 사람이 주고받은 편지들을 볼 때, 한나는 마르틴에게 솔직하게 이야기했던 것으로 보인다. 그녀가 겪은 고통, 그의 배신으로 인한 슬픔, 그를 기다리며 느꼈던 외로움, 연락을 기다리다 느낀 불안감, 그리고 그 이후로 다시 사랑을 받아들이는 두려움 등을 털어놓았다. 마르틴은 이후 여러 편지에서 이 대화에 대해 언급했다. 예를 들어, 5월 4일 메스키르히에서 보낸 편지에서는 이렇게 썼다.

3월 2일, 당신이 다시 찾아왔을 때, '중간'이 생겨났어요. 과거의 것들이 지금으로 이어지며 영속적으로 변했죠. 시간이 친밀함이라는 사차원 속으로 모였어요. 마치 우리가 영원의 세계에서 곧바로 걸어 나와 다시 그곳으로 돌아간 것처럼요. 이것이 정말인지 당신은 물었죠. 오, 존재마저도 초월했어요. 하지만 가장 가까운 사람이여, 당신은 알아야만 해요. '의도적이고 섬세한' 것, 아무것도 잊히지 않았고 모든 대립이 전체에 더해졌어요. … 측정할 수 없는 당신의 모든 고통과 나의 모든 부재가 그것을 스스로 부정하지 않은 채, 우리 마음 속에서 세상의 종을 오랫동안 울렸습니다. 그 울림은 아침 빛 속에서 울려 퍼졌고 그 후 며칠 동안 그 순간의 먼 메아리가 우리에게 다시 새롭게 떠올랐어요. 당신이요. 한나, 바로 당신.

한나는 그를 용서했고 마르틴은 이에 깊이 감사했다. 그녀의 용서를 통해 그들의 고통스러운 과거는 사라졌다. 한나는 『인간의 조건』에서 이렇게 썼다. "용서는 과거의 행위를 무효화하는 역할을 한다." 그녀가 마르틴을 용서한 것은 이를 완벽히 보여주는 사례다. 용서는 미래의 가능성을 열어준다. 용서를 통해 잘못한 사람의 죄책감이 해소되고 균형이 회복된다. 여기에 용서의 힘이 있다. 만약 우리가 서로를 용서하지 못하고 우리 행동의 결과에 대한 부담을 내려놓지 못한다면, 우리의 행동 능력은 단 한 가지 행동으로 제한될 것이고 우리는 평생 그 결과에 갇힐 것이다. 용서는 그 부담을 해소하고 우리를 과거로부터 해방시킨다.

용서는 우정이든, 연애 관계든, 두 사람 사이의 사적이고 개인적인 관계에서 중요한 역할을 한다. 그것은 감정적이고 도덕적인 과업이다. 용서에는 시간이 걸리며, 그것은 고통스럽다. 손상된 관계나 잃어버린 친구 또는 연인은 고통을 동반한다. 그리고 만약 깨진 관계나 잃어버린 친구나 연인이 초래한 고통이 문제의 원인이 된 배신보다 더 큰 고통을 준다면, 용서할 모든 이유가 생긴다.

한나와 마르틴은 평생 따뜻한 관계를 유지했다. 그들은 종종, 때로는 한 달에 여러 번, 때로는 일 년에 몇 번씩 편지를 주고받았다. 첫해를 지배했던 새롭게 불타오른 열정적 어조가 사라진 후, 그들의 대화는 점점 더 지적으로 변했다. 한나는 자신의 예전의 지도교수였던 그에게 조언을 구했고 서로의 글을 읽으며 비평과 칭찬을 주고받았다.

한나는 독일에 있을 때마다 마르틴과 엘프리데를 방문하려고 노력했고 하인리히도 여러 차례 그녀와 동행했다. 하인리히는 철학자로서의 마르틴을 존경했고 아내 한나가 마르틴의 삶의 일부가 되는 것을 격려했다. 그는 아내가 마르틴에게 무엇을 의미하는지 이해했으며, 아내가 위대한 철학자에게 얼마나 중요한 존재인지에 감명받았다. 하인리히는 당연히 그들의 과거에 대해 알고 있었지만 그것을 젊은 시절의 낭만적 사랑, 과거에 속한 열병으로 여겼다. 마르틴 하이데거는 하인리히와 한나의 결혼에 위협이 되지 않았다.

한나와 하인리히는 함께 삶을 만들어 나갔다. 한나는 하인리히 없이는 살 수 없었다. 그는 그녀의 "네 벽"이었고 그에 대한 그녀의 사랑은 신뢰라는 견고한 기반 위에 세워졌다. 그들 사이에는 충성, 변함없음, 정직함, 그리고 우정이 있었다. 반면, 한나의 마르틴에 대한 태도는 쉽게 정의하기 어렵다. 집착이었을까, 비합리적인 의존이었을까? 어떤 답이든, 하인리히의 지지가 없었다면 한나와 하이데거의 관계는 지속될 수 없었을 것이다. 한나는 마르틴에게 조심스러웠지만 하인리히에게는 확신이 있었으며, 하인리히가 주는 근본적인 안정감이 없었다면 그녀는 그 관계를 다시 시작할 용기를 내지 못했을 것이다. 하지만 왜 한나에게 있어서 마르틴을 그녀의 삶에 두는 것이 그렇게 중요했을까? 여러 가지 이유가 있었던 것 같다. 마르틴은 한나처럼 고전 교육을 받은 사람이었다. 그는 그리스어와 라틴어를 알았고 한나와 마찬가지로 동일한 사상가들의 저작을 읽었다. 결국 그는 그녀를 가르쳤던 사람이었고 그들은 같은 기준을 공유했다. 지적으로 마르틴은 다른 누구도 한나와 같은 수준으로 맞춰줄 수 없는 동반자였다. 그들은 전쟁 전 독일, 더 나아가 유럽에 대한 기억과 과거를 공유했으며, 이는 그들의 사고와 발전에 큰 영향을 미쳤다. 또한 한나는 마르틴이라는 위대한 철학자의 선택을 받은 사람, 그의 영혼의 동반자가 된 것으로도 엄청나게 기뻤을 것이다. 더욱이 이제 마르틴이 그녀를 필요로 한다는 사실은 그녀의 허영심을 자극했을 것이다.

엘프리데는 한나의 존재를 받아들였지만 두 여성은 결코 특별히 친한 친구가 되지 못했다. 그들은 너무나 달랐고 마르틴을 두고 벌이는 경쟁은 지나치게 치열했다. 엘프리데는 젊은 한나를 의심의 눈초리로 바라봤지만 마르틴에게 다시 한 번 한나와의 모든 관계를 끊으라고 요구할 수는 없다는 것을 충분히 이해할 만큼 영리했다.

엘프리데는 한나가 마르틴의 공적 이미지를 회복시키는 데 중요한 역할을 할 수 있음을 이해했다. 1950년 재회 이후, 한나는 마르틴의 무급 대리인 역할을 맡았다. 그녀는 그의 책이 영어로 번역되도록 노력했고 그의 계약을 협상했으며, 그에 대해 회의적인 사람들에게 그를 변호했다. 하이데거 부부에게 한나의 열정은 마치 신이 내린 선물처럼 느껴졌을 것이다. 마르틴은 강의에서 배제되었고 전쟁 중 그의 입장으로 인해 이전의 밝았던 전망은 완전히 사라졌다. 그들의 재정 상황은 매우 불안정했으며, 팔리는 책 한 권 한 권이 가계에 중요한 도움을 주었다.

실제로 한나는 마르틴의 손상된 명성을 회복시키는 데 결정적인 역할을 했다. 한 번은 그녀가 마르틴을 고대 그리스 철학자 탈레스에 비유하기도 했다. 탈레스는 별을 바라보느라 자신이 우물에 빠진 것을 알아차리지 못한 철학자로 알려져 있다. 이 비유의 핵심은 마르틴 하이데거가 철학적 사고에 너무 몰두한 나머지 자신이 세상사에 미친 영향을 알아차리지 못했다는 것이다.

한나는 마르틴의 가장 열렬한 옹호자가 되었으며, 그의 나치즘

1968년 남부 독일 토트나우베르크에서의 마르틴 하이데거

과 히틀러 및 제3제국에 대한 명시적 지원에 대해 변명하고 완화하고 축소하기 위해서 많은 노력을 기울였다. 그녀는 그의 80세를 기념하는 찬사 〈여든 살의 마르틴 하이데거〉에서 그를 완전히 무죄로 선고하기까지 했다. 그녀는 마르틴의 나치즘과의 연루를 단순히 "10개월 동안의 짧고 혼란스러운 실수"로 묘사하며, "하이데거 자신이 나중에 그를 판단했던 사람들보다 훨씬 더 빨리, 그리고 더 급진적으로 자신의 '실수'를 바로잡았다."라고 주장했다. 그녀는 또한 "그는 당시 독일 문학과 대학 생활에서 일반적으로 행해지던 것보다 상당히 더 큰 위험을 감수했다."라고 썼다.

한나의 이러한 헌사를 읽는 것은 가슴 아픈 일이다. 무엇보다 그녀의 주장에는 어떠한 실증적 증거도 없기 때문이다. 마르틴 하이데거가 나치즘을 지지하지 않았다는 그녀의 안심에는 이를 뒷받침할 문서나 증언이 없다. 마르틴에 대한 그녀의 충성과 사랑이 그녀를 눈멀게 했다. 그녀가 헌사를 쓴 1969년에 이미 마르틴이 1933년 5월부터 나치당의 당원으로 있었으며 1945년 당이 해체될 때까지 당적을 유지했다는 사실이 널리 알려져 있었다. 한나는 또한 그가 1933년 프라이부르크 대학 총장에 임명되며 했던 악명 높은 연설에 대해서도 잘 알고 있었다. 그 연설에서 그는 대학을 나치당 노선에 따라 재구조화할 필요성과 "혈통과 토양"의 중요성 같은 나치의 이상을 공개적으로 지지했다. 이 연설은 그녀가 그와의 모든 연락을 끊기로 결심했을 때 마음속에 있었던 것으로 보이지만 그녀는 이를 "10개월 동안의 짧고 혼란스러운 기간"이라고 축소하며 상대화했다. 한나는 전쟁 전후 마르틴이 자기 행동에 대한 그만의 이야기에 깊이 영향을 받은 것이 분명했다.

2014년 봄, 한나와 마르틴이 사망한 지 여러 해가 지나고서야 마르틴의 일기가 처음으로 공개되었다. 이 일기는 1931년부터 1941년까지의 기간을 다루고 있으며, 그다음 해 말에는 1942년부터 1948년까지의 일기가 추가로 출간되었다. 마르틴은 자신의 일기를 '검은 공책'이라고 불렀는데, 이는 검게 칠해진 표지 때문이었다. 그러나 출간 이후 이 별명은 더 운명적인 의미를 얻게 되었다. 마르틴 자신이 남긴 글은 그가 나치당의 열렬한 당원이었음을 의심의 여지 없이 보여주기 때문이다. 그는 나치의 근본적인 원칙과 가치를 공유했으며, 나치즘이 독일을 올바른 길로 되돌릴 힘과 능력을 가지고 있다고 믿었다. 후기 일기에서 마르틴이 홀로코스트를 알고 있었으며, 그것이 어느 정도는 유대인들의 책임이라고 믿었음이 명백히 드러난다. 마르틴의 검은 공책을 읽어보면 그가 아돌프 히틀러의 열렬한 지지자였음을 부정하기 어려워진다.

물론 한나는 마르틴의 검은 공책을 읽을 기회가 없었다. 하지만 만약 그녀가 그 안에 담긴 정보를 접했다면 어떻게 받아들였을까? 확실히 알 수는 없지만 그녀가 그를 용서했을 가능성도 배제할 수 없다. 한나가 마르틴을 용서한 것이 옳았는지 옳지 않았는지는 그녀만이 대답할 수 있는 문제다.

미국 철학자 마거릿 홈그렌은 용서에 대한 논의가 있을 때 반드시 물어야 할 세 가지 질문이 있다고 주장한다. 첫째, 용서는 자기존중과 양립할 수 있는가? 둘째, 용서는 잘못을 저지른 사람을 도덕적 주체로 존중하는 것과 양립할 수 있는가? 셋째, 용서는 자신의 도덕적 가치에 대한 존중과 양립할 수 있는가? 그녀는 이 세 가지 형태의 존중과 용서는 양립할 뿐 아니라, 존중은 우리로 하여금 용서의 행위에 참여하도록 요구한다고 결론짓는다. 자신을 진정으로 존중한다면, 우리는 우리가 발휘할 수 있는 가장 존경할 만한 태도를 개발하기 위해 최선을 다해야 하며, 용서는 그러한 태도 중 하나라는 것이다. 잘못을 저지른 사람을 도덕적 존재로 존중한다면, 용서는 적절한 반응이 된다. 왜냐하면 용서의 행위를 통해 잘못을 저지른 사람의 인간적 존엄성이 확립되고 인정되기 때문이다. 마지막으로, 홈그렌은 도덕적 가치를 존중한다는 것은 잘못을 저지른 사람을 포용할 수 있는 도덕적 접근 방식을 개발해야 한다는 것을 의미한다고 주장한다.

홈그렌의 주장은 몇 가지 일리가 있지만 그 논리는 논쟁의 여지가 있다. 용서를 쉽게 행하는 사람들은 자기 존중의 표현이 아니라 오히려 자기 존중의 결여로 인해 그렇게 할 수도 있다. 쉽게 용서하는 사람들은 자신이 요구할 권리가 있다고 생각하지 않을 수도 있으며, 따라서 자신의 존엄과 권리를 주장하기보다는 상대방의 의지에 굴복할 수 있다. 이런 상황에서 용서는 미덕이 아니라 부담에 가깝다. 용서하는 사람은 자신 내면의 도덕적 가치를 존중하지 못하게 된다. 즉, 자신을 하나의 목적 그 자체로 인식하지 못하는 것이다.

한나의 용서가 너무 쉽게 이루어졌을까? 그것은 자기 존중의 부족을 의미하는가? 용서는 의지의 행위다. 다른 사람의 눈에는 용서받을 수 없는 것으로 보이는 일을 용서하기로 선택한 사람은 그럴 만한 이유가 있을 것이다. 한나는 마르틴을 용서함으로써 둘 모두에게 두 번째 기회를 주었다. 우리가 아는 한, 마르틴은 그녀가 그 결정을 후회할 어떤 이유도 제공하지 않았다. 한나의 삶에서 그가 없는 시간으로 인한 고통은 그가 이미 그녀에게 초래한 고통보다 더 컸다.

스물셋

불가능한 용서

용서는 전통적으로 종교적 또는 심리학적 현상으로 여겨져 왔고 종종 신학자들과 행동과학자들이 논쟁을 벌였지만 제2차 세계대전과 홀로코스트 이후에 점차 변화하기 시작했다. 세계와 인류는 그러한 잔혹함을 어떻게 받아들여야 했는가? 철학자들, 정치학자들, 법률가들, 그리고 다른 여러 분야의 학자들이 악, 분노, 불의에 대한 가능한 대응책으로서 용서에 관심을 기울이기 시작했다. 어떤 사람들은 용서에 관하여 세계를 치유하는 방법으로 보았지만 또 다른 이들은 홀로코스트 이후 가해자를 용서하는 것이 불가능하다고 주장했다.

시몬 비젠탈은 1945년 모타우젠을 포함한 여러 강제 수용소에서 살아남았다. 수감 중 그는 전쟁 중 만났던 나치들의 이름을 기억에 의존해 기록하고 그들의 이름과 다른 정보를 노트에 적어두었다. 전쟁이 끝난 후 그는 유대인 역사문서화센터(Jewish Historical Documentation Centre)를 설립하여 나치들을 추적하고 재판에 회부하는 것을 목표로 삼았다. 비젠탈은 '나치 사냥꾼'으로 알려졌으며, 많은 나치 전범을 법의 심판대에 세운 공로자였다. 그러나 그는 항상 복수가 그의 목적이 아님을 강조했다.

그렇다면 용서는 어떠한가?

자서전적 저서 『해바라기: 용서의 가능성과 한계*Die Sonnen-blume: Über die Möglichkeiten und Grenzen von Vergebung*』에서 비젠탈은 자신이 있었던 렘베르크 수용소에서 한 간호사의 안내를 받아 죽어가는 나치 친위대 병사를 만났던 경험을 묘사한다. 병사의 마지막 소원은 자신의 죄를 유대인에게 고백하고 용서를 받는 것이었다. 그는 자신이 참여했던 잔혹 행위들, 살해당한 여성들과 아이들, 불타는 유대인들, 고문에 대한 기억에 괴로워하고 있었다. 비젠탈은 어쩔 수 없이 그의 이야기를 들어야 했지만 그를 용서해야 할지 말아야 할지 결정을 내릴 수 없었다. 결국 그는 침묵을 선택했고 한마디도 하지 않은 채 방을 떠났다. 몇 년이 지나도 비젠탈은 자신이 올바른 일을 했는지 확신할 수 없었다. 어쩌면 그는 그 병사를 용서했어야 했을까? 어쩌면 그 병사의 마지막 소원을 들어주는 것이 도덕적 의무였을까?

비젠탈은 이 도덕적 딜레마에 대해 53명에게 의견을 물었고 그들의 생각을 그의 책에 담았다. 이 문제에 대해 고심한 사람 중에는 신학자, 정치인, 역사학자, 심리학자, 인권 운동가, 변호사, 홀로코스트 생존자, 그리고 유죄 판결을 받은 나치 전범들이 포함되었다. 대다수는 비젠탈이 그 병사를 용서하지 않은 것이 옳았다고 주장했다. 흥미롭게도, 나치 독일의 군수 장관으로 반인도적 범죄로 유죄 판결을 받은 알베르트 슈페어도 같은 견해를 밝혔다. 그는 나치가 저지른 범죄가 너무나 커서 용서할 수 없다고 주장했다. 그러나 홀로코스트 생존자인 장 아메리 같은 일부 사람들은 용서라는 개념 자체의 불확실성 때문에 확신을 가지지 못했다. 용서란 정확히 이 문맥에서 무엇을 의미하는가? 한편 달라이 라마와 데스몬드 투투 같은 소수의 응답자들은 사랑에 기반한 행동으로 병사를 용서했어야 한다고 주장했다.

한나 아렌트는 시몬 비젠탈의 질문에 어떻게 답했을까? 그녀는 『인간의 조건』에서 용서를 "되돌릴 수 없음에 대한 치료법"으로 묘사하며, 용서에는 "과거의 행위를 무효화할" 힘이 있다고 썼다. 용서는 희생자와 가해자 모두를 과거의 사건들로부터 해방시킬 수 있다. 그러나 그녀가 죽어가는 나치 친위대 병사를 그의 고통에서 해방시키는 쪽을 선택했을까? 이는 의문스럽다. 한나는 어떤 행위와 어떤 개인은 용서받을 수 없다고 믿는 사람이었다. 예를 들어, 그녀는 『책임과 판단』에서 스캔달론, 즉 진정으로 사악한 행위와 관련해 용서에 대해 논한다. 그녀는 복수와 처벌 또는 용서 중에서 선택할 수 있다고 주장하지만 특정 행위는 너무 끔찍해서 합리적이고 공정한 처벌을 내리는 것이 불가능하다고 본다. 이러한 행위로 인한 해악은 측정될 수 없으며, 따라서 처벌뿐만 아니라 용서의 범위에서도 벗어난다. 결국, 한나는 이렇게 쓴다. 우리가 용서할 때, 그 용서를 받는 대상은 '개인'이다. 그러나 진정으로 사악한 행위를 저질러 측정할 수 없는 잔혹함을 초래한 사람은 용서받을 수 없다. 왜냐하면 그들은 행동을 통해 자신의 인격을 스스로 상실했기 때문이다. "뿌리 없는 악에는 더 이상 용서할 수 있는 사람이 없다." 한나의 주장은 칸트가 자신의 행동을 통해 스스로에게 처벌을 가져오는 악한들에 대한 추론에서 비롯된 것이다. 그들은 정언명령을 위반함으로써 자신의 고유한 인간 존엄성을 지워버린다. 인간성이 무효화됨으로써 더 이상 용서할 사람이 없다는 것을 의미한다.

스캔달론의 범주에 속하는 행위는 인류가 해결할 수 있는 범위를 넘어선다. 한나는 이렇게 썼다. 진정으로 악한 행위를 저지른 사람들은 처벌이나 용서를 통해 변화하거나 회복될 수 없다. 그들의 행위, 그들의 악행은 세계 질서 자체에 대한 범죄이다. 한나는 누가복음을 인용하며 이렇게 쓴다. "그 목에 맷돌을 매달아 바다에 던져지는 게 그들에게 더 나을 것이다."

여기서 묘사된 악은 배신, 거짓말, 부정, 깨진 약속과 같은, 악과는 분명히 다른 성질을 가지고 있다. 어쩌면 우리는 '악'이라는 개념을 인간 존엄에 대한 가장 심각한 모독에만 제한해야 할지도 모른다. 홀로코스트에서 나타난 악, 다시 말해서 체계적이고 계획적이며, 조직적으로 실행된 대량 학살은 하이데거가 한나에게 가한 배신과는 완전히 다른 차원의 것이다. 물론 그는 나치 이데올로기에 동조했지만 그의 손에는 피가 묻지 않았다.

용서가 불가능하다면, 무엇이 가능할까? 용서를 거부한 사람은 복수에 사로잡힌 과거의 포로가 될까? 홀로코스트와 같은 대량 학살을 용서하는 것은 불가능하지만 그것이 일어났음을 받아들이고 화해하는 것은 가능하다. 용서는 범죄자의 어깨에서 죄의 무게를 덜어주는 것이지만 화해는 화해를 경험하는 사람이 그 일이 잘못되었음을 인정하면서도 그것이 일어났음을 받아들이는 것을 의미한다. 스웨덴의 사회심리학자 라세 덴칙은 이 차이를 다음과 같이 설명한다.

화해는 용서와 같지 않다. 나의 가족 대부분이 나치 강제 수용소에서 살해되었다는 사실은 내가 받아들여야 할 일이지만 그들을 살해한 나치들을 결코 용서할 수도, 용서하고 싶지도 않을 것이다.

스물넷

고통 없는 사랑

한나처럼 많은 고통을 겪는 삶을 어떻게 견뎌낼 수 있을까? 그 답 중 하나는 바로 한나 자신, 그녀가 어떤 사람이었는가에 있다. 한나는 사물을 매우 진지하게 받아들이는 사람이었지만 동시에 주어진 상황 속에서 부조리를 볼 수 있었다. 그녀는 자주 웃었으며, 지적인 사람들에게서 종종 발견되는 뛰어난 유머 감각을 지니고 있었다. 또한 한나는 삶의 작고 일상적인 보물들을 소중히 여길 줄 아는 사람이었다. 포기란 그녀의 본성에 맞지 않았다. 그녀는 자신의 의무라고 믿었기 때문에 고군분투하고 저항하며, 열심히 일했다. 조용히 침묵하며 패배를 인정하는 일은 그녀에게 불가능한 일이었다.

또 다른 답은 그녀가 자신을 둘러싸고 있던 사람들, 하인리히와 그녀의 어머니, 그리고 그녀가 사랑했던 많은 친구들에 있다. 하인리히와 그녀의 어머니는 수년간 변함없이 그녀에게 충실한 존재들이었다. 친구들 또한 그녀를 소중히 여기며 돌보았고 한나 역시 그들에게 똑같은 애정을 쏟았다.

우정은 열정적이고 낭만적인 사랑에서 본질적으로 내재된 불안으로부터 자유로운 독특한 형태의 사랑이다. 한나는 박사 학위 논문 〈아우구스티누스의 사랑 개념〉에서 이러한 사랑의 형태를 언급했다. 아우구스티누스는 사랑을 표현하는 데 하나의 단어로 '욕망'을 사용했지만 한나는 그의 저작 속에서 사랑의 본질에 대한 다른 논의들, 즉 요구하는 것이 아닌 상호적인 사랑을 발견했다고 주장했다. 이는 이웃 사랑으로 설명된다. 이웃 사랑은 낭만적이거나 에로틱한 사랑에서 흔히 나타나는 욕망과도, 이타적이고 자기희생적인 사랑과도 다르다. 이 사랑은 상호성과 협력을 특징으로 하는 친근한 사랑이다.

그렇다면 우정이란 정확히 어떤 유형의 관계인가? 사랑처럼 우정도 보살핌과 관심을 필요로 하지만 낭만적이거나 에로틱한 사랑이 동반하는 고통과 고난은 없다. 우정은 고통 없는 사랑이지만 그렇다고 해서 요구가 없는 관계는 아니다. 에피쿠로스는 우정을 정원처럼 가꾸어야 한다고 말했다. 또한 한나가 직접 경험했듯이 우정은 때로 극적인 전개를 보이며 실망을 가져올 수도 있다.

한스 요나스에 따르면, 한나는 드물게 "우정에 대한 천재적 재능"을 지닌 사람이었다. 에피쿠로스의 말을 빌리자면, 그녀는 우정을 돌보는 방법을 알고 있었다. 한나는 매우 신뢰할 수 있는 사람이었으며, 충실하고 사려 깊은 동반자였다. 이는 그녀가 전 세계에 있는 친구들에게 보낸 많은 편지, 특히 미국 작가 메리 매카시에게 보낸 편지들에서도 잘 드러난다.

한나와 메리가 수십 년 동안 주고받은 편지들은 『친구 사이: 한나 아렌트와 메리 매카시의 편지들, 1949-1975』에 실렸다. 두 사람은 1944년 맨해튼의 머레이 힐 바에서 처음 만나자마자 친해졌다. 미국에 도착한 지 겨우 3년 만에 한나는 작가로서 자리를 잡아가고 있었으며, 메리 매카시가 이미 핵심 멤버였던 뉴욕 지식인 집단에 합류했다. 한나보다 여섯 살 어린 메리는 어린 시절 1918년 스페인독감의 유행으로 부모를 잃고 고아가 되었다. 그녀는 가톨릭 신자인 조부모님 밑에서 가난하게 자랐고 삼촌에게 학대를 받기까지 했다. 그런데 지식에 대한 갈증을 바탕으로 메리는 공부를 통해 빈곤에서 벗어날 수 있었다. 바사 칼리지에 입학한 메리는 다양한 지적 저널에 글을 쓰기 시작했고 이후 공산주의와 매카시즘 모두를 비판하는 자유주의적 비평가로 이름을 떨쳤다. 한나와 만날 당시 그녀는 이미 첫 소설 『그녀가 유지한 동행The Company She Keeps』을 출판했고 비평적으로 큰 찬사를 받고 있었다.

메리는 한나의 회의적인 성격과 유럽식 교육을 높이 평가했으며, 한나는 메리의 미국적인 기질에서 즐거움을 느꼈다. 한나는 메리가 구세계의 많은 사람들과 달리 덜 우울하고 더 여유롭다고 생각했다. 1946년, 한나는 카를 야스퍼스에게 보낸 편지에서 새로운 미국 친구들에 대해 이렇게 썼다. "그들의 토론은 광신적이지 않으며, 그들의 논쟁은 많은 사람들에게 열려 있습니다. 이곳의 지식인은 원칙적으로 자신이 지식인으로서 성공주의에 대해 반대자라는 확신을 지니고 있습니다. 그들은 '성공의 신'을 숭배하지 않습니다." 독일을 떠나면서 실망한 한나는 다시는 학자들과 시간을 보내지 않겠다고 스스로에게 약속했었다. 그녀는 엘리트주의적이고 기회주의적인 지식인들에 대해 깊은 경멸심을 품었지만 미국에서 사상의 자유에 대한 희망을 되찾았다.

한나와 메리는 둘 다 기질이 강했고 예리한 유머 감각을 공유했다. 하지만 때로는 그 때문에 그들 사이에 싹트는 우정을 일찍이 끝낼 뻔했다. 1945년 한 저녁 식사 자리에서 메리가 히틀러에 대해 경박한 발언을 해 한나를 격분시켰다. 메리는 히틀러가 희생자들에게 사랑받고 싶어 한다는 점이 너무 우스꽝스럽다며 동정심을 느낀다고 말했다. 이에 한나는 이렇게 받아쳤다. "어떻게 그런 말을 할 수 있죠? 히틀러의 희생자인 제 앞에서, 강제 수용소에 갇혀 있던 사람 앞에서 그런 말을 하다니요." 그녀는 그 자리에서 발길을 돌려 떠나버렸다. 한나는 메리의 그 경솔한 발언을 용서하기까지 3년이 걸렸다. 어느 세미나에서 그들이 같은 입장에서 논쟁을 벌였을 때, 한나는 결국 이렇게 말했다. "이제 이런 말도 안 되는 일은 끝내요. 우린 생각이 너무 비슷해요." 그러자 메리는 즉시 그리고 진심으로 사과했고 한나는 자신이 실제로는 강제 수용소에 있었던 것이 아니라 수용소에 있었음을 고백했다. 그 사건 이후로 두 여성은 평생 서로에게 충실했다. 그들은 서로 함께 있을 때 자신을 꾸미거나 다른 사람인 척할 필요가 없었다.

1965년 1월, 메리는 파리에서 한나에게 편지를 썼다.

> 친애하는 한나, 우리는 언제 만날 수 있을까요? 당신이 너무 보고 싶
> 어요. 파리에는 진정한 친구가 없어요. 이건 단순한 사실이에요. 조지
> 오웰의 미망인 소니아 오웰과 앙조 레비는 내 친구들이긴 하지만 그들
> 한테는 너무 신중하게 대하거나, 아니면 너무 많이 억눌린 조바심 속
> 에 대해야 해서 결코 마음이 편안해질 수 없어요.

사람은 진정한 친구에게 허세를 부릴 필요가 없다. 말을 가려 하
거나, 말실수할까 봐 걱정할 필요도 없다. 진정한 친구는 당신에
대한 기본적인 신뢰와 믿음을 가지고 있다. 친구와 함께 있을 때
는 마음을 놓고 편안함을 느낄 수 있으며, 생각을 소리내어 말하거
나, 완성되지 않은 생각을 공유하고 온갖 희망, 두려움, 아이디어
를 표현할 수 있다.

두 친구는 편지에서 우정을 주제로 자주 논의하며, 인간 관계에
서 대화의 중요성을 탐구했다. 자신의 삶에 대한 세부 사항을 다른
사람, 즉 친구와 공유할 때, 어떤 의미로는 자신의 과거와 현재를
이해하게 된다. 우리의 이야기는 그것을 들어줄 사람과 따뜻한 귀
가 필요하다. 오스트리아-이스라엘 철학자인 마르틴 부버는 우리
가 '너'를 만남으로써 비로소 '나'가 된다고 말했다.

가브리엘 가르시아 마르케스는 그의 저서 『이야기하기 위해 살다Vivir para contarla』에서 이렇게 썼다. "삶이란 우리가 살아온 것 그 자체가 아니라, 그것을 기억하는 방식이며, 그 기억을 이야기하기 위한 것이다." 다른 사람들에게 우리의 삶과 경험을 이야기함으로써, 우리는 동시에 우리 자신에게 이야기를 들려주는 것이다. 한 나는 1971년에 메리에게 이렇게 썼다. "삶이란 이야기하지 않고는 무엇이라고 말할 수 없다."

종교철학자 돈 큐핏은 인간의 삶이 짧은 이야기들로 이루어져 있다고 주장한다. 우리는 자신의 삶을 이야기하며, 의미와 정체성을 불러일으키고 스스로에게 과거와 미래를 부여한다. 우리는 우리 자신이 선택한 기억들을 어떻게 나누는지, 그리고 누구와 나누는지를 통해 존재하게 된다.

한나가 평생 자주 참고했던 철학자 아리스토텔레스는 여러 저서에서 우정의 본질과 가치를 논했다. 그는 인간이 홀로는 이성적이거나 선할 수 없으며, 인간으로 존재하기 위해 다른 사람들, 즉 친구들이 필요하다고 주장했다. 아리스토텔레스는 그의 저서 『정치학*Politics*』에서 이렇게 썼다. "홀로 살 수 있는 사람은 동물이 아니면 신이다." 인간은 본질적으로 사회적 존재이며, 사회 속에서 활동하고 친구를 찾으며 살아간다. 그리고 좋은 판단과 합리적 결정을 내리는 능력으로서의 '실천적 지혜(phronesis)'는 아리스토텔레스에 따르면 우정을 통해서만 발전할 수 있다.

아리스토텔레스는 『니코마코스 윤리학*Nicomachean Ethics*』에서 우정을 다른 사람을 위해 선행을 하려는 욕망, 즉 타인의 행복을 바라는 마음으로 묘사한다. 그는 또한 우정이 도덕적 성장에 필수적이라고 주장했다. 우리는 다른 사람에게서 자신을 비추어 보고 좋은 친구는 우리를 더 나은 사람으로 만들어줄 수 있다. 좋은 친구를 가지는 것은 항상 행운이자 필수적인 것으로 여겨져 왔다.

아리스토텔레스는 친구를 가짐으로써 인간은 지적, 실질적으로 더 많은 자원을 가지게 된다고 썼다. 한나는 그녀의 삶에서, 특히 프랑스에서의 망명 시절 동안 친구들에게 의지하며 이러한 사실을 수도 없이 경험했다. 우정, 또는 친근함을 실천하는 능력은 아리스토텔레스의 관점에서 미덕이며, 우리를 좋은 삶으로 인도하는 성격적 특질이다. 그는 우정이 단순히 필수적일 뿐만 아니라 고귀한 것이라고 썼다. 친구들의 도움으로 우리는 더 나은 사람이 된다. 적어도 우리가 친구를 신중하게 선택한다면 말이다.

우정에 관한 아리스토텔레스의 논의는 주로 남성 간의 우정에 초점이 맞춰져 있다. 그의 지적 세계에서 여성은 거의 존재하지 않았고 그의 이상은 따라서 남성 간의 귀족적 유형의 우정이다. 그러한 동등한 남성들 사이에서는 유용성, 즐거움 또는 기쁨, 그리고 덕을 바탕으로 한 세 가지 유형의 우정이 가능하다. 하지만 남성과 여성 간의 우정에 차이가 있을까? 아마 없을 것이다. 어떤 사람들은 관계를 통해 이익을 얻기 위해 친구를 선택하고 다른 사람들은 즐거움을 추구한다. 아리스토텔레스에 따르면 유용성과 욕망을 바탕으로 한 우정은 오래 지속되지 않는다. 가장 깊고 풍요로운 우정은 서로의 장점을 인정하고 이를 소중히 여겨 서로를 선택한 두 사람 사이에서 발견될 수 있다. 이러한 우정은 두 사람이 함께 성장하며, 홀로는 도달할 수 없었던 더 나은, 더 현명한 사람이 되도록 돕는다. 어쩌면 사랑과 우정의 핵심적인 차이는 바로 이것일지도 모른다. 사랑은 변덕스럽지만 우정은 신뢰할 수 있다는 점이다.

우정의 본질은 하인리히를 매료시킨 주제이기도 했다. 그는 아리스토텔레스의 글을 출발점으로 삼아, 여러 강연에서 사랑과 우정에 대해 논했다. 하인리히의 관점에서 우정은 에로스가 없는 사랑과 같았다. 1968년에 진행한 마지막 강연에서, 그는 우정은 에로스가 더 이상 방해가 되지 않을 때 나타난다고 제안했다. 두 사람이 처음 만났을 때 발생했던 에로틱한 욕망은 더 이상 주요 동력이 아니다. 우정에서 중요한 것은 두 인격체가 서로를 존중하고 공간을 내주고 상대방을 있는 그대로를 받아들이며 성장을 돕는 것이다.

한나와 하인리히의 삶은 친구들로 이루어져 있었다. 독일에서 알았던 사람들, 프랑스 망명 시절에 만난 사람들, 그리고 미국에 도착한 후 알게 된 사람들로 구성된 이들은 두 사람에게 가족이나 다름없었다. 특히 한나는 친구들을 자신의 삶의 중심으로 여겼다. 그녀는 책을 친구들에게 헌정했고 헌사와 연설문을 작성했으며, 친구들의 작품과 인용문, 이야기를 널리 알리기 위해 노력했다. 그녀는 지속적으로 연락을 유지하고 생일을 기억하며, 슬픔을 겪는 이들에게 조의를 표하고 편지를 쓰고 소포를 보내고 요리를 하고 저녁 식사에 초대했으며, 이야기를 들어주고 좋은 조언을 해 주었다. 그러나 그녀는 결코 동정을 베풀지는 않았다. 엘리자베스 영-브륄이 한나 아렌트를 다룬 전기 『한나 아렌트: 세계를 사랑하기 위하여Hannah Arendt: For Love of the World』에서 한나에 대해 "우정이라는 언어에 능통한 사람"이라고 썼다.

미국으로 이주한 후, 한나와 하인리히는 작가, 시인, 예술가, 그리고 기타 지식인들과 어울렸다. 이들 중 일부는 새로운 친구들이었고 페터 후버와 같은 이들은 유럽에서 도망쳐야 했던 오랜 친구들이었다. 한나와 하인리히의 친구들은 종종 리버사이드 드라이브에 있는 그들의 집에 모여 식사하고 술을 마시며, 이야기를 나누었다. 아파트 내부 중심에는 큰 거실이 있었고 소파와 안락의자들로 가득했으며, 작은 테이블들에는 재떨이, 담배, 성냥, 견과류와 사탕 그릇이 놓여 있었다. 벽에는 책장이 가득했고 한나의 책상은 허드슨강이 보이는 큰 창 앞에 자리 잡고 있었다. 이 집은 사교와 작업을 위해 만들어진 공간이었다. 여름이 되면, 친구들은 뉴욕을 떠나 바다나 산과 같은 곳을 찾아가 대화를 이어가곤 했다.

한나는 많은 가까운 친구들로 둘러싸여 있었지만 세상을 떠난 이들의 책을 읽고 그들이 제시한 화두를 이해하고 사상에 영향을 받음으로써 그들과의 교류를 추구했다. 그녀는 자신의 선집 『어두운 시대의 사람들』에서 열 명의 친구에 대한 프로필을 작성했다. 이들은 그녀의 지적 발전에 큰 영향을 준 인물들이었다. 그중 몇몇은 카를 야스퍼스처럼 여전히 연락을 유지하는 사람들이었고 그녀와 세상에서 떠나버린 발터 벤야민과 같은 그리운 친구들도 있었다. 또 몇몇은 문학을 통해 만났을 뿐 실제로는 만난 적 없는 친구들이었는데, 1919년에 사망한 로자 룩셈부르크가 그 예이다.

한나에게 가장 큰 영향을 미친 사람 중 한 명은 그녀가 태어나기 한참 전에 세상을 떠난 라헬 바른하겐이었다. 라헬은 1771년 베를린에서 유대인으로 태어났다. 그녀는 고등 교육을 받았고 비범한 재능을 지녔으며, 당시 지식인과 학문적 엘리트들이 모이는 전설적인 살롱을 운영했다. 헤겔, 슐레겔, 피히테, 슐라이어마허, 훔볼트 형제는 그녀를 둘러싼 저명한 인물 중 일부에 불과할 정도다.

한나는 라헬 바른하겐의 편지를 사용하여 그녀의 야심 찬 전기를 집필했고 그렇게 하여 한 세기 전에 세상을 떠난 여성과 오랜 시간을 교감했다. 한나가 독일을 떠나기 전, 고독하고 불안한 시기에 라헬은 충실한 친구가 되어주었다. 이 시기는 마르틴 하이데거의 편지나 방문을 기다리는 일에 너무 많은 시간을 보냈던 시기이기도 하다. 또한 한나가 자신이 지닌 유대인 유산에 대해 진지하게 생각하기 시작했던 때이기도 했다.

이때에도 라헬은 한나의 손을 잡아 주었다. 한나보다 100년 앞서, 라헬은 유대인으로서 자기 정체성과 씨름했다. 한나는 라헬의 마지막 말로 전해지는 다음과 같은 말을 인용하며 전기의 서문을 시작한다. "내 인생 전체에서 가장 큰 수치로 여겨졌던 것, 내 인생의 비참함과 불운은 유대인 여자로 태어났다는 사실인데, 지금 와서는 절대로 이것을 놓치고 싶지 않다."

문학 비평가 웨인 부스는 독서를 관계로 묘사하며, 이 관계를 일종의 우정으로 바라보아야 한다고 주장한다. 부스는 특히 문학이 독자에게 미치는 영향, 즉 독자와 텍스트가 만나는 과정에서 일어나는 일에 관심을 가지며, 아리스토텔레스가 제시한 다양한 우정의 유형을 참조하여 우리가 문학적 친구를 선택할 때도 신중해야 한다고 주장한다. 우리가 읽는 책과 그 책에서 만나는 사람들은 우리의 세계관과 가치관을 형성하는 데 영향을 주며, 우리 자신과 타인에 대한 이해를 심화시킨다.

부스는 우리가 읽는 것이 우리에게 영향을 미친다는 점을 지적하며 중요한 논점을 제기했는데, 우리가 좋아하거나 존경하는 이들의 글만 읽는 것을 넘어, 삶에서 더 어둡고 불쾌한 면을 다룬 글을 읽고 우리의 선택과 행동에 반감을 느끼거나 심지어 혐오감을 느끼는 사람들을 이해하려고 노력해야 한다고 강조한다. 한나 아렌트가 아돌프 아이히만에 대해 쓴 것은 그를 모범 시민으로 여겼기 때문이 아니라, 그의 행동과 동기를 이해하고자 했기 때문이다. 이 맥락에서 우리는 이해한다는 것이 변명하거나 용서하는 것과는 다르며, 이 둘의 동의어는 더더욱 아님을 명심해야 한다.

아이히만과 악의 평범성에 관한 한나의 책과 이론은 그녀를 고립시켰다. 모든 친구들이 그녀와 거리를 두기로 적극적으로 선택한 것은 아니었지만 한나는 많은 이들이 자신을 피하고 있다고 느꼈다. 한나가 칭송받고 극찬받는 지식인일 때, 친구들은 그녀와 함께 있는 것을 기뻐하며 그녀의 영광을 공유했다. 하지만 한나의 인기가 시들해지자, 더 이상 그녀와의 관계에서 얻을 것이 없다고 느낀 이들은 순식간에 사라졌다. 끝까지 남은 친구들은 한나로부터 이익을 얻기 위해서가 아니라, 그녀의 장점을 존중하여 그녀를 선택한 사람들이었다.

물론 하인리히는 여전히 그녀 곁에 있었다. 메리 매카시 또한 마찬가지였다. 그녀의 충성심은 한순간도 흔들리지 않았으며, 그녀는 한나를 향한 모든 비판에 맞서 변호했다. 메리는 신실하고 정직하며 충성스러운 친구로서 모든 이들이 삶에서 원하고 필요로 하는 그런 사람이었다. 또한 메리는 단순히 한나가 듣고 싶어 하는 말만 한 것이 아니라, 한나가 들어야 할 말을 할 수 있는 용기와 능력을 지니고 있었다. 아이히만으로 인한 논란이 계속되고 있는 동안에도 메리는 충실한 조언자 역할을 하며 한나 옆을 지켰다. 메리는 한나가 자신을 해명하고 점점 더 기괴해지는 주변의 오해와 왜곡을 바로잡아야 한다고 느꼈다. 하지만 한나는 이 모든 것이 곧 지나갈 것이라고 확신하며 오랫동안 이를 거부했다. 그러나 논란은 수년간 사그라들지 않았다.

한나는 자신이 그토록 오해받는 상황에 대해 깊은 좌절을 느꼈다. 메리는 그녀가 마음을 터놓을 수 있는 몇 안 되는 사람 중 하나였다. 1963년 9월, 논란이 한창이던 시기에 한나는 메리에게 이렇게 썼다. "나는 더 이상 침착함을 유지하고 폭발하지 않을 자신이 없어요. 이론적이고 학문적인 수식 없이 사실을 있는 그대로 말하는 게 얼마나 위험한 일인지요." 이에 메리는 설명을 시도하며 답장을 보냈다. 메리의 생각은 한나가 받았던 적대적 공격들로 지배되었고 그녀는 그것이 무엇 때문인지 이해하려 노력했다. 1963년 10월, 메리는 이렇게 썼다.

뉴욕에서는 센세이션을 일으키려는 욕망이 모든 것을 앞질렀다는 생각이 들어요. 문학과 지적 세계는 마치 에든버러 연극 컨퍼런스에서 한 소녀가 나체로 청중 앞에 등장했던 퍼포먼스처럼, 일종의 해프닝의 연속으로 변해가고 있어요. 편집자들은 쇼맨이 되었고 독자들은 서커스 무대 속 관객이 되어가고 있어요.

카를 야스퍼스 또한 대서양 건너편에 있었음에도 불구하고 한나가 가장 힘든 시기를 겪는 동안 그녀 편에 굳건히 섰다. 한나는 그를 일종의 아버지 같은 인물로, 과거와 연결된 끈으로, 자신의 삶에서 연속성과 안정성을 대표하는 사람으로 여겼다. 칼은 한나의 가장 오랜 친구 중 한 사람이었으며, 그녀가 아직 알려지지 않은 호기심 많은 젊은 학생이었을 때부터 알고 지낸 사람이었다. 전쟁 후 다시 연락이 시작되었을 때, 한나는 기뻤다. 그녀는 친구 쿠르트 블루멘펠트에게 다시 시작된 우정에 대해 이렇게 썼다. "신뢰는 공허한 환상이 아니며, 장기적으로 볼 때 자신만의 세계가 지옥이 아니라는 것을 보장해 주는 유일한 것이다." 안타깝게도 쿠르트 블루멘펠트는 한나를 실망시켰지만 카를 야스퍼스는 그녀를 실망시키지 않았다. 그는 한나가 자신에게 가진 신뢰와 믿음을 저버리지 않았다.
카를 야스퍼스는 한나의 아이히만 관련 기사들을 읽었고 그녀의 책이 독일에서 출간될 때 소개문까지 작성했다. 그의 지지와 격려는 한나에게 큰 의미를 주었고 아이히만 논란도 그들의 우정을 해치지 못했다. 오히려 그것은 두 사람의 우정을 더 강하게 만들었다. 한나는 자신이 공격받는 것을 보고 하인리히가 화를 억누르기 어려워했다고 해명하며 사과하자, 야스퍼스는 이렇게 답했다.

나는 하인리히의 분노를 이해할 수 있어요. 당신은 많은 사람들의 가장 민감한 신경을 건드렸습니다. 그들의 존재 속에 자리한 거짓말을 말이에요. 그래서 그들은 당신을 증오합니다… 키에르케고르가 소크라테스와 예수에 대해 말했듯, 진실은 결국 철저히 짓밟히게 될 것입니다. 지금은 그런 상황에 이르지는 않았고 또 그렇게 되지는 않을 것입니다. 하지만 당신에게는 악평이 덧씌워졌습니다. 이는 당신에게 어울리지 않고 정말 끔찍한 일입니다. 그러나 장기적으로 보면 당신의 인격이 당연히 빛을 발할 것이며, 찬란하게 승리를 거둘 것입니다.

야스퍼스의 말이 옳았다고 할 수 있을 것이다.

스물다섯

아모르 문디: 세계에 대한 사랑

죽음은 인류가 피할 수 없는 공통의 운명이다. 우리는 결국 모두 죽게 되고 우리가 소중하게 여기고 사랑하고 원하는 모든 것들과 이별해야 한다. 결국 모든 사람은 미래를 잃게 된다.

한나가 성 아우구스티누스의 글을 소재로 사랑의 개념에 대해 연구한 논문에서, 그녀가 분석한 사랑의 첫 번째 측면은 욕망이다. 욕망은 미래를 지향하는데, 이는 우리가 어떤 방향으로 가고 싶은지 갈망하기 때문이다. 우리는 우리에게 유익한 것을 욕망하지만 일단 우리가 갈망했던 것을 소유하게 되면, 그것을 잃어버릴지도 모른다는 두려움에 사로잡히게 된다. 우리가 욕망하는 것을 성취하고 소유하게 되는 순간, 그것을 모두 잃을 수 있다는 느낌에 즉시 사로잡힌다. 욕망으로서의 사랑은 어떠한 보장도, 안전도 제공하지 않는다. 그것은 상실에 대한 두려움과 불가분의 관계에 있으며, 이는 한나가 마르틴과의 관계에서 경험한 바다. 그녀는 이렇게 썼다. "인간 행복에 있어서 문제가 되는 것은 끊임없이 두려움에 시달린다는 점이다. 언제나 문제가 되는 것은 소유하지 못함이 아니라 소유의 안전성이다."

이 말은 무엇보다도 삶 자체에 적용된다. 지상 생활의 전제가 유한하다는 것, 즉 죽음이 우리 모두를 덮친다는 전제 아래, 한나는 우리가 끊임없이 삶을 잃을지도 모른다는 두려움 속에서 살아간다고 주장한다. 근본적으로, 삶은 두려움으로 특징지어진다.

우리는 삶에 대해서는 많은 것을 알고 있지만 죽음에 대해서는 거의 알지 못한다. 철학자 블라디미르 장켈레비치가 썼듯이, 죽음은 생각할 수 없는 것이다. 나는 나 없는 세상을 상상할 수 없으며, 존재하지 않는다는 것을 상상할 수도 없다. 죽음에 대한 생각은 일종의 모순이다. 또 다른 철학자 모리스 메를로 퐁티는 이렇게 썼다. "내 탄생이나 내 죽음은 나의 경험으로 나타날 수 없다." 유명한 정신분석학자 지그문트 프로이트도 이 견해를 공유한 듯하다. "우리는 자신의 죽음을 상상할 수 없다. 우리가 그렇게 하려 할 때마다, 우리는 자신을 관찰자로서 살아 있는 상태로 남겨둔다."

죽음에 관한 아이디어 연구로 획기적인 공헌을 한 철학자이자 사회학자인 에드가 모랭은 죽음에 대한 모든 관념은 생각할 수 없고 알 수 없는 것에 기반을 두고 있기 때문에 본질적으로 공허하다고 주장했다.

장켈레비치는 죽음이 인류의 가장 크고 근본적인 두려움이라고 주장한다. 우리가 하는 모든 일은 죽음을 피하기 위한 것이며, 죽음에 가까워질수록 더 강력히 그것에 맞서 싸운다. 이에 대한 반향과도 같이, 문화 인류학자 어니스트 베커는 수상 경력에 빛나는 책인 『죽음의 부정The Denial of Death』에서 죽음에 대한 두려움을 모든 인간의 두려움과 행동의 근원으로 묘사한다. 사람들은 끊임없이 죽음을 거부한다. 그리고 아이를 낳거나, 새로운 연인을 찾거나, 새로운 오토바이를 사거나, 조깅하거나, 체중을 줄이거나, 채식주의자가 되는 식으로 죽음을 극복하려고 노력한다. 죽음에 대한 두려움을 억누르기 위해 무엇이든 시도한다.

그럼에도 우리는 모두 필연적으로 죽을 것이다. 인간으로서 우리는 죽어야 한다는 사실을 명확히 인식하고 있지만 우리 자신의 죽음을 이해할 수는 없다. 어쩌면 프로이트가 쓴 것이 사실일 수 있다. 우리 각자는 무의식적으로 자신의 불멸성을 확신하고 있는지도 모른다. 하지만 우리의 삶이 영원하지 않다는 본질적이고 상상할 수 없는 깨달음은 근본적인 경험이다. 유한성의 비참함은 역설적으로 우리를 신적인 존재로 만든다. 우리가 언젠가는 죽을 것이라는 지식은 창조로 이어진다. 우리는 과거와 기억을 보존하며, 죽음을 미루기 위해 미래를 창조한다. 삶은 끝이 있기에 가치가 있다. 지그문트 바우만과 같은 사회학자는 그러한 통찰이 모든 인간 창의성의 원천이라고 주장한다. 만약 우리가 자신의 유한성을 알지 못했다면, 우리는 소설을 쓰거나, 건물을 짓거나, 종교적 이상을 생각해 내지 못했을 것이다.

독일 라이프치히의 멜히오르 로터가 1500년경에 제작한 아르스 모리엔디 연작 판화

우리 존재의 유한성에 대한 깨달음과 그것이 우리에게 불러오는 공포는 종교의 근본이다. 결국 종교는 우리가 가장 갈망하는 한 가지를 제공한다. 바로 영생에 대한 약속, 모든 것이 끝나지 않을 것이라는, 어떤 형태로든 지속이 있을 것이라는 안도감을 준다. 종교는 우리에게 희망을 준다. 한나는 사랑과 성 아우구스티누스에서 욕망과 희망 모두를 논하며, 희망이 죽음에 대한 두려움을 가라앉힐 수 있다는 생각은 오해일 뿐이라고 주장한다. "결국 죽음의 두려움을 잠재우는 것은 희망이나 욕망이 아니라 기억과 감사이다." 기억과 감사, 그것이 죽음의 두려움에 대한 치료법이다.

삶은 탄생과 죽음 사이에서 일어나는 것이다. 삶은 유한하므로 나의 삶과 당신의 삶과 우리가 함께 만들어가는 삶은 모두 끝없이 가치 있다. 살아간다는 것은 함께하는 것이다. 우리는 다른 사람들과 함께 살아가면서 비로소 사람이 된다. 우리는 세상을 공유하며, 모두 유한성에 종속된다. 그런 의미에서 죽음은 민주적이다. 아무도 그것을 피할 수 없으며, 그것은 우리 각자에게 똑같이 무자비하다. 따라서 죽음은 삶보다 더 정의롭다. 왜냐하면 삶, 즉 탄생과 죽음 사이의 시간은 결코 공정하지 않기 때문이다. 우리는 극도로 다른 현실 속에서, 엄청나게 다른 조건 속에서 살고 있다.

그렇다면 우리는 어떻게 살아야 할까? 인간으로 산다는 것은 무슨 뜻일까? 좋은 삶이란 무엇이며, 올바르고 정의로운 행동이란 무엇일까? 우리는 서로를 어떻게 대해야 할까? 불완전한 세상 속에서 우리는 어떻게 살아야 할까? 한나는 자신의 지적 일기에서 묻는다. "아모르 문디, 왜 세상을 사랑하는 게 이렇게 어려운 걸까?" 세상을 사랑한다는 것은 무슨 뜻일까? 그것이 과연 가능할까? 『인간의 조건』에서 한나는 이렇게 쓴다. "사랑은 본질적으로 세속을 초월하며, 드물기 때문이 아니라 바로 이 세속적이지 않은 특성 때문에 사랑은 비정치적일 뿐만 아니라 반정치적이다. 어쩌면 사랑은 모든 반정치적이며 인간적 힘들 중에서 가장 강력한 것일지도 모른다." 한나가 세상을 사랑하는 것에 대해 이야기할 때, 그녀가 말하는 사랑은 인간들 사이에 존재하는 사랑과는 다른 것을 의미한다. 세상을 사랑한다는 것은 세상을 이해하고 스스로와 화해하는 것과 더 가까운 개념이다. 아모르 문디는 태도이자 방향성으로, 용서와 수용, 그리고 화해에 초점을 둔다. 홀로코스트 같은 일이 가능했던 세상에서 살기 위해서는, 우리가 오늘날 일어나고 있는 일을 이해해야 하는 것처럼, 과거에 무슨 일이 일어났는지 이해하고 받아들여야 한다.

세상을 사랑한다는 것은 삶이 계속 존재할 수 있도록 돌보는 것을 의미한다. 그러므로 한나는 우리가 과거에 일어난 일, 지금 일어나고 있는 일, 그리고 미래에 일어날지도 모르는 일에 주의를 기울여야 한다고 주장한다. 우리는 결코 잊어서는 안 되지만 과거에 대한 향수에 빠져서도 안 된다. 우리는 불완전한 세상을 있는 그대로 사랑할 수 있어야 한다. 우리는 기억과 함께 살아가며, 무엇에 감사해야 하는지 기억해야 한다.

스물여섯

화해

1962년 3월 19일, 한나는 자신의 죽음을 예감하는 순간을 경험했다. 택시를 타고 집으로 가던 중 센트럴파크에서 택시가 트럭과 충돌했고 그녀는 피를 흘리며 의식이 있는 상태로 구급차를 타고 루스벨트 병원으로 이송되었다. 병원에 도착했을 때 그녀는 침착했지만 몇 달 동안 부상에 시달리게 된다. 뇌진탕, 갈비뼈 골절, 양쪽 눈의 출혈, 부러진 치아, 부종과 찰과상 등이 있었다. 사고의 충격으로 심장도 손상되었다.

한나는 이 사건을 메리 매카시에게 보낸 편지에서 이렇게 썼다.

나는 차 안에서 깨어났고 무슨 일이 일어났는지 알게 되었어요. 팔다리를 움직여 보았는데 마비되지 않았으며, 두 눈으로 볼 수 있다는 걸 확인했어요. 그 다음에는 기억을 하나씩 점검했어요. 아주 신중하게, 10년 단위로 시편들, 그리스어, 독일어, 영어, 그리고 전화번호까지 말입니다. 모든 게 괜찮더라고요. 중요한 건 잠깐 동안 살 것인지 죽을 것인지가 나에게 달려 있다는 느낌이 들었다는 것입니다. 그리고 죽음이 그렇게 끔찍하다고는 생각하지 않았지만 삶이 꽤 아름답다고 생각했고 살아야겠다고 결심했어요.

그녀는 비슷한 감정을 카를 야스퍼스에게 보낸 편지에서도 이렇게 표현했다. "잠시 동안 내 삶이 내 손에 달려 있다는 느낌이 들었어요. 아주 차분했죠. 죽음은 자연스러운 것으로 보였고 비극도 아니었고 세상의 질서를 벗어난 것도 아니었어요. 하지만 동시에 이런 생각도 했습니다. 가능하다면, 그리고 그게 품위 있게 할 수 있는 거라면, 이 세상에 더 머물고 싶다고 말입니다."

한나는 세상과 화해한 상태였다. 10년 전, 쿠르트 블루멘펠트에게 보낸 편지에서 그녀는 "세계 역사가 그렇게 끔찍하지만 않았다면 삶은 참으로 기쁨일 텐데"라고 썼지만 1962년쯤에는 "이 세상에 더 머물고 싶다"라고 결론 내렸다. 그녀는 삶이 "꽤 아름답다"고 느꼈다. 그녀는 죽음을 두려워하지 않았지만 여전히 살고 싶어했다. 한나는 사고 이후 13년을 더 살았고 그 기간 동안 생산적이고 조화로운 삶을 살았다. 다만 그녀의 남편 하인리히의 건강이 악화되면서 이 시기에는 어둠이 드리워졌다. 그는 1963년 9월에 병에 걸렸고 한나는 그가 자신보다 먼저 죽을 것이라는 사실을 깨닫고 괴로워했다. 그녀는 메리 매카시에게 이렇게 썼다. "우리는 28년을 함께했는데, 그 없이 사는 삶은 상상도 할 수 없어요."

그는 병에서 회복했지만 두 사람이 7년을 더 함께 보낸 뒤 1970년 10월 30일 하인리히가 세상을 떠났다. 그는 죽기 전날 저녁까지 친구들과 함께 저녁을 먹으며 평소처럼 활기차게 토론하고 식사도 하고 평소처럼 슈냅스(독일식 증류주)를 즐겼다. 다음 날 점심시간 동안 그는 갑작스러운 가슴 통증을 느꼈다. 놀란 한나가 구급차를 불렀지만 하인리히는 침착했다. 그는 단지 한나의 손을 잡고 "여기까지인 것 같아"라고 말했다.

그는 그날 저녁 마운트 시나이 병원에서 한나와 친구 페터 후버가 지켜보는 가운데 세상을 떠났다. 페터는 하인리히를 베를린 시절부터 알고 있었고 빌르말라르 수용소에서 함께 버텼던 친구였다. 그는 하인리히의 마지막 몇 시간을 카메라로 기록했다. 다음 날 저녁, 한나와 하인리히의 친구들이 그들의 아파트에 모였다. 한나는 혼란스러운 상태로, 슬픔에 완전히 압도된 채 말했다. "이제 어떻게 살아야 하지?" 그녀의 외로움과 그리움은 피부로 느껴질 정도로 생생했다.

하인리히의 장례식은 11월 4일 리버사이드 채플에서 열렸다. 바드 칼리지의 몇몇 동료와 두 명의 제자, 그리고 여러 친구들이 추도사를 낭독했다. 추도사 중 한 사람은 플라톤의 『소크라테스의 변명』에서 한 구절을 인용했다. "하지만 이제 떠나야 할 시간입니다. 나는 죽고 당신은 살아야 합니다. 누가 더 나은 길로 가는지는 신만이 아십니다."

한나는 하인리히가 죽은 뒤 이 말을 자주 되뇌었다. 그녀는 하인리히의 장례식 3주 후 마르틴에게 보낸 편지에서 이렇게 썼다.

두 사람 사이에, 때로는 아주 드물게, 하나의 세계가 자라나기도 해요. 그 세계는 곧 그 사람의 고향이 됩니다. 어쨌든, 그것은 우리가 유일하게 인정했던 고향이었어요. 이 작은 미시 세계는 언제든지 세상으로부터 도피할 수 있는 곳이지만 다른 한 사람이 떠나버리면 산산이 부서져 버립니다. 나는 이제 떠납니다. 그리고 매우 차분하게 생각합니다. '멀어져 가는구나.'

하인리히가 죽자, 한나와 하인리히가 함께 만들어 온 우주, 1930년대 파리에서 처음 만난 이래로 한나에게 안정을 가져다 주었던 그 맥락도 함께 사라졌다. 그들은 함께 기쁨과 슬픔을 나눴고 새로운 대륙으로 이주해 낯선 문화와 언어를 익혔다. 그들은 행복한 공생 관계를 이루며 살았다. 내슈빌 출신의 작가이자 그들의 친구였던 랜덜 재럴은 이들을 "이중 군주제"라고 표현했다. 두 명의 강하고 고집 센 군주가 35년 동안 함께 통치했던 것이다. 한나가 썼듯이, 두 사람은 자신들만의 세계, 자신들의 나라를 만들었다. 하지만 이제 한나는 홀로 남았고 그녀에게 안정감을 주었던 그 나라, 세상에 맞설 방패와도 같았던 그 나라가 사라져 버렸다. 그녀는 이 슬픔을 어디로 흘려보낼 수 있을까?

하인리히가 세상을 떠난 후 몇 주 동안, 한나의 친구들은 그녀가 리버사이드 드라이브에 있는 넓은 아파트에서 홀로 지내지 않도록 신경 썼다. 안네 멘델존 바일은 한나와 함께 겨울을 보내기 위해 프랑스에서 날아왔고 한나의 가정부 샐리 데이비스와 함께 집을 정돈하고 장을 보며, 한나가 매일 저녁을 챙겨 먹도록 도왔다. 앤은 한나가 평소의 사교 일정을 유지하도록 돕기도 했다. 앤의 도움으로 한나는 매년 그랬듯이 친구들을 집으로 초대하여 새해를 축하했고 학생들이 칸트 수업을 마치면 저녁 식사에 초대하기도 했다.

그럼에도 불구하고 삶은 계속되었다. 한나는 매일매일을 있는 그대로 받아들였다. 그녀는 메리에게 보낸 편지에서 이렇게 썼다.

나는 피곤하지도, 많이 피곤하지도 않고 그저 지쳐 있을 뿐입니다. 괜찮게 지내고는 있지만 작은 사고라도 생기면 균형을 잃을 수 있다는 걸 압니다. 내가 말한 적이 있는지 모르겠지만 지난 10년 동안 난 항상 이런 갑작스러운 죽음이 일어날까 봐 두려워했어요. 그 두려움은 자주 공황 상태로 이어지기도 했고요. 그런데 지금은 그 두려움과 공황이 사라지고 단지 텅 빈 허무함만 남았습니다.

한나는 '인생의 동반자'라는 개념을 상징하는 남편의 상실을, 그녀가 다른 슬픔이나 위기를 다뤘던 방식과 비슷하게 다뤘다. 자신의 반응과 새로운 상황을 분석하고 체계화하면서 말이다. 한나는 자신의 일상을 유지했고 비록 약간 불안정한 상태였지만 계속해서 앞으로 나아갔다. 한나는 강의와 글쓰기, 그리고 맡은 의무를 이어 갔지만 이전만큼의 열정은 없었다. 사람들과 어울리는 데 대한 갈 망도 줄어들었고 점점 더 자주 고요와 평화를 찾아 혼자 생각하고 글을 쓰기 위해 물러나 있었다.

한나의 삶은 이별로 가득 차 있었다. 그녀는 여러 번 뿌리 뽑혀 새로운 출발을 해야 했고 나라와 언어를 떠나야 했으며, 계속해서 자신의 삶을 재건해야 했다. 그러나 하인리히가 죽은 후, 그녀는 더 이상 새롭게 시작하고 싶은 마음이 없었다. 그녀는 새로운 것을 세 우고 싶지 않았다. 그저 이전에 있었던 것 안에서 쉬고 싶었다. 하 인리히가 세상을 떠난 직후, 시인 W. H. 오든이 그녀를 방문해서 청혼을 함으로써 그녀를 당황하게 했다. 오든은 둘 다 홀로 지내니 결혼하는 게 어떻겠냐고 제안했지만 한나는 놀랍고 민망한 마음으 로 그의 제안을 부드럽지만 단호하게 거절했다. 그녀는 새로운 결 혼에 대한 아무런 의욕이 없었다.

삶은 종종 시작에서 끝으로 이어지는 여정으로 묘사되곤 한다. 슬픔, 노년, 그리고 병은 모두 미지의 영역으로의 여행과 같다. 하 인리히가 죽은 후, 한나는 완전히 새로운 존재 상태에 놓였다. 엘 리자베스 영-브륄의 표현에 따르면, 그것은 "외로운 자유"였다. 또 다시 한나는 망명 상태에 처했지만 이번에는 실존적 망명이었다. 망명 상태에 있는 사람들은 편안하고 익숙한 삶과 고향을 떠나기로 선택한 것이 아니다. 그들은 일종의 '집 없는' 상태에 있는 것이다. 낯선 환경 속에서 자신이 말하지 못하는 언어, 알지 못하는 사람들, 경험하지 못한 전통, 냄새, 맛에 둘러싸여 있다. 망명자들은 쉽게 이해할 수 없는 현실 속에 있다. 그들이 언제, 혹은 다시는 돌아갈 수 없을지도 모르는 그들 자신의 삶, 즉 다시 말해서, 자기 자신이 온전히 자신일 수 있는 장소, 이전처럼 살아갈 수 있는 곳으로 돌아갈 수 있을지 모른다.

한나의 삶의 마지막 몇 년은 우리 대부분의 삶과 마찬가지로 상실과 죽음으로 물들어 있었다. 1973년 12월, 두 명의 가까운 친구가 세상을 떠난 뒤, 한나는 메리에게 이렇게 썼다.

나는 이렇게 끊임없이 낙엽으로 변해 가는 과정에 마음이 쓰인다고 인정해야겠습니다. 괴테가 말했듯이, 마치 나이가 든다는 것은, 나는 그게 싫지 않지만 "겉모습에서의 점진적인 물러남"을 뜻하는 것이 아니라 적이든 친구든 상관없이 친숙한 얼굴들로 이루어진 세계가 점진적이거나 갑작스럽게 낯선 얼굴들로 가득 찬 일종의 사막으로 변모하는 것을 의미하는 듯합니다. 다시 말해서, 물러나는 건 내가 아니라 세상이 사라지는 겁니다. 완전히 다른 문제지요.

한나와 마찬가지로 장 아메리는 늙음을 소외로 묘사했다. 나이가 들수록 우리는 자신과 주변 세상을 더 이상 알아보지 못한다.

우리는 살고 있는 세상뿐 아니라 자신의 몸과 얼굴에도 낯설어지게 된다. 그는 『늙음에 대하여』에서, 우리는 시간과 공간 모두에서 집 없는 상태가 되며, 더 이상 우리가 누구이고 무엇인지 알 수 없게 된다고 적었다.

시몬 드 보부아르는 『상황의 힘』에서 동일한 소외감과 혼란을 표현한다. "책에서 '시몬 드 보부아르'라는 이름을 읽으면, 그것은 나에 관한 이야기이지만 동시에 그저 한 젊은 여자의 이야기로 들립니다. 그리고 그 젊은 여자가 바로 나일 뿐이에요." 그녀는 거울을 통해 자신을 바라보며 더 이상 시몬 드 보부아르가 아닌 낯선, 나이 든 여성을 마주한다. 그 얼굴은 더 이상 그녀에게 익숙하지 않다. "나는 이제 내 외모가 싫습니다. 눈 쪽으로 내려간 눈썹, 그 아래의 주름, 지나치게 볼이 도드라져 보이는 얼굴, 그리고 입 주변에 시간의 흔적이 남긴 그 슬픔 어린 표정까지 시간이 남긴 주름이라는 치료할 수 없는 병에 걸린 내 얼굴을 바라봅니다."

나이 듦은 피할 수 없는 죽음의 서곡이며, 신체의 점진적인 쇠퇴를 동반한다. 우리의 시력, 청력, 그리고 민첩함은 모두 퇴화되고 이러한 퇴화는 견디기 어려울 수 있다. 시몬 드 보부아르에게 있어 과거 자신의 매력적인 외모를 잃는 것은 고통스러운 일이었으며, 아름다운 여인에서 노인이 되는 변화는 쉽지 않은 일이었다. 타인의 시선을 받으며 관심을 끌던 그녀에게 나이 듦은 자신의 존재가 투명해지는 느낌을 안겨주었다. 사람들은 더 이상 그녀를 욕망의 눈길로 바라보지 않았다.

한편, 한나도 매력적인 여성이었고 방에 들어서기만 해도 존재감을 뽐낼 만큼 당당한 사람이었다. 하지만 한나는 자신의 아름다움을 잃는 것에 대해 슬퍼하지는 않았던 것 같다. 그럼에도 나이가 들면서 찾아오는 제약과 질병을 받아들이는 데에는 만족하지 못한 것이 분명하다. 1960년대 자동차 사고로 인해 한나는 심장 질환을 겪었으며, 나이가 들수록 증상이 악화되었다. 1971년 12월, 한나는 병원 방문 후 메리에게 편지를 쓰며 이렇게 말했다. "늘 듣는 말이죠. 속도를 늦추라거나, 담배를 끊으라는 등등의 이야기요. 하지만 내가 건강을 위해 살고 있는 건 아니니, 내가 옳다고 생각하는 대로 할 거예요."

그녀가 옳다고 생각한 것은 예전과 같은 삶을 계속 살아가는 것이었다. 그녀는 어떤 약속도 취소하지 않았고 담배도 끊지 않았다. 젊은 시절부터 한나는 글을 쓸 때 항상 담배를 입에 물고 있었고 이 습관은 평생 이어졌다. 한나는 담배를 피우지 않으면 글을 쓸 수 없었다. 적어도 그녀는 그렇게 생각했다.

한나는 생의 마지막 몇 년을 자신의 저서 『정신의 삶』 원고 작업에 몰두하며 보냈으며, 이 책은 그녀가 세상을 떠난 후에 출간되었다. 이 책은 본질적으로 좋은 정부에 관한 연구라 할 수 있다. 플라톤의 『국가』를 반영하듯, 한나는 인간의 능력을 비유로 삼아 이상적인 국가의 다양한 부분이 어떻게 조화를 이루는지를 설명한다.

한나가 출발점으로 삼은 세 가지 능력은 사유, 의지, 그리고 판단이다. 한나는 사유와 의지와 관련하여 판단을 논하면서 키케로의 『노년에 대하여De Senectute』를 인용한다. 그녀는 키케로가 카토를 통해 말한 다음과 같은 구절을 소개한다. "위대한 일들은 근력이나 속도, 혹은 신체적 재주로 이루어지는 것이 아니라, 숙고, 인격의 힘, 그리고 판단으로 이루어진다. 이러한 덕목들은 나이가 들면서 줄어드는 것이 아니라 오히려 더 풍부해진다."

한나는 시몬 드 보부아르가 나이 듦에 관하여 쓴 책 『노년La Vieillesse』을 읽었지만 노화에 대한 시몬의 디스토피아적인 견해에 동의하지 않았다. 또한 사회가 젊음에 집착하는 것에도 동의하지 않았다. 한나는 노화에 내재된 특성과 오랜 삶을 살아온 사람만이 가질 수 있는 능력을 강조하고 싶어 했다. 그녀는 노화가 미래의 상실을 수반한다고 썼지만 그렇다고 그것이 반드시 불안을 일으키는 것은 아니라고 주장했다. 오히려 미래가 없는 상태는 성찰과 화해를 가져다줄 수 있다. 즉, 키에르케고르가 말한 것처럼 자신의 삶을 되돌아보며 정리할 시간을 제공한다. 노화는 과거의 의미를 숙고하고 스스로에게 자신의 이야기를 들려줄 수 있게 한다.

정신적인 측면에서 볼 때, 노화는 내면을 들여다보고 명상에 잠길 수 있는 시간이며, 이기적인 욕구들이 사라지고 모든 이념적 제약으로부터 자유로워지는 시기이다. 한나가 메리에게 쓴 편지에서 말했듯이, 우리는 "바람 속의 나뭇잎처럼 자유로운" 상태에 도달한다. 즉 모든 충성심과 요구에서 해방된 자유를 누릴 수 있게 되는 것이다.

중세 시대에는 '아르스 모리엔디(ars moriendi)'라 불리는 죽음의 예술에 관한 다양한 텍스트들이 양산됐다. 죽음은 가장 중요한 여정으로 여겨졌으며, 죽음은 시간이 걸리는 과정이었다. 따라서 좋은 죽음은 길고 고통스러운 죽음으로 여겨졌는데, 이는 죽어가는 사람이 자신과 타인, 그리고 자신의 삶과 화해하고 기억될 수 있는 시간을 제공하기 때문이다.

한나의 말년은 비교적 건강한 상태에서 보냈다. 그녀는 심장이 좋지 않았지만 그 외에는 건강하고 괜찮았다. 정신적으로는 여전히 날카로웠으며, 대부분의 시간을 독서와 성찰, 글쓰기를 하며 보냈다. 그녀는 자신의 지적 일기에 횔덜린의 시 〈므네모시네Mnemo-syne〉의 한 구절을 인용했다.

과일들은 익어 불 속에 잠기고
땅 위에서 익혀지고 맛보았다. 그리고 법칙이 있다.
모든 것은 뱀처럼 기어 떠난다는,
예언적으로, 천국의 언덕 위에서 꿈꾸며.
그리고 간직해야 할 많은 것이 있다.
어깨 위의 나무 짐처럼.
하지만 길들은 위험하다.

포획한 요소와 지구의 고대 법칙은

말처럼 길을 잃는다. 끊임없이 갈망한다.

제한되지 않은 모든 것에 대한. 하지만 많은 것들이

유지되어야 한다. 그리고 충성심이 요구된다.

그러나 우리는 앞으로도, 뒤로도 바라보아서는 안 된다.

우리는 자신을 맡겨야 한다.

호수 위에서 흔들리는 배 위에 있는 것처럼.

　므네모시네는 기억의 여신이자 노래, 음악, 시의 여신들인 뮤즈 아홉 명의 어머니이다. 다시 말해 기억은 창조와 연결되어 있으며, 사실상 창조의 근원이라 할 수 있다. 한나는 이 시의 몇 구절을 메리에게 보낸 편지에 인용하며 "한마디로 요약하자면, 그것은 기억"이라고 말하고 과거의 무게를 뜻하는 '중력(gravitas)' 개념에 대해 논의했다. 이는 하인리히의 죽음과 자신의 죽음 사이에 한나가 머물렀던 정신적 공간을 보여준다. 그녀는 낮에는 글을 쓰고 저녁에는 하인리히와 함께 오랫동안 교류했던 친구들과 저녁 식사를 하며 시간을 보냈다. 일주일에 한 번은 파리에 거주하는 메리에게 전화를 걸었고 여러 편의 편지를 썼다. 그중에는 마르틴 하이데거에게 보낸 편지도 있었다.

　1975년 늦여름, 한나는 유럽을 마지막으로 방문했다. 그녀는 독일 마르바흐에 있는 독문학 아카이브를 방문해, 자신과 쿠르트 블루멘펠트, 카를 야스퍼스 사이에 오갔던 서신 일부를 기증했다. 그녀는 마르바흐에서 4주간 머물며 편지를 정리하고 보관했다. 이후 그녀는 프라이부르크로 이동했다. 마르틴의 건강이 악화일로에 있었고 예전의 교수이자 연인이었던 마르틴의 초췌해진 모습은 한나에게 깊은 인상을 남겼다. 한나는 메리에게 보낸 편지에서 이렇게 썼다. "매우 우울한 상태로 돌아왔어요. 하이데거는 이제 정말로 늙었어요. 작년과는 완전히 다릅니다. 너무 귀가 어두워지고 멀게 느껴지고 전에는 보지 못했을 정도로 가까이하기 어렵게 되었습니다. 저는 몇 주 동안 나이를 먹은 노인들에게 둘러싸여 있었어요."

한나 혼자 마르틴을 걱정한 것은 아니었다. 그의 아내 엘프리데 역시 그의 쇠약해진 건강에 깊은 근심이 있었다. 그들이 사랑했던 한 사람에 대해 함께 걱정하면서 두 사람은 서로를 이해하게 되었고 한나는 마르틴의 아내와 화해했다는 생각으로 미국으로 돌아갔다.

1975년 10월 14일, 한나는 69세 생일을 맞아 새 친구와 오래된 친구들을 초대해 큰 파티를 열었다. 그녀는 지난 10년 동안 가르쳤던 뉴 스쿨에서의 은퇴 이후 삶을 계획하기 시작했으며, 뉴욕을 떠나기로 결심했다. 매사추세츠주 노샘프턴에 위치한 스미스 칼리지에서 한 학기 동안 방문 교수직을 제안받았고 그녀는 이를 수락했다. 안타깝게도 그 계획은 이루어지지 않았다. 1975년 12월 4일 목요일, 한나는 리버사이드 드라이브에 있는 자신의 아파트에서 세상을 떠났다. 그날 저녁 친구인 자넷과 살로 바론이 그녀의 집에 저녁 식사 초대를 받아 갔는데, 거실에서 담소를 나누던 중에 한나가 갑작스러운 기침 발작을 일으켰다. 그녀는 안락의자에 몸을 기울였고 곧이어 의식을 잃었다. 바론 부부는 의사와 그녀의 친구 로테 쾰러를 불렀지만 한나는 의식을 되찾지 못했고 로테가 도착하기도 전에 안락의자에서 세상을 떠났다.

한나의 장례식은 12월 8일 리버사이드 메모리얼 채플에서 열렸다. 그녀는 하인리히의 장례식이 열렸던 장소에서 같은 방식으로 단순한 의식을 치르기를 원했으며, 하인리히와 같은 소박한 소나무 관에 흰 장미로 덮여 묻혔다. 장례식 전날 밤, 한나와 가장 친한 친구들은 예식에 유대교적 요소를 포함시킬지 논의했으며, 결국 타협안으로 한나의 이스라엘 출신 친척 중 한 명이 히브리어로 시편의 한 구절을 읽고 클렌보르츠의 아들 다니엘이 같은 시편을 영어로 낭독하기로 결정했다.

300명이 넘는 사람들이 한나를 추모하기 위해 모였다. 그리고 하인리히의 장례식 때와 마찬가지로, 고인을 기억하며 추억을 나눌 기회가 주어졌다. 메리 매카시와 한스 요나스가 추모사를 했고 한나의 연구 조교인 제롬 콘과 출판사 윌리엄 요바노비치도 발언했다. 요바노비치는 그녀를 "정의를 믿는 사람들이 품을 수 있는 열정적인 사람"이라고 묘사했다. 한나의 세상에 대한 사랑은 평생의 원동력이었으며, 말년에 이르러 이 사랑은 덜 격정적이며 더 조화로운 쪽으로 변했다. 한나는 세상과 화해한 채 생을 마감했다.

쾨니히스베르크 출신 소녀에서 20세기를 대표하는 가장 중요한 목소리 중 하나로 자리잡은 한나 아렌트, 그리고 그 누구보다도 20세기의 폭력적인 역사를 체현했던 여성이 세상을 떠났다.

우리는 한나로부터 무엇을 배울 수 있을까? 우리는 변화를 믿을 수 있는 만큼 세상을 사랑해야 한다는 것, 그리고 절대로 포기해서는 안 된다는 것이다.

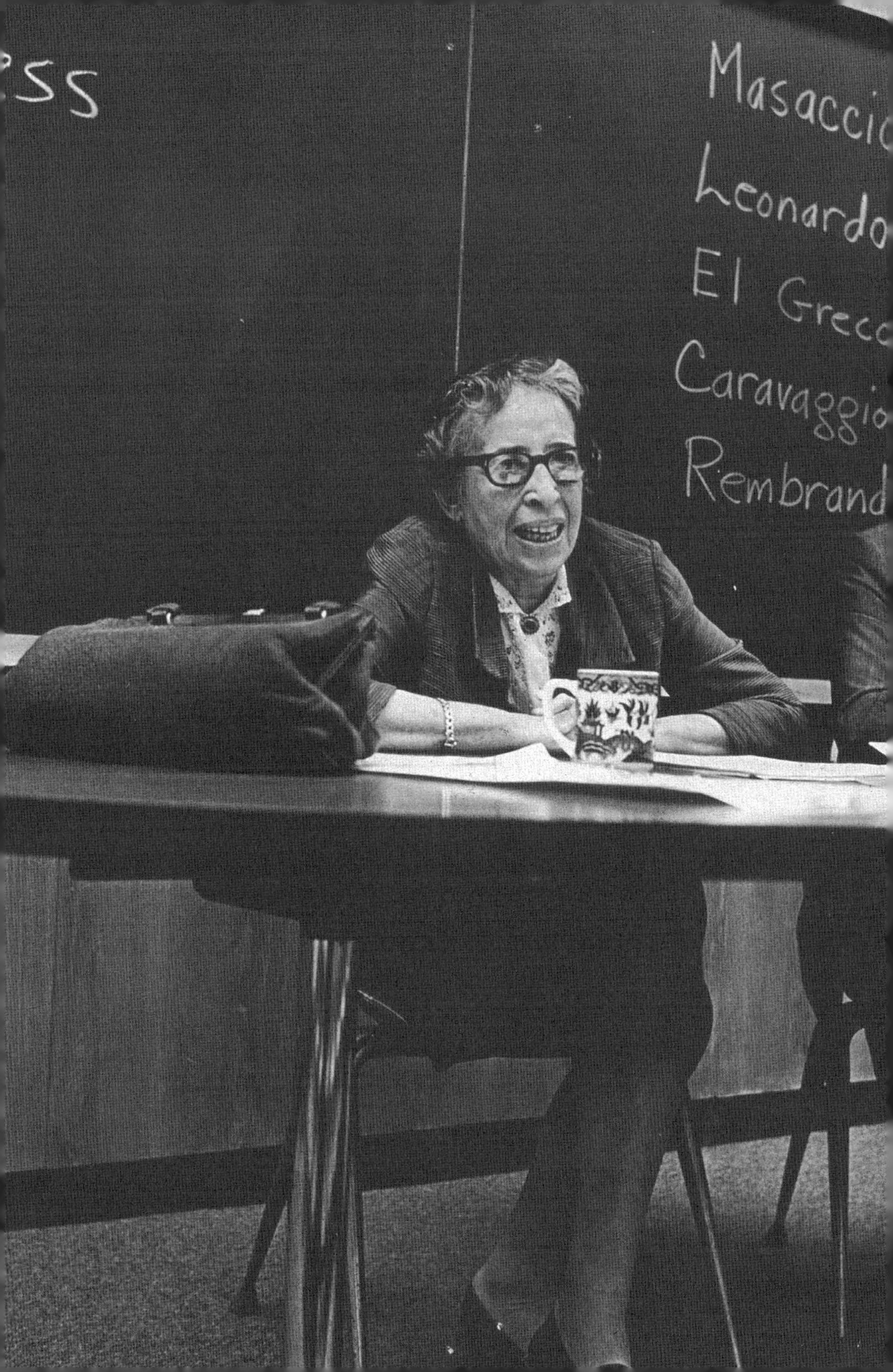
Masaccio
Leonardo
El Greco
Caravaggio
Rembrand

주요 인물 색인

아래는 이 책에 등장하는 인물들을 알파벳 순으로 정리한 목록이다.

발터 벤야민(Walter Benjamin)

1892년 7월 15일 독일 베를린 출생, 1940년 9월 26일 스페인 포르부에서
사망. 독일 철학자, 문학 비평가, 예술 비평가로, 파리에서 망명 중이던 한
나와 가까운 관계를 맺었다.

하인리히 블뤼허(Heinrich Blücher)

1889년 1월 29일 독일 베를린 출생, 1970년 10월 30일 미국 뉴욕에서 사
망. 정치적 이유로 독일을 떠났으며 군사 역사와 철학에 정통한 자수성가
형 학자이다. 파리에서 한나를 만나 그녀의 남편이 된다.

쿠르트 블루멘펠트(Kurt Blumenfeld)

1884년 5월 29일 독일 슈투트가르트 출생, 1963년 5월 21일 이스라엘 예
루살렘에서 사망. 세계 시온주의 기구의 사무총장을 역임했으며 1930년
대 베를린에서 한나와 만나게 된다.

베르톨트 브레히트(Bertolt Brecht)

1898년 2월 10일 독일 아우크스부르크 출생, 1956년 8월 14일 독일 베를
린에서 사망. 독일 작가, 극작가, 연출가이며, 하인리히 블뤼허와 발터 벤
야민을 통해 한나와 알게 된다.

마르틴 하이데거(Martin Heidegger)

1889년 9월 26일 독일 메스키르히 출생, 1976년 5월 26일 독일 프라이부르크에서 사망. 철학자이며 가장 유명한 저서로 『존재와 시간』이 있다. 마르부르크에서 한나의 교수로서 강의와 연구 지도를 맡는다.

카를 야스퍼스(Karl Jaspers)

1883년 2월 23일 독일 올덴부르크 출생, 1969년 2월 26일 스위스 바젤에서 사망. 독일 철학자이자 정신과 의사로 신학, 철학, 심리학에 큰 영향을 미쳤다. 하이델베르크에서 한나의 지도교수였다.

한스 요나스(Hans Jonas)

1903년 5월 10일 독일 묀헨글라드바흐 출생, 1993년 2월 5일 미국 뉴욕에서 사망. 유대인 독일 철학자로 1933년 독일을 떠나 영국 위임통치령 팔레스타인으로 갔으며, 마르부르크에서 학생 시절에 한나를 만났다.

메리 매카시(Mary McCarthy)

1912년 6월 21일 미국 시애틀 출생, 1989년 10월 24일 미국 뉴욕에서 사망. 미국 작가로 뉴욕에서 한나와 만났다.

안네 멘델존 바일(Anne Mendelsohn Weil)

쾨니히스베르크에서 한나의 어린 시절 친구이며, 함부르크 대학교에서 철학 박사 학위를 받았다. 한나처럼 파리로 망명했으며 철학자 에리크 바일과 결혼했고 제2차 세계 대전 중 프랑스 레지스탕스에 참여한 전력이 있다.

게르솜 숄렘(Gershom Scholem)

1897년 12월 5일 독일 베를린 출생, 1982년 2월 21일 이스라엘 예루살렘에서 사망. 독일-이스라엘 철학자이자 역사학자로 발터 벤야민을 통해 한나와 친밀한 관계를 맺게 된다.

라헬 바른하겐(Rahel Varnhagen)

1771년 5월 19일 독일 베를린 출생, 1833년 3월 7일 사망. 독일의 살롱 주최자로 유대인 상인의 딸이자 카를 아우구스트 바른하겐 폰 엔제와 결혼했다. 한나는 1930년대 그녀의 전기를 집필했다.

참고문헌

한나 아렌트의 저작들

Denktagebuch 1950–1973. Berlin: Piper Verlag, 2016.

Eichmann in Jerusalem: A Report on the Banality of Evil. New York: Penguin, 2006.

The Human Condition. Chicago: University of Chicago Press, 2018.

The Life of the Mind. Vol. 1, Thinking. New York: Harcourt Brace Jovanovich, 1978.

The Life of the Mind. Vol. 2, Willing. New York: Harcourt Brace Jovanovich, 1978.

Love and Saint Augustine. Edited by Joanna Vecchiarelli Scott and Judith Chelius Stark. Chicago: University of Chicago Press, 1996.

Mellan det förflutna och framtiden. Göteborg: Daidalos, 2004.

Men in Dark Times. New York: Harcourt, Brace & World, 1968.

On Revolution. New York: Viking Press, 1963.

On Violence. Boston: Houghton Mifflin Harcourt, 1970.

The Origins of Totalitarianism (Boston: Houghton, Mifflin, Harcourt, 1973).

Responsibility and Judgment. New York: Schocken Books, 2003.

Rahel Varnhagen: The Life of a Jewish Woman. Translated by

Richard and Clara Winston. New York: Harcourt Brace
Jovanovich, 1974.

Rätten till rättigheter: Politiska texter. Stockholm: TankeKraft,
2017.

한나 아렌트의 논문 및 기사

"The Concentration Camps." Partisan Review 15, no. 7 (July 1948).

"Eichmann in Jerusalem." Encounter 22, no. 1 (January 1964).

"The Jew as Pariah: A Hidden Tradition." Jewish Social Studies 6,
no. 2 (February 1944).

"The Rights of Man: What Are They?" Modern Review 3, no. 1
(1949).

"We Refugees." Menorah Journal 31, no. 1 (January 1943).

한나 아렌트의 출간 서신집

*Between Friends: The Correspondence of Hannah Arendt and
Mary McCarthy 1949-1975.* Edited by Carol Brightman.
New York: Harcourt Brace, 1995.

Correspondence, 1933-1963 [Hannah Arendt and Kurt
Blumenfeld]. Paris: Midrash, 1994.

The Correspondence of Hannah Arendt and Gershom Scholem.
Edited by Marie Luise Knott. Translated by Anthony David.
Chicago: University of Chicago Press, 2017.

Hannah Arendt/Karl Jaspers Correspondence 1926-1969. Edited
by Lotte Köhler and Hans Saner. Translated by Robert and
Rita Kimber. New York: Harcourt Brace Jovanovich, 1992.

Letters, 1925-1975 [Hannah Arendt and Martin Heidegger]. Edited
by Ursula Ludz. Translated by Andrew Shields. New York:

Harcourt, 2004.

Within Four Walls: The Correspondence between Hannah Arendt and Heinrich Blücher, 1936–1968. Edited by Lotte Köhler. Translated by Peter Constantine. New York: Harcourt, 1996.

한나 아렌트와의 인터뷰

Den sista intervjun och andra konversationer: Hannah Arendt. Riga: Sjösala förlag, 2018.

한나 아렌트 전기

Ettinger, Elzbieta. *Hannah Arendt/Martin Heidegger.* Stockholm: Natur och Kultur, 1995.

Kristeva, Julia. *Hannah Arendt.* Translated by Ross Guberman. New York: Columbia University Press, 2001.

Young-Bruehl, Elisabeth. *Hannah Arendt: For Love of the World.* New Haven and London: Yale University Press, 1982.

기타 문헌

Améry, Jean. On Aging: Revolt and Resignation. Translated by John D. Barlow. Bloomington and Indianapolis: Indiana University Press, 1994.

Améry, Jean. On Suicide: A Discourse on Voluntary Death. Translated by John D. Barlow. Bloomington: Indiana University Press, 1999.

Aristoteles. Den Nikomachiska etiken. Stockholm: Natur & Kultur, 1967.

Aristoteles. Politiken. Partille: Åström, 1993.

Baudrillard, Jean. Seduction. Translated by Brian Singer. New York: St. Martins Press, 1990.

Bauman, Zygmunt. Arbete, konsumtion och den nya fattigdomen. Göteborg: Daidalos, 1999.

Becker, Ernest. The Denial of Death. New York: Free Press, 1973.

De Beauvoir, Simone. The Coming of Age. Translated by Patrick O'Brian. New York: W.W. Norton & Company, 1996.

De Beauvoir, Simone. Force of Circumstance. Translated by Richard Howard. London: Weidenfeld and Nicolson, 1966.

Bettelheim, Bruno. Surviving and Other Essays. New York: Knopf, 1979.

Booth, Wayne. The Company We Keep: An Ethics of Fiction. Oakland: University of California Press, 1988.

Bourdieu, Pierre. Language and Symbolic Power. Edited by John Thompson. Translated by Gino Raymond and Matthew Adamson. Cambridge, M.A.: Harvard University Press, 1991.

Browning, Christopher. Helt vanliga män. Stockholm: Norstedts, 2006.

Christie, Nils. Fangevoktere i konsentrasjonsleire. Oslo: Universitetsförlaget, 1972.

Drakulic, Slavenka. Inte en fluga förnär. Stockholm: Norstedts, 2004.

Frankl, Viktor. Man's Search for Meaning. London: Rider/Ebury Press, 2004.

García Márquez, Gabriel. Living to Tell the Tale. Translated by Edith Grossman. New York: Penguin, 2008.

Glover, Jonathan. Humanity: A Moral History of the Twentieth

Century. New Haven: Yale University Press, 2000.

Hampton, Jean, and Jeffrie G. Murphy. Forgiveness and Mercy. Cambridge, U.K.: Cambridge University Press, 1988.

Hilberg, Raul. Hur de europeiska judarna förintades. Stockholm: Natur & Kultur, 1963.

Heidegger, Martin. Schwarze Hefte. Frankfurt: Verlag Vittorio Klostermann, 2019.

Holmgren, Margaret. "Forgiveness and the Intrinsic Value of Persons." American Philosophical Quarterly 30, no. 4 (October 1993).

Jankélévitch, Vladimir. La Mort. Paris: Flammarion, 1966.

Jaspers, Karl. Psychologie der Weltanschauungen. Berlin: Springer, 1919.

Kant, Immanuel. Grundläggning av sedernas metafysik. Stockholm: Björck & Börjesson, 1920.

Kant, Immanuel. Lectures on Ethics. Translated by Louis Infield. Gloucester, M.A.: Peter Smith, 1963.

Kant, Immanuel. Kritik av det rena förnuftet. Stockholm: Thales, 2004.

Kierkegaard, Søren. Antingen – eller: Ett livsfragment. Stockholm: Wahlström & Widstrand, 1964.

Kristofersen, Knut. Heydrich – Förintelsens arkitekt. Stockholm: Albert Bonniers Förlag, 2009.

Kyrklund, Willy. Om godheten. Stockholm: Alba, 1988.

Levinas, Emmanuel. Humanism of the Other. Translated by Nidra Poller. Urbana, I.L.: University of Illinois Press, 2003.

Machiavelli, Niccolò. Fursten. Stockholm: Natur & Kultur, 2009.

Manz, Bruno. Fångad av hakkorset: Nazist och soldat i tredje riket. Lund: Historiska media, 2008.

Milgram, Stanley. Obedience to Authority: An Experimental View. New York: Harper & Row, 1973.

Monroe, Kristen Renwick. The Heart of Altruism: Perceptions of a Common Humanity. Princeton, N.J.: Princeton University Press, 1996.

Murphy, Jeffrie G. Getting Even: Forgiveness and Its Limits. New York: Oxford University Press, 2003.

Nietzsche, Friedrich. Beyond Good and Evil: Prelude to a Philosophy of the Future. Translated by Walter Kaufmann. New York: Vintage Books, 1989.

Nietzsche, Friedrich. On the Genealogy of Morals. Translated by Walter Kaufmann. New York: Vintage Books, 1969.

Nietzsche, Friedrich. The Will to Power. Translated by Walter Kaufmann and R. J. Hollingdale. New York: Vintage Books, 1968.

Nussbaum, Martha. Love's Knowledge: Essays on Philosophy and Literature. Oxford: Oxford University Press, 1992.

Oliner, Samuel P., and Pearl M. Oliner, The Altruistic Personality: Rescuers of Jews in Nazi Europe. New York: Free Press, 1988.

Pico della Mirandola, Giovanni. Om människans värdighet. Stockholm: Atlantis, 1996.

Platon. Staten. Stockholm: Atlantis, 2003.

Russell, Bertrand. Marriage and Morals. New York: Sun Dial Press, 1938.

Russell, Dora. The Right to Be Happy. New York: Harper & Brothers, 1927.

Scruton, Roger. Sexual Desire: A Moral Philosophy of the Erotic. New York: Free Press, 1986.

Sereny, Gitta. Albert Speer och sanningen. Stockholm: Bonnier Alba, 1997.

Sereny, Gitta. Vid avgrunden: Från barmhärtighetsmord till folkförintelse. Stockholm: Ordfront, 2000.

Shklar, Judith N. Ordinary Vices. Cambridge, M.A.: Belknap Press, 1984.

Weber, Max. Ekonomi och samhälle: Förståendesociologins grunder. Lund: Argos, 1995.

Welzer, Harald. Gärningsmän: Hur helt vanliga människor blir mass – mördare. Göteborg: Daidalos, 2007.

Wiesenthal, Simon. The Sunflower: On the Possibilities and Limits of Forgiveness. Paris: Opera Mundi, 1969.

Zimbardo, Philip. The Lucifer Effect: Understanding How Good People Turn Evil. London: Rider/Ebury Press, 2007.

한나 아렌트의 삶과 사랑

1판 1쇄   2025년 2월 25일

지은이   안 헤벨라인
옮긴이   이한진
편집   김효진
교열   이수정
디자인   최주호
제작   재영 P&B
인쇄   천일문화사
펴낸곳   마르코폴로
등록   제2021-000005호
주소   세종시 다솜1로9
이메일   laissez@gmail.com
페이스북   www.facebook.com/marco.polo.livre

ISBN   979-11-92667-84-3

책값은 뒤표지에 있습니다. 잘못된 책은 교환하여 드립니다.